고고학으로 보는 고대근동의 성경이야기

발굴한 신의 흔적들

이 삭 지음

들어가며

매 학기 강의를 시작하는 첫 시간, 학생들은 별 기대 없는 시큰둥하고 삐딱한 눈빛으로 저를 맞이하곤 합니다. 제가 주로 가르치는 과목명은 "성서와 기독교", "기독교와 세계 문화", "고대 이스라엘 역사와 종교", "고대근동 문명사", "고대 레반트 고고학", "구약성서 배경사" 등입니다. 강의명만 보아도 재미없어 보이거나 별 흥미를 끌만한 내용이 아니니 이들의 시선도 어느 정도 이해는 갑니다. 마음을 다잡으며 매번 사과를 한입 크게 베어 물고 강의를 시작합니다. 제 이름 이삭을 연상하는 '아삭한 식감이 나는 사과'와 같이 좀 더 친근하게 다가갈 수 있도록 말이죠.

매 강의 시간마다 '아삭한 인디아나 존스'가 되고자 노력했습니다. 생동감 있는 다양한 고고학적, 역사사료 자료를 살펴보며 학생들과 함께 시공간을 넘나들며 탐험을 했습니다. 학생들은 제가 강의를 마칠 때면 박수치면서 "오늘 강의 너무 재미있었어요", "교수님 유머 웃겨요"라며 열렬히 반응하곤 합니다. 학생들이 처음에 왜 그토록 시큰둥했는지 그 이유를 너무나도 잘 알고 있기 때문에 최대한 재미있는 이야깃꾼이 되고자 노력했습니다. 이 중에 제 강의를 듣고 고대 고고학이나 역사학에 흥미를 느껴 트로이를 발굴하고, 마침내 목마까지 발굴한 '하인리히 슐리만' 같은 사람이 나오기를 바라면서 말이죠. 이들을 보면 고대 메소포타미아와 이집트, 레반트, 이스라엘에 얼마나 많은 흥미로운 이야기들이 숨어있는지 쉽게 재미나게 소개해 주고 싶은 사명감이 늘 샘솟습니다.

이런 제 마음은 이 책을 처음 접하는 기독교 혹은 유대교 신앙을 갖거나 그 신앙 자체를 의심하거나 심지어 필요하지 않다고 주장하는 이들에게도 동일하게 적용됩니다. 신앙을 가진 사람들은 고대 근동, 레반트 지역에서 등장한 성경을 종교적 진리가 담긴 신의 말씀이자, 역사적 진실을 담은 문서로 받아들입니다. 반면 과학주의의 '세례'를 받은 젊은 세대는 성경을 기독교나 유대교의 정치적 선전이나 종교적 신학의 산물로 치부하며 "역사적 증거도 없는 전설과 설화 같은 이야기를 왜 배워야 하는가?"라고 되묻습니다.

이들 모두 "인류 고전 중에 고전인 성경은 실제 역사를 반영한 문학인가, 아니라면 어떻게 신앙의 근원이 될 수 있는가?"라는 근본적인 질문에 각자 대답을 하는 셈입니다. 저는 이 책을 통해 2차원 평면으로만 읽히기에 재미없게 느껴지는 성경의 내용을 고고학, 역사 자료를 바탕으로 3차원 시각화된 자료들을 만들어 이들의 눈앞에 보여주며 해설하려고 합니다. 이들에게 '저만의 대답'을 하기 위함입니다.

이 책에서 지난 15년 넘게 공부하고 연구한 고고학적 자료들과 고대 근동의 역사 사료들을 토대로 흥미로운 성경 안의 이야기들을 학술적이지만 에세이의 느낌으로 풀어내었습니다. 성경의 이야기들이 단순히 후대에 편집되어 창조된 산물이 아니라 고대 이스라엘 사회, 문화, 종교, 역사적 배경을 생생히 반영한 총체적 고대 기억들과 증거의 집합체임을 독자들에게 보여드리려고 합니다. 나날이 다달이 업데이트되는 고고학 유물들과 고대근동 사료의 증거들, 보다 정교하게 발달하는 역사 이론들을 사용하여 성경을 입체적으로 보며 고대 역사 재구성 퍼즐을 맞추는 기회를 얻게 될 겁니다.

제 박사과정 지도교수이자 스승이었던 오뎃 맆쉬츠(Oded Lipschits: 다윗과 골리앗의 전쟁터 발굴자이자 저명한 고대 레반트-이스라엘 역사학자)와 이스라엘 핑켈슈타인(Israel Finkelstein: 현존하는 세계 최고의 레반트/성서 고고학자)은 해당 분야의 세계적인 대학자들로 잘 알려져 있지만 고고학과 사료를 대하는 입장은 서로 판이하게 다릅니다. 두 분이 함께 개설한 강의에서도 각자의 입장을 따르는 학생들을 양쪽으로 줄 세워 놓고 토론을 벌이곤 하셨습니다. 두 분의 수업을 들으면서 저는 최대한 중립적인 입장을 지키고자 애를 썼습니다.

학계에서도 '성서를 역사 재구성을 위한 사료로 사용할 수 있는가'라는 논제를 두고 최대주의자들과 최소주의자들 간에 격렬한 논쟁을 벌여왔습니다. 후자의 입장에 선 소수의 학자들은 성경은 여러 편집자에 의해 재구성된 산물로서, 고대 사건과 인물들의 진실된 기억보다 후대의 종교적 이데올로기에 의해 채색된 결과물이라고 주장합니다. 그러나 두 대학자 밑에서 공부하면서 저는 다른 다양한 자료들이 역사를 재구성할 때, 서로 충돌하지 않는다면 최대한 조화롭게 보는 것이 더 적절한 방법이라는 확신이 들었습니다.

개인적으로 이 책을 읽는 분들이 제 생각과 입장을 비평적으로 읽고 검토해 주기를 기대합니다. 학계의 이론적 대립을 넘어 일반 독자들에게도 성경에 대해 새로운 인식을 제공하는 기회가 되기를 바랍니다.

본서는 차례대로 읽지 않아도 됩니다. 평소 성경을 읽으면서 궁금했던 질문들이 있거나 호기심이 생겼다면 그 주제별로 읽으셔도 됩니다. 이 책에서 채택한 통합적 역사 재구성 방법론을 통해 성경의 기록이 고대 근동과 레반트 지역의 복잡한 역사와 문화적 상호 작용 속에서 어떻게 형성되었는지 해설할 예정입니다. 이 책이 연구와 교육 현장에서 독자들에게 새 관점과 토론의 장을 열어 성경의 가치를 재발견하는 데 작지만 중요한 밑거름이 되길 바랍니다.

늘 응원해 주시는 이들에게 감사하며
연세대학교 한국기독교문화연구소에서
2025년 1월 이삭

추천사

선배 학자의 저술을 상찬하거나 동료 교수의 책을 서평한 적이 있으나, 제자의 글을 추천하는 것은 처음이다. 훌륭한 선배 학자의 글을 논할 때는 존경의 마음이 들었고, 동료 교수의 글을 논할 때는 부러운 생각이 들었으나, 제자의 글을 논하자니 뭐랄까, 내 아들이 장가갔을 때 들었던 느낌이다. 시원섭섭하다. 제자가 청출어람의 길을 열어가고 있으니 자랑스럽지만, 이제 은퇴할 때가 머지 않으니 마음이 허허하다.

제자들이 먼저 에세이 형식의 책을 내는 것에 반대해 왔다. 그건 늘그막에 하는 것이라고. 그러나 학부시절부터 내 제자인 이삭 박사는 예외다. 이미 탁월한 연구 업적을 줄줄이 보여 국제학계에서도 이름을 내놓을 만한 학자가 되었으니, 시간을 약간 앞지를 뿐이란 생각이다. 특히 이 책은 평소에 성경을 읽으며 품었던 성서학과 고대 근동의 의문을 쉽게 풀어 주어 고맙기만 하다. 신학은 자기성찰적 학문이다. 남이 평가하는 것이 아니다. 아브라함의 하나님, 이삭의 하나님, 야곱의 하나님이 하는 것이다. 이 책을 읽는 모두가 그 학문의 본질을 잘 깨닫기를 바란다.

김상근(연세대학교 연합신학대학원 교수, 김상근의 르네상스 인문학 산책)

이 책은 강의 말투인 강의구어체로 된 친절한 성서배경 해설 안내서이다. 최신 레반트 지역과 메소포타미아 고고학 성과와 그 유물들과 유적지들을 보여주는 컬러사진들과 도상학적 화보자료들을 본문해설에 동원함으로써 아주 먼 옛날 이야기들로 알려진 성서본문들의 의미를 생생하게 재생하고 있다. 구약성경의 여러 사건들, 역사적 전개과정, 그리고 신약의 예수님 행로와 베드로의 어부생활까지 망라하는 친절하고 자세한 해설을 제공한다.

이 책의 특징은 첫째, 성경기록의 역사성을 옹호하는 것이 가능할 뿐만 아니라, 성경기록의 역사성을 옹호하여 읽는 것이 신앙적으로도 더 풍성한 유익을 얻을 수 있음을 깨닫게 해준다. 이 책은 구약성경의 초기역사를 의심하고 부정하는 독일 학계의 연구성과들을 비판적으로 볼 수 있는 안목을 길러준다. 둘째, 저자는 아브라함 행적과 출애굽의 역사를 다루는 성경본문의 역사적 개연성을 논할 때 성경본문 자료와 성경 외적 고고학 자료, 성경 외적 고대문헌들을 적절하게 동원하여 학문적 격조를 잘 드러낸다. 셋째, 구원론 중심으로 성경을 읽는 평신도 성경 애독자들에게 인문학적으로, 역사적으로, 문화사적으로도 성경 읽는 기쁨을 선사하는 친절한 길잡이다. 화보와 도상자료 등은 이 책의 가치를 더욱 높여준다. 각 장에게 제시된 해설을 읽는 목회자들은 설교착상이나 작성에도 큰 도움을 받을 수 있을 것이다.

김회권(숭실대 기독교학과 교수, 기독교학대학원 원장)

이스라엘에서 고고학과 고대 근동 역사와 종교 박사학위를 받은 저자는 이스라엘은 물론, 고대 근동과 레반트 지역의 역사와 고고학, 성서지리학에 정통할 뿐만 아니라 성서 속에 언급된 주요 유적지를 누비면서 발굴작업을 수행하고 있는 찐 고고학자다. 문헌학적 기록과 고고학적 증거를 조화롭게 활용하여 성서의 역사성을 규명하는 데 특히 남다른 실력을 보유한 그가 성서에서 큰 비중을 차지하는 고대 이집트 문명을 소개하는 방식은 역시 신선하면서도 탁월하다.

유성환(이집트학자, 서울대학교 아시아언어문명학부 객원교수,
벌거벗은 세계사 '이집트' 편 스토리텔러)

구약성경은 고대 이스라엘인들의 손으로 탄생하고 전승되었다. 그런데 고대 이스라엘인들은 어떻게 살았고 그들의 역사는 우리에게 어떤 의미를 지니는가? 최근의 대표적인 고고학적 성과는 무엇인가? 그리고 그런 성과를 바탕으로 성경을 더 깊고 입체적으로 읽을 수 있다면 좋지 않을까? 이렇게 성경과 역사에 관심있는 한국의 독자라면 이 책을 펼쳐 읽어야 할 것이다. 성서고고학을 전공한 저자는 친절하고 재미있게 고고학의 세계로 우리를 인도한다. 과학적 근거에 기반하여 과거를 엿보면, 고대의 믿음에 가까이 다가가게 된다.

주원준(한국고대근동학회 초대 회장, 한님성서연구소)

저자는 성서의 땅을 발굴하고 직접 탐구한 경험을 바탕으로, 최신 고고학적 진리의 단편들을 퍼즐조각 맞추듯 정교하게 조합하여 관련 성서 본문에 대한 오랜 의문들을 명쾌하게 해명한다. 저자는 또한 고대근동 역사에 정통한 전문가답게 해당 자료들을 체계적으로 선별하고 연결하여 성서의 역사성과 진실을 탁월하게 입증하고 있다. 피상적인 표층적 성서 분석이 아닌 농익은 심층적 성서 분석을 통해 성서가 형성된 고대 레반트와 근동 사회, 종교, 문화적 맥락까지 생생하게 소개하는 저자의 가이드에 탄복이 터져 나온다. 이 책은 무엇보다 성서고고학, 고대근동 역사학, 성서학의 주요 정보들과 이론들을 쉽게 풀어낸, 대중적 가독성을 갖춘 학술적 에세이다. 한국교회와 독자는 이 책을 통해 위 세 분야를 아우르는 보기 드문 역량을 갖춘 보배 같은 한 명의 귀중한 학자를 만나게 될 것이다.

차준희(한세대학교 구약학 교수, 한국구약학연구소 소장)

성경의 내용은 사실일까? 어디까지 사실일까? 이런 궁금증을 품은 이들에게 명쾌한 답을 제시하는 책이다. 풍부한 삽화와 사진을 통해 독자를 성경 속 세계로 친절하게 이끌며, 복잡하고 방대한 내용을 쉽게 풀어낸다. 무엇보다 최고 수준의 고고학과 역사적 식견을 갖춘 한국 학자의 안내를 받게 된 것은 뜻깊은 일이다. 이 책을 통해 독자들이 성경을 바라보는 새로운 안목을 얻기를 바라며, 나아가 더 많은 질문과 공부로 이어지는 지적 여정의 출발점이 되기를 기대한다.

홍국평(연세대학교 신과대학, 연합신학대학원 교수)

차례

들어가며
프롤로그 : 먼저 알고 가는 고대근동/레반트 자연환경

1. 출애굽 200만 명, 정말 홍해를 건넜을까?
   : 이집트 노예들의 탈출기 역사성 ········· 25

2. 믿음의 조상 아브라함, 이스라엘의 기원일까?
   : 유대인의 뿌리 ········· 45

3. 이스라엘에게 가장 위협적인 민족, 블레셋
   : 삼손, 사울, 골리앗의 결투 ········· 67

4. 끝나지 않는 지구 종말의 전쟁터, 아마겟돈
   : 므깃도의 전쟁사 ········· 83

5. 다윗, 실존 인물일까?
   : 고고학이 밝혀낸 다윗 왕조의 흔적 ········· 103

6. 북이스라엘과 남유다, 왜 싸웠을까?
   : 두 왕국의 흥망성쇠 시나리오 ········· 123

7. 공포와 잔혹의 제국, 앗시리아
   : 디아스포라와 사마리아인들의 운명 ········· 143

8. 예수가 그때 가이사라 빌립보를 찾은 이유는?
   : 이스라엘의 핫플레이스 가이사라 빌립보 163

9. 야훼-엘신에서 그의 아내까지?
   : 고대 사람들이 만든 신상들 181

10. 베드로는 부자였다?
    : 갈릴리 어부의 삶 203

11. 고대 이스라엘의 가옥은 어땠을까?
    : 지형에 따른 주거와 생활방식 221

12. 역사에 숨겨진 은밀한 이야기, 화장실!
    : 이스라엘 상하수도 시스템 241

13. 신이 주신 음료?
    : 이스라엘산 올리브유와 포도주 261

성서시대와 함께 보는 고고학 연대

2000년-1550년

중기 청동기

아브라함
이삭
야곱

1175/1140-1000/980년

철기 시대 1기

사사시대
사울왕 시대

구약 성경

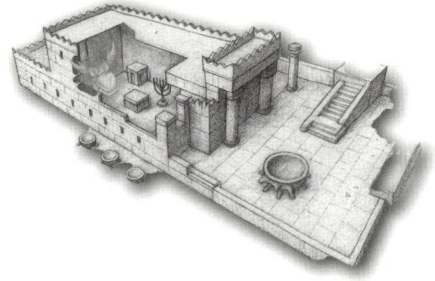

1550-1175/1140년

후기 청동기

출애굽 시대
사사 시대

1000/980년-720/700년

철기 시대 2기

다윗왕/솔로몬왕 시대부터
히스기야왕 시대

720/700-590/580년

철기 시대 3기

히스기야왕 시대부터
이스라엘 왕국과
남유다 왕국의 멸망까지

530/510-330년

페르시아 시대

키루스 2세(Cyrus II)의 명령으로
포로들의 후손들이
레반트/이스라엘으로 돌아온 시대
(포로기 이후 시대)

신-구약 성경 중간기

590/580년-530/510년

바빌로니아 시대

유다 왕국 사람들이
포로로 끌려간
시대 (포로시대)

330-160년

헬라 시대

알렉산더 대왕이
페르시아 제국을
멸망시키고
고대 근동 지역
전역을 다스린 시대

고대 이스라엘 레반트 지형과 특성

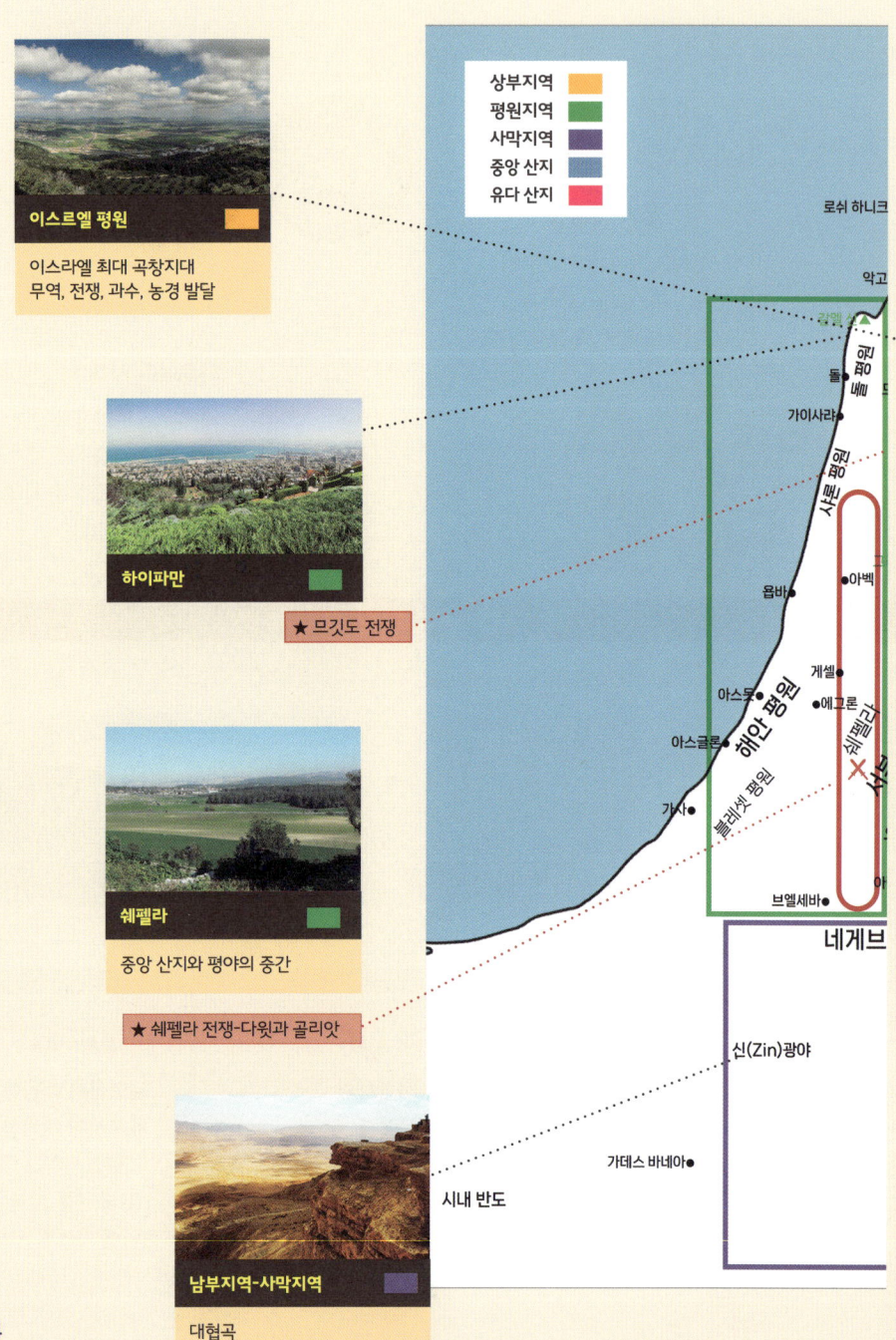

이스르엘 평원
이스라엘 최대 곡창지대
무역, 전쟁, 과수, 농경 발달

하이파만
★ 므깃도 전쟁

쉐펠라
중앙 산지와 평야의 중간
★ 쉐펠라 전쟁 - 다윗과 골리앗

남부지역-사막지역
대협곡

- 상부지역
- 평원지역
- 사막지역
- 중앙 산지
- 유다 산지

로쉬 하니크
악고
가이사랴
욥바
아벡
게셀
아스돗
에그론
아스글론
가사
블레셋 평원
브엘세바
네게브
신(Zin)광야
가데스 바네아
시내 반도

프롤로그

먼저 알고가는 고대근동/레반트의 자연환경

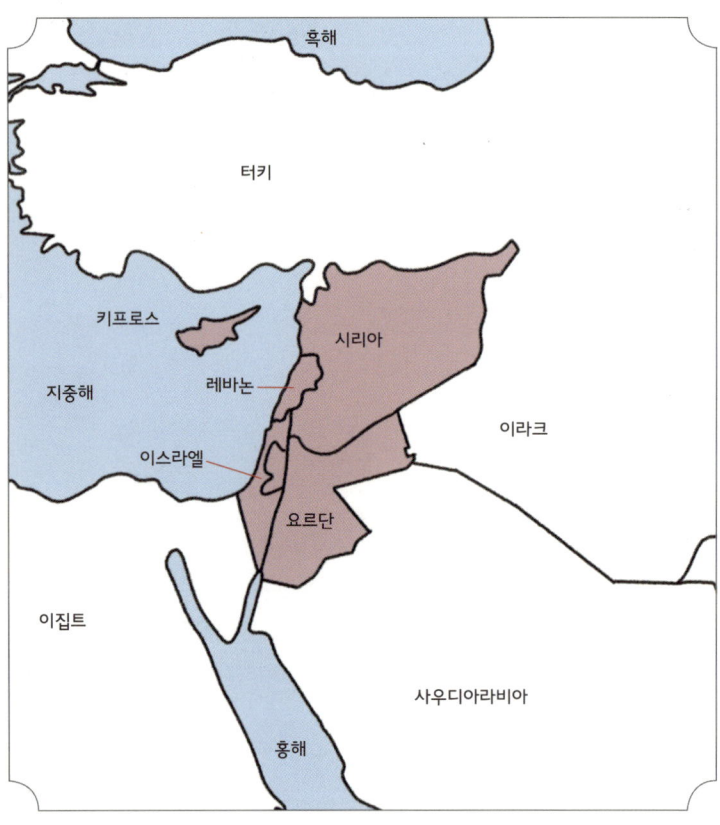

고대 레반트

고대 근동은 '문명의 발생지'로 알려져 있습니다. 오늘날의 위치로 보면 이집트, 이스라엘, 요르단, 사우디아라비아, 레바논, 시리아, 이라크, 이란 그리고 튀르키예 등의 나라들이 위치한 지역입니다. 많은 역사학자와 고고학자들이 이 지역을 발굴하고 연구해 온 이유는 성경의 사건들이 주로 이곳을 배경으로 발생했기 때문입니다. 고대 자연환경은 오늘날 우리가 살아가는 환경과 본질적으로 크게 다르지 않기 때문에 성경의 사건을 온전히 이해하기 위해서는 이곳의 자연환경을 깊이 이해할 필요가 있습니다.

레반트가 뭔가요?

고대 레반트의 자연환경을 이해하려면 우선 레반트가 어떠한 곳인가 알아야겠지요? '비옥한 초승달 지대'(Fertile Crescent)라고 들어 보셨을 겁니다. 이곳의 비옥한 지역을 연결하면 반원의 형태가 나타나는데, 이때 중앙에 위치한 아라비아 사막을 제외하면 마치 초승달처럼 생겼다고 해서 붙여진 이름입니다.

'비옥한 초승달 지대'는 이라크 지역을 흐르는 유프라테스와 티그리스 강 사이, 즉, 메소포타미아 지역과 나일강을 중심으로 한 이집트를 연결하는 시리아-팔레스타인 지역을 포함합니다.

레반트는 메소포타미아와 이집트를 잇는 일종의 교량 역할을 수행한 지역입니다. 실크로드의 일부로 개척된 이스라엘 해안선을 따라 난 '해안길'(Via Maris)과 시리아-튀르키예 지역 및 아라비아-북아프리카 지역을 연결하는 무역로의 중심인 요르단의 '왕의 대로'(King's Highway)가 이곳 레반트를 관통합니다.

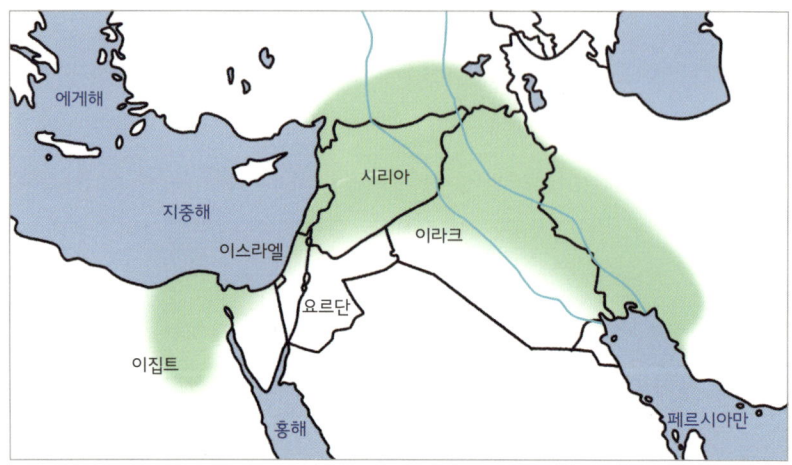

비옥한 초승달 지대

세계 여러 문자와 언어의 기원인 알파벳도 이곳 레반트의 비블로스에서 처음 등장했지요. 고대 앗시리아, 바빌로니아, 페르시아, 이집트, 마케도니아, 오스만튀르크 등 시대를 대표하는 맹주들이 이 지역을 차지하기 위한 치열한 패권 경쟁을 벌였습니다. 강대국의 패권 경쟁과 레반트의 지정학적 불안정성 때문에 오늘날에도 시리아(Syria), 팔레스타인(Palestine), 트란스요르단(Transjordan)에서 내전이 끊이지 않고 있습니다.

레반트는 지구의 각양각색의 다채로운 자연환경들을 집약해 놓은 곳입니다. 혹자는 이 지역을 가리켜 '지질학과 지리학의 박물관'이라고 부르기도 하지요. 산맥과 계곡들, 초원, 용암지대, 광야와 사막, 소금

산과 유황언덕, 구리광산지역, 대협곡지대, 고원지대와 평야지대, 지구상에서 가장 낮은 곳에 위치한 두 호수 등 세계 어느 지역에서도 보기 어려운 지형들이 이곳에 밀집해 있습니다. 그중 고대 이스라엘은 우리나라 전라남북도를 합한 정도의 작은 땅인데도 이토록 다양한 환경이 놀랍게도 집중되어 있습니다.

레반트의 지형과 기후

북부 레반트 : 레바논과 시리아

북부 레반트

지중해 해안을 따라 평행하게 뻗은 레바논 산맥과 안티 레바논 산맥은 북부 레반트 지역을 시리아(동쪽 지역)와 레바논(서쪽 지역)으로 구분합니다. 시리아 서쪽 경계를 이루는 안티 레바논 산맥은 건조하고 험준한 산지입니다. 성경에서 자주 언급하는 헤르몬산(Mount Hermon, 해발고도 2814m)이 이곳에 있습니다. 레바논 산맥과 안티 레바논 산맥 사이에 있는 '베카 계곡'은 북부 레반트에서 가장 중요한 농업지대입니다. 고도가 상대적으로 낮고, 주변 산맥에서 흘러내리는 물과 퇴적물 덕분에 비옥한 토양을 형성합니다. 이곳에서는 고대부터 곡물, 과일, 포도 등의 작물이 풍성하게 생산되었습니다. 또한 베카 계곡은 시리아에서 이스라엘을 잇는 교통의 요충지였습니다.

레바논 산맥을 기준으로 서쪽 지역은 지중해성 기후를, 동쪽 지역은 반건조성 기후를 보입니다. 특히 서쪽 지역은 지중해의 습기를 머금고 내륙으로 들어오는 편서풍의 영향으로 10월 말 또는 11월 초부터 3월 말 또는 4월 초까지 '우기'에 많은 강수량을 기록하지요. 이 시기가 성경이 말하는 '이른 비'와 '늦은 비'가 내리는 겨울이지만 상대적으로 온화한 기온이 유지되는 시기입니다. 편서풍을 타고 온 구름은 높은 레바논 산맥을 만나며 비를 뿌리며 점차 수증기를 잃습니다. 이에 따라 골짜기와 산맥의 동쪽은 수증기가 부족한 구름으로 인해 우기에도 반건조성 기후를 선보이지요.

겨울철 풍부한 강수, 서늘한 여름, 석회암 기반의 토양은 백향목(레바논 시더, Cedrus libani)이 자라는데 필요한 최적의 조건을 형성합니다. 성경에 여러 차례 등장하는 백향목은 고대 근동에서는 건축자재로 널리 사용하였고, 현대에도 레바논의 국가적 상징으로 보호되고 있습니다. 반면 안티 레바논 산맥 동편은 건조한 용암 고원지대로, 고대에는 아람 유목민들이 거주했던 곳입니다. 성경은 유목과 목축에 적합한 이곳을 이스라엘의 족장들이 유래한 지역으로 소개합니다. 그들이 '방랑하는 아람들'이라고 불리는 이유입니다(신 26:5).

남부 레반트 : 네게브 사막

레반트 최남단에 위치한 네게브 사막(Negev Desert)은 현대 이스라엘 전체 면적의 약 60%를 차지하는 광활한 건조지대입니다. 네게브 사막은 북쪽 브엘세바(Be'er Sheva)부터 남쪽 홍해 연안의 에일랏(Eilat)까지 삼각형 형태로 펼쳐져 있습니다. 이곳은 석회암과 사암 기반의 고원, 오랜 침식 작용으로 생긴 계곡과 협곡이 복합적으로 분포해 있습니다. 네게브에서 자연을 대표하는 '대협곡'(마크테시, Makhtesh) 침식분지는 이 지역의 자연 환경과 기후 변화에 중요한 단서를 제공합니다. 네게브에는 계절성 건천인 '와디'(Wadi, 하천/계곡)가 곳곳에 발달해 있습니다. 와디는 강우가 있을 때 물이 흘렀다가 사막의 뜨거운 기온과 건조한 바람으로 인해 금세 마르곤 합니다. 특히 와디는 사막 생태계의 특징을 잘 드러내지요. 우기 동안만 와디 주변에 잠시 등장하는 사막성 초목은 얼마 지나지 않아 사막 기후로 인해 건초로 변하곤 합니다. 네게브 사막은 여름철에는 40~50℃를 웃도는 극심한 더위를 선보입니다. 겨울철 낮에는 다른 사막에 비해 덜 뜨겁지만 밤에는 영하권으로 떨어지는 큰 일교차를 보입니다. 이러한 극단적인 환경에서도 식물과 동물은 나름의 방식으로 생존하고 있습니다. 특히 '누비아 아이벡스'(Nubian Ibex)는 네게브 대협곡을 민첩하게 뛰어다니는 동물로 성경이 언급하는 "내 발을 사슴과 같게 하사, 나로 높은 곳에 다니게 하시리라"는 표현을 떠올리게 하지요.

동부 레반트 : 요르단

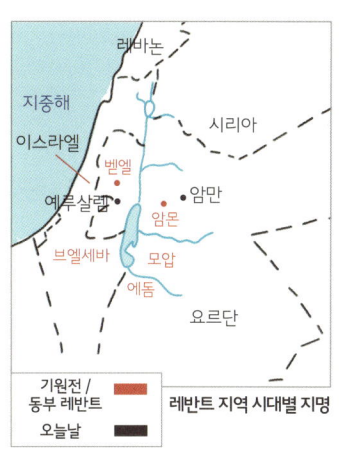

구약성경이 모압, 암몬, 에돔으로 언급하는 동부 레반트 지역은 서부의 요르단 계곡, 북부와 중부의 고원지대, 동부의 사막 지대로 구분됩니다. 특히 '바산'이라고 불린 길르앗 지역은 완만한 경사를 따라 요단강과 얍복강 계곡과 연결되며, 예로부터 농업과 목축이 발달했습니다.

롯의 아내(소돔과 고모라 소금기둥 추정 지역 근처)

와디럼

'바산의 살찐 소'(암 4:1, 시 22:12)라는 표현이 이를 뒷받침하지요. 요르단 남쪽의 모압, 에돔 지역은 바위와 모래로 이루어진 사막 지대입니다. 창세기에서 붉은 피부로 묘사된 에서(Esau)의 후손들이 살았던 에돔(Edom) 지역은 지명 그대로 붉은 빛을 띠는 협곡과 기암괴석들로 가득합니다. 세계 7대 불가사의로 잘 알려진 '페트라'와 소돔과 고모라로 추정되는 지역이 유명합니다. 또한 고대인들이 신비한 물질인 유황을 채집하였기에 예로부터 신비로운 땅으로 인식되었습니다.

이스라엘의 기후

이스라엘의 해안평야와 쉐펠라, 중앙 산지가 형성하는 기후 변화는 상당히 독특합니다. 지형적으로 보면 수증기를 품은 대규모 구름은 해안평야와 낮은 쉐펠라, 높은 쉐펠라, 중앙 산지, 유대광야, 그리고 요단 계곡까지 차례대로 이동합니다. 이때 해수면에 도착한 구름은 비를 뿌리며 해발고도 200미터부터 낮은 지대를 타고 올라가다가 800~1000미터에 이르는 중앙 산지에서 마지막으로 비를 뿌립니다.

이 지점에서 구름은 수증기를 모두 잃고 더 이상 강수의 동력을 상실합니다. 이 현상은 한반도에서도 유사하게 일어납니다. 구름이 태백산맥을 따라 비를 뿌리고는 영동지방으로 넘어가며 건조한 바람으로 바뀌는 푄현상이 그것입니다. 이를 '높새바람'이라고 부르지요.

푄 현상에 따라 형성된 고온 건조한 바람은 이스라엘 동편에 광야와 사막을 형성하는 데 직접적인 영향을 미쳤고, 이곳이 예수님께서 시험을 받으신 '유대광야'입니다. 이때 고온 건조한 바람은 해발고도 1,200미터인 중앙 산지에서 여리고 평지(해수면 지하 250미터)와 사해 바다(해수면 지하 400미터)까지 내려옵니다. 자연스레 강하고 건조한 바람이 급경사를 타고(약 30-40킬로미터) 내려오며, 해당 지역을 더욱 건조하게 만듭니다. 하지만 이 바람은 요단강변을 지나가며, 강의 습기를 흡수하면서 요르단 고원 지대(800-1200미터), 고대 암몬과 모압 지역에 도달할 때 즈음 점차 시원하고 선선한 기류로 변모합니다.

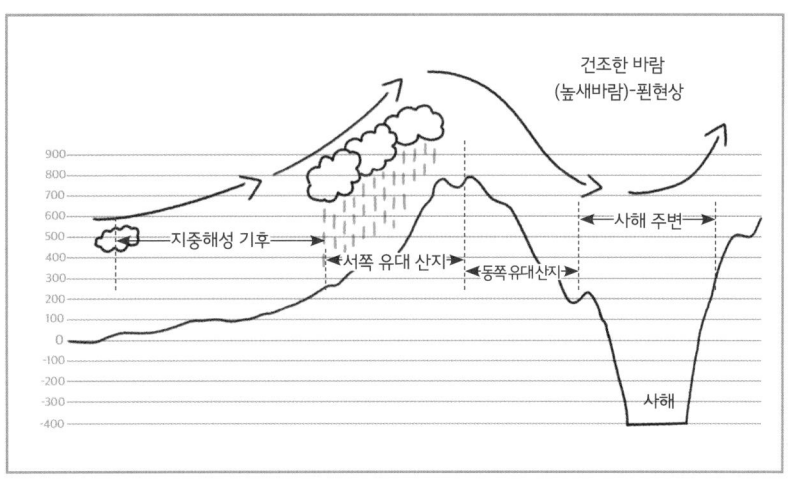

구름과 비의 이동(푄현상) 이스라엘의 기후

1. 출애굽 200만 명, 정말 홍해를 건넜을까?
: 이집트 노예들의 탈출기 역사성

홍해가 갈라지는 기적은 하나님의 전지전능함을 언급할 때 자주 등장하는 이야기입니다. 바다가 갈라진다는 것이 지나치게 허무맹랑해서 출애굽기(탈출기)를 읽어 본 유대인이나 기독교인조차도 실제로 일어난 일이 맞는지 의문을 품기도 합니다. 그렇다면 이스라엘 백성들은 정말로 홍해를 건넜을까요? 갈라진 홍해는 말도 안 되는 신화에 근거한 허구일까요?[1]

실제로 고대 근동 역사가/고고학자들에게도 홍해의 기적은 흥미로운 사건이 아닐 수 없습니다. 이에 고대 근동/레반트/이스라엘 역사가이자 고고학자 그리고 성경지리학자의 관점에서 홍해 사건을 역사적으로 재구성해 보고자 합니다.

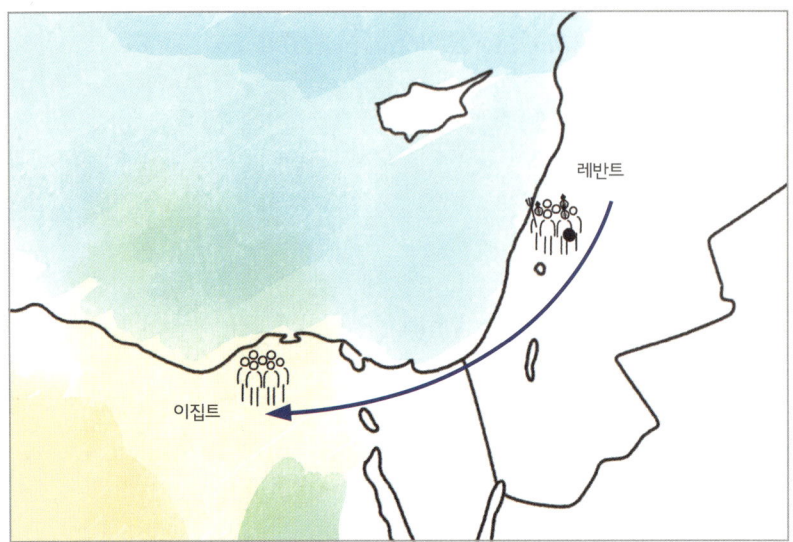

레반트 지역에 살던 이들이 이집트 제12-13왕조 시기부터 이집트로 이주

힉소스의 혹은 힉소스를 위한 아비샤

힉소스족은 '이방 땅들의 통치자들'이라는 뜻이며 이스라엘과 같은 셈족으로 100여 년 이상 이집트를 통치하였다.

사진은 아무(A'amu)라고 불린 그룹 혹은 집단을 이끈, 힉소스를 위한 혹은 힉소스에 속한 아비샤(Abisha)라는 인물을 그린 그림이다. 인물의 우측에 있는 이집트 상형 문자 지팡이와 세 개의 산봉우리 모양(복수의 집단들을 가리키는 상형문자 표시)은 아무들이 목축을 하던 인물들임을 암시한다.[23]

이스라엘 민족의 이집트 거주의 증거

먼저 이스라엘 민족이 이집트에 실제로 거주했는지를 살펴봅시다. 이집트는 기원전 19~18세기까지 이민족 침입이 거의 없던 나라였습니다. 북쪽에는 지중해와 시내반도가, 동쪽에는 에티오피아 고원에서 홍해 해변을 따라 뻗어있는 산맥, 서쪽에는 사하라 사막이 있어 지형적으로 접근이 매우 어려웠기 때문입니다.[2]

그러나 기원전 18세기 중엽부터, 레반트 지역에서 하부 이집트인 나일강 델타지역으로 이주해 온 이민족의 수가 점차 늘어나기 시작했습니다.[3] 그 이후 대략 기원전 1650년경 '이방 땅들의 통치자들'이라는 뜻을 가진 힉소스(Hyksos, 헤카우 크세웨트, *hekau khsewet*)족이 이집트 원주민들을 나일강 상류로 쫓아내고 제15왕조를 수립했습니다. 힉소스족은 100년 넘게 하부 이집트(나일강 델타 지역과 이남 지역)를 통치했지요. 이 시기, 나일강 하류 지역은 다양한 인종이 공존하는 정치 체제를 확립합니다.[4] 아마도 이스라엘 민족의 조상인 야곱의 열두 아들과 요셉도 이 시기에 이민자 집단 중 하나로 이집트로 유입하였을 가능성이 큽니다.

힉소스족을 레반트 지역으로 몰아내며 제18왕조를 연 파라오 아흐모세 1세(Ahmoses)를 시작으로 이집트는 제19~20왕조를 거치며 최전성기를 누렸습니다. 이 시대가 '신왕국 시대'(New Kingdom Era, 1550-1069 BCE)입니다. 아흐모세와 아멘호테프 1세(Amenhotep I) 때 하부 이집트를 다시 장악하였고 이곳을 지배하는 이민족들을 몰아내고 억압하기 시작했습니다.[5]

투트모세 3세
이집트18왕조 여섯 번째 파라오

아멘호테프 3세
이집트 18왕조 아홉 번째 파라오

람세스 2세
이집트19왕조 세 번째 파라오

그 이후 이집트는 '위대한 파라오들의 시대'(the Period of Great Pharaohs)에 접어들며 투트모세 3세(Thutmose III), 아멘호테프 3세(Amenhotep III), 세티 1세(Seti I), 람세스 2세(Ramasses II)와 같은 뛰어난 전사 파라오들의 통치를 받습니다.[6] 이때가 성경이 기술하고 있는 출애굽의 배경입니다.

> "어려운 노동으로 그들의 생활을 괴롭게 하니 곧 흙 이기기와 벽돌 굽기와 농사의 여러 가지 일이라 그 시키는 일이 모두 엄하였더라"(출 1:14).

성경은 대략 200~300년 동안 이집트가 이민족을 억압하며 자신의 권력을 과시했던 출애굽 시기의 역사적 배경을 제공합니다. 이집트 제 18~19왕조 파라오들은 힉소스 이전 시대의 흔적을 의도적으로 지우며 이민족들을 노예로 삼았습니다. 파라오들은 이방민족의 통치 자체를 수치로 여겼기 때문에, 이집트 신왕조 왕실 서기관들은 이방인들의 그 어떤 기록도 남기지 않았지요.

"요셉을 알지 못하는 새 왕이 일어나 애굽을 다스리더니"(출 1:8).

이것이 이집트 측에서 출애굽 관련된 이방민족에 대한 역사 기록이 부재한 이유입니다.

메트로폴리탄 이집트 탐험대 소속 노만 데 가리스 데이비스(Norman de Garis Davies)와 니나 드 가리스 데이비스(Nina de Garis Davies)가 나일강 서안 무덤 벽화를 보고 그린 그림[24]

해당 벽화가 묘사된 무덤의 주인 레크-미-레(Rekh-mi-Rē')는 투트모세 3세와 아멘호테프 2세 치하에서 최고위직 대신이었다. 따라서 그의 무덤의 벽화들은 기원전 1450년 경의 이집트 일상생활을 보여준다. 그림에서 고대 시리아-팔레스타인, 즉 고대 가나안 출신, 그리고 누비아 출신의 노예들이 진흙과 물을 섞어서 벽돌을 만들고 있다. 이들은 벽돌을 틀에 넣고 모양을 잡은 후 주조하여 건조하는 방식으로 만들고 그것을 다른 곳으로 운반한다. 이집트 역사문헌학자인 케네스 키친(Kenneth Kitchen)은 이 그림을 시리아-팔레스타인 출신 노예들의 일부인 이스라엘 민족의 노예의 삶을 보여주는 시각적 주석이라고 평가하였다.

출애굽기에 기록된 역사적 증거

성경에서 출애굽의 역사성을 확인하기 위한 두 번째 단계를 살펴봅시다. 이집트에서 이스라엘 민족이 겪었던 일련의 사건들은 단순히 성경 안에서 중언되는 사건일까요? 아니면 고대 이집트 문서나 유적에서도 확인할 수 있는 내용일까요?

네덜란드 라이덴 반 우드헤덴(van Oudheden) 리크스박물관(Rijksmuseum)에는 고대 이집트 문서인 '이푸베르(Ipuwer) 파피루스'(Papyrus Leiden I 344 recto)가 소장되어 있습니다.[7] 이 문서는 "이집트 현자의 훈계"(The Admonitions of an Egyptian Sage)라는 제목이 붙은 여섯 개 시가 문학 작품을 포함한 고대 문서입니다. 여기에는 이집트 전역에 닥친 자연재해와 사회적 혼란으로 인해 정치와 경제 체계가 마비된 상황이 생생하게 묘사되어 있습니다. 이 문서는 원래 이집트 중왕조 12왕조 후반(기원전 19세기)에 작성되었지만, 신왕조 19왕조(기원전 13세기 중반)까지 지속적으로 수정, 편집되었습니다. 출애굽이 일어난 시점과 시기적으로 겹치지요.

피가 이집트 땅 전역에 퍼지고, 강이 핏물로 변했다는 보고 (첫째 재앙)

홍조류 발생으로 인한 강물의 오염, 물고기 떼죽음, 극심한 가뭄과 화산재로 인한 기후 변화

개구리 떼의 출현과 집단 폐사 (둘째 재앙)

이의 대량 번식 (셋째 재앙)

파리 떼의 창궐 (넷째 재앙)

가축의 악질과 독종, 돌림병으로 인한 대량 폐사 (다섯째, 여섯째 재앙)

우박과 서리가 내려 곡식들과 농산물들이 초토화됨 (일곱째 재앙)

메뚜기 떼의 출현, 논과 밭의 황폐화 (여덟째 재앙)

온 땅에 빛이 없는, 암흑이 뒤덮은 상황 (아홉째 재앙)

왕자부터 일반 노예까지 가릴 것 없이 아이들이 죽음을 맞이함 (열째 재앙)[8]

또한 이푸베르 파피루스는 이집트인들이 이제 이집트를 떠나려는 노예들의 목에 온갖 보석들을 걸어주었다는 진술을 담고 있으며 이외에도 불기둥을 연상케 하는 특이한 자연 현상도 보고합니다. 마침 성경도 이스라엘 백성이 이집트를 탈출하면서 이집트인들에게 보석을 얻었으며(출 12:35-38), 광야에서 불기둥이 그들을 보호했다고(출 13:20-22) 기록합니다.

이푸베르(Ipuwer) 파피루스

오늘날 룩소르(Luxor), 곧 고대 이집트의 수도 테베(Thebes) 인근의 왕가의 계곡(The Valley of Kings)에 있는 투트모세 3세 무덤(KV 34)에도 주목할 만한 고고학적 자료가 있습니다.[9] 무덤의 벽화는 호수나 강, 혹은 바다와 같은 넓은 수역에 빠진 이집트인들, 익사하거나 수장된 파라오 군대의 모습을 묘사합니다. 이는 자신들의 치부를 드러내기를 극도로 꺼린 이집트인들의 성향과 강력한 군사력을 과시하려는 신왕조 파라오의 성향을 감안할 때 상당히 이례적인 그림이 아닐 수 없습니다.

또한 룩소르에는 이집트의 위대한 파라오들이 건축사업을 통해 계속 확장한 카르나크(Karnak) 신전이 있습니다.[10] 여기서 우리가 주목할 만한 부조들은 카르나크 신전 세 번째 탑문(Third Pylon) 왼쪽 가장자리 벽에 남아 있습니다. 바로 이집트 제19왕조 2대 파라오이자, 람세스 2세의 아버지 세티 1세가 가나안 지역 원정을 떠나면서 '샤수'(Shasu)라는 이민족을 쫓는 장면들입니다.[11]

카르나크 신전

카르나크 신전은 원래 12왕조의 두 번째 파라오 세누스레트 1세(Senusret I:기원전 1971-1926)에 의해서 처음으로 만들어졌는데, 대략 500년 이후에 신왕조 제18-19왕조 시대 때, 특히 투트모세 3세, 아멘호테프 3세, 호렘헵(Horemheb), 세티 1세, 그리고 람세스 2세 때 대규모로 증축/재건축되었다.

부조를 좀더 자세하게 살펴보면, 부조의 왼쪽에는 이집트 파라오 세티 1세가 '믹돌'(Migdol)로 알려진 요새 앞에서 전차를 몰며 전차 앞에 있는 무리를 쫓고 있는 장면이 있습니다. 부조 가운데에는 위, 가운데, 아래, 세 줄로 배열된 이 '도망자' 무리들이 묘사되어 있고, 부조 오른쪽에는 그 무리의 우측으로 갈대가 양 옆에 있는 큰 물줄기 혹은 운하가 표현되어 있습니다. 운하 물줄기 안에는 물고기나 악어들이 보이며, 운하 그 건너편, 부조의 우측 가장자리에는 이집트인들과는 생김새와 인상착의가 다른 무리들이 얼굴 앞쪽으로 손을 높이 들고 있는 모습이 그려져 있습니다. 부조 위의 상형문자는 다음과 같은 내용을 담고 있습니다.

"**샤수**에 속한 대적이 반역을 꾀하고 있다. 그들의 우두머리가 모여 쿠루 산마루에서 기다렸다. 그들은 소리지르며 분쟁을 일으켰다. 그들 중에 한 사람이 이들의 **동료를 죽이고** 왕궁의 법도를 무시했다. …… 그가 레트제누 산지에서 돌아오자 제사장들과 하급 인들이 **신을 찬양**하였다." [12]

룩소르 카르나크 신전 세 번째 탑문 좌측 벽에 있는 세티 1세 전투 장면들, 오른쪽 벽화(East Wing)들 중 가운데 그림

1. 출애굽 200만 명, 정말 홍해를 건넜을까? 35

흥미롭게도 이 서술과 부조의 그림이 알려주는 정보는 성경이 서술하는 출애굽 당시 모세와 이스라엘 민족의 행동과 매우 유사합니다. 출애굽기는 모세가 파라오에게 반역하고, 분쟁을 일으킨 가운데 이집트인 하나를 죽이고 시내 광야 저편 미디안 광야로 도망갔다고 기술합니다. 도망갔다가 돌아온 모세는 파라오에게 다시 대적하였고, 파라오에게 반역하는 무리들을 이끌고 큰 물을 가로질러 건너갔다고 하지요. 그 운하를 건너간 이후 이스라엘 백성들은 큰 물줄기 건너편에서 손을 들고 그들을 구원한 하나님을 찬양했다고 합니다(출 3-4장, 12-14장).

레반트 고고학자들과 역사학자들은 이 부조와 여타 이집트 문헌이 여러 차례 반복해서 언급하는 '샤수'라는 무리를 고대 이스라엘인들의 기원과 결부시켜 설명하고 있습니다. 이들은 원래 시내반도, 요르단 남중부 지역의 사막, 광야 지대와 가나안 지역에서도 척박한 산지에서 주로 살았던 유랑인, 유목민, 방랑자 집단으로 알려져 있습니다. 이들이 학계의 주목을 끄는 이유는 이들의 '일족 혹은 일부'가 야후의 땅, 즉 야훼의 땅에 거주했던 자들로서 야훼, 고대 가나안, 이스라엘 지역의 신을 섬겼던 사람들이기 때문입니다.[13]

굳이 기독교인이 아니더라도, 애니메이션 "이집트 왕자"나 고전 영화 "십계"를 보신 분들이라면, 이푸베르 파피루스와 카르나크 신전 부조의 내용이 출애굽기의 내용과 얼마나 유사한지 어렵지 않게 파악할 수 있을 겁니다.[14]

홍해 사건의 실현 가능성

정말 이스라엘 백성은 홍해를 가로질러 건너갈 수 있었을까요? 실제 그들이 홍해, 붉은 바다를 건넜다면 그 장소는 어디였을까요? 이를 추적하기 위해 우리가 먼저 반드시 짚고 넘어 가야 할 점은 구약성경이 호수와 바다를 명확히 구분하지 않고 있다는 사실입니다. 예수님의 주 활동 무대였던 갈릴리 호수 역시 성경은 '갈릴리 바다'라고 지칭하고 있습니다.[15] 사해 호수도 구약성경은 '소금 바다'라고 부릅니다. 오늘날 우리가 이해하는 '바다'의 개념을 공유하지 않았습니다. 물이 많이 있는 곳은 호수이자 바다였기에 두 용어를 굳이 구분하지 않고 혼용했지요.

"모세가 홍해에서 이스라엘을 인도하매 그들이 나와서 수르 광야로 들어가서 거기서 사흘길을 걸었으나 물을 얻지 못하고"(출 15:22).

그런데 '홍해'(mari rubro, 라틴어로 붉은 바다라는 뜻)라고 불리는 바다의 히브리어는 '얌 숩'(Yam Sup)이고 정확한 뜻은 '갈대 바다'입니다.[16] 학자들은 이스라엘 백성들이 건넌 갈대 바다를 나일강 하류와 오늘날 홍해의 한 지류인 수에즈만 북쪽 끝과 만나는 내륙 연안 호수들로 추정합니다.

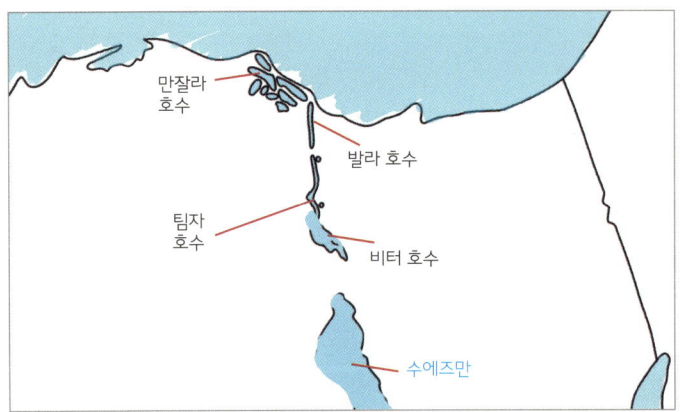

갈대 바다로 추정되는 호수들

호수들은 북쪽에서 남쪽으로 일렬로 배열되어 있으며 만잘라(Manzalah), 발라(Balah), 팀자(Timzah), 비터(Bitter) 호수로 구성되어 있습니다. 이들 모두는 과거 홍해와 지중해가 연결되어 있던 시기에 형성된 연안 석호로서, 호수 가장자리는 울창한 갈대 숲으로 둘러싸여 있습니다. 우리가 보통 보는 한글성경 맨 뒷장에 등장하는 지도들도 이스라엘 백성들이 홍해를 건넌 사건을 수에즈만 북쪽에 위치한 호수들 중 하나를 건넌 것으로 설명합니다. 이 호수들이 바로 홍해의 추정지인 셈이죠.

이집트 신왕조 시대 시내 반도에 세워진 이집트 요새들은 가나안 지역으로부터 이집트를 방어하기 위한 목적이었습니다. 따라서 이들 호수 주변에도 이집트 요새가 존재했을 겁니다. 카르나크 신전에 있는 수많은 파라오들의 전승 부조들은 이 요새들을 '믹돌'이라고 명명합니다(출 14:2 참조).[17] 히브리어로는 '미그달'(Migdal)이라고 하며,

요새 혹은 작은 성을 의미합니다.

제임스 호프마이어(James Hoffmeier, 구약성경/고고학자/이집트학자)는 오늘날과 페르시아 시대, 그리고 고대 출애굽 시대 지중해 연안과 이 호수들이 덮었던 물의 면적의 차이를 적외선 탐사를 통해 밝혔습니다. 과거에는 호수들의 면적이 현재보다 넓었거나, 오늘날 수에즈만 홍해 북쪽 물줄기 끝부분과 연결되어 있던 것으로 추정됩니다.[18]

당시 지리적 환경을 고려한다면, 이 경우 이스라엘 백성들이 홍해의 본류는 아니더라도, 홍해의 본류가 아닌 지류를 건넜을 가능성도 충분히 있습니다.[19] 그러나 우리가 홍해의 지류를 건넜다는 주장을 쉽게 받아들이기 어려운 이유는, 지금도 석호들의 수심이 4미터에서 최대 10미터에 달하기 때문입니다. 대규모의 인원이 이집트 군대의 추격을 피해 쉽게 건널 수 없는 수심이니까요.

> "모세가 바다 위로 손을 내밀매 여호와께서 큰 동풍이 밤새도록 바닷물을 물러가게 하시니 물이 갈라져 바다가 마른 땅이 된지라 이스라엘 자손이 바다 가운데를 육지로 걸어가고 물은 그들의 좌우에 벽이 되니"(출 14:21-22).

그렇다면 과연 이스라엘 백성들은 물이 갈라져 벽을 이루고 그 사이에 형성된 땅으로 건너갈 수 있었을까요?

이집트 문서 "문들의 서"(Book of Gates)에는 물들이 두 갈래로 갈려져서 양편에 물벽을 형성하고, 그 가운데 뭍이 드러나는 삽화가 있습니다.[20]

그림 옆에 있는 상형문자는 그림이 묘사하는 갈라진 물들이 이스라엘 백성들이 홍해를 건넌 이후 물이 다시 합쳐졌듯이 재결합했다고 명시합니다. 그렇다면 이집트 문서의 내용을 신화에 기초한 허구적 상상에서 나온 도상으로 이해해야 하는 것일까요?

문들의 서에 있는 네 번째 시간 중 가운데 기록에 있는 스무 번째 장면(람세스 4세 무덤<KV2>에 위치)

윈드 셋 다운(Wind Set Down)

최근 학자들은 호수 주변에서 발생하는 '윈드 셋 다운'(Wind Set Down)이라는 독특한 자연현상으로 홍해의 갈라짐을 설명합니다. 윈드 셋 다운은 시속 100~110㎞에 달하는 강풍이 장시간 불어 물이 해안에서 빠져 나가 해수면이 일시적으로 낮아지는 현상입니다. 몇몇의 역사 기록들이 자주 일어나지는 않지만 이 지역에서 예기치 못한 엄청난 바람이 불었다는 사실을 증언하지요.[21]

1882년 영국 육군 소장 알렉산더 브루스 툴록(Alexander Bruce Tulloch)은 만잘라 호수에서 엄청난 광풍을 경험한 후 이를 일기에 기록했습니다. 일기에 의하면, 그날 밤 툴록은 부대원들과 야영을 위해 만잘라 호수 인근에서 작업을 하고 있었는데, 매서운 광풍이 불었다고 합니다. 다음날 아침, 툴록은 호수가 사라지고 현지인들이 갯벌 위를 걸어다니는 걸 목격하였습니다.

2017년 카리브해 섬나라들을 강타한 허리케인 '어마'로 인해 한동안 해안가의 물이 사라졌던 것처럼, 오늘날에도 이런 현상은 종종 일어나곤 합니다. 이러한 현상들을 분석한 대기학자 칼 드루스(Carl Drews)는 이스라엘 백성들이 파라오의 추격을 받는 가운데 갈대 호수를 반드시 건너야만 살아날 수 있는 그 간절한 순간에 윈드 셋 다운 현상이 발생했다고 주장합니다.[22] 혹자는 이런 현상을 '물리적으로' 설명이 가능하다고 생각해서 이 사건을 '우연히' 일어난 사건으로 치부할지도 모릅니다. 그러나 이러한 사건이 반드시 필요한 '사람에게', 간절한 '그 시점'에 일어났다면 그것을 단순히 우연이라고 평가할 수 있을까요?

출애굽 사건의 역사성을 둘러싼 현대학자들의 논의는 성서학·고고학·이집트학 등 다양한 학문 간의 흥미로운 교차점을 제공합니다. 학자들은 과거와 오늘날의 지리적 환경을 비교 분석하고, 카르나크 신전의 부조나 이집트 문헌에 등장하는 유사 사건들을 검토하여, 이스라엘 민족의 홍해 도하 사건이 역사적 사실에 기반하고 있을 가능성을 제기합니다. 그러나 이러한 내용들을 과학적으로, 이성적으로 해명했다고 하여 성경의 기록된 사건을 '기적'이 아닌 '평범한 자연현상'으로만 축소해서 이해할 수는 없습니다. 오히려 고대인들은 당시 자신들이 경험한, 인간의 이해를 뛰어넘는 초자연적 사건들을 그들을 구원한 신의 직접적 개입으로 해석하고 기록했기 때문입니다.

결국 출애굽 서사는 역사적 사실과 신앙적 해석이 교차된 지점에 존재하며, 이것은 오늘날 신앙인들에게 여전히 깊은 의미를 지닙니다. 신앙인들에게 출애굽 사건은 지금도 인간 삶에 초월적으로 개입하는 신의 역사와 구원을 증언하는 핵심적 상징이기 때문입니다. 그러기에 오늘날에도 신앙인들은 출애굽 이야기를 읽으며 삶에 끊임없는 희망과 믿음을 바라고 기대하는 것은 아닐까요?

2. 믿음의 조상 아브라함, 이스라엘의 기원일까?: 유대인의 뿌리

사람들은 우주의 기원, 생명의 기원과 같은 근본적인 문제에 늘 깊은 관심을 가져왔습니다. 우리는 어디에서 왔고 또 어디로 가고 있을까요? 종교와 철학, 과학과 문학을 포함한 모든 지식 영역의 근본에는 언제나 인간의 존재와 그에 대한 탐구가 자리하고 있습니다. 성경도 우주의 기원, 생명의 기원, 출생의 기원처럼 어떤 특정 인물이나 민족의 기원과 성장 스토리가 담겨 있습니다. 특정 민족들, 모압, 암몬, 블레셋 같은 민족들이 과연 어디서 온 민족들인지, 어떻게 형성되었는지 설명하곤 합니다. 그중에 성경이 가장 큰 관심을 기울이는 주제는 뭐니뭐니 해도 이스라엘이라는 민족, 즉 히브리인들의 기원과 역사입니다.[25]
성경에 이스라엘 민족/히브리 민족이 어떤 민족이었는지 알려주는 짧막하기에 놓치기 쉬운, 그러나 매우 중요한 성경구절이 있습니다.

"너는 또 네 하나님 여호와 앞에 아뢰기를 내 조상은 **방랑**하는 **아람 사람**으로서 애굽에 내려가 거기에서 소수로 거류하였더니 거기에서 크고 **강하고 번성한 민족이 되었는데**"(신 26:5).

본문에 따르면, 이스라엘 민족/히브리 민족은 소수인 유목민들로서 방랑하는 자들이었고, 아람-시리아 지역에서 거주하거나 혹은 아람어를 사용하는 사람들이며, 어떠한 이유로 애굽으로 이주해 정착했으며 시간이 흘러 그곳에서 크고 강성한 민족이 됩니다. 이 짧은 진술에 고고학적 자료와 역사적 자료들을 보완하여 이스라엘 민족의 기원을 좀더 깊이 있게 고찰해 보겠습니다.

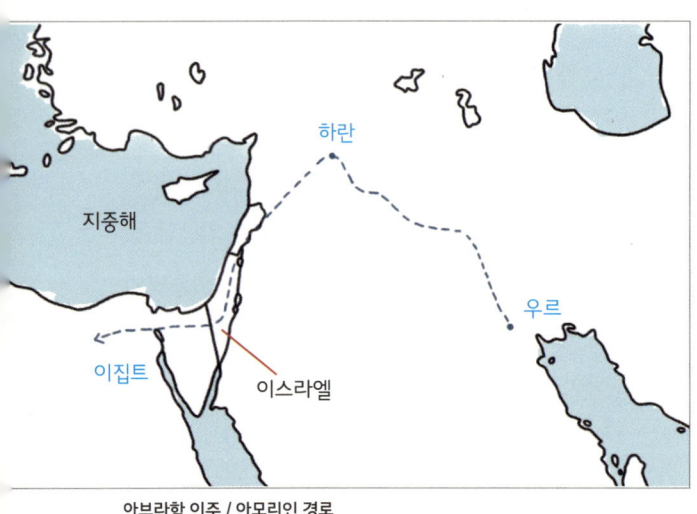

아브라함 이주 / 아모리인 경로

오른쪽 보좌에 앉아 있는
태양신 샤마쉬(Shamash; Utu)
왼편에 서있는 함무라비왕

아브라함의 이주

먼저 이스라엘 사람들이 자신들의 조상이라고 생각하는 아브라함에 대해 알아봅시다. 창세기 12장에 따르면 히브리 민족의 조상 아브라함은 갈대아 우르에서 살았습니다. 갈대아 우르(Chaeldean Ur)는 기원전 1800년대 함무라비왕이 다스리는 당시 고대근동 최강국 바빌로니아 제국에서 가장 번영했던 종교적/경제적 중심지였습니다.[26]
갈대아 우르는 티그리스강과 유프라테스강의 합류지점에 위치하는 최고의 교통요지라는 지리적 이점으로 크게 번성하였습니다. 당시 최고의 관개 수로망, 최고로 요새화된 성벽들, 최고의 지구라트, 최고의 계획도시체계를 갖춘 세계 최고의 도시였지요.[27] 아브라함은 그런 도시에서 떠나서 가나안 땅이라고 불리는 남부 레반트 지역, 고대 이스라엘 지역에 정착하지요(중기 청동기 2기, 2000년-1550년). 이때 아람어를 사용하는 사람들은 메소포타미아 전역에 걸쳐 흩어져 생활하고 있었습니다. 기원전 1800년대 당시 아람 족속들이 중요하게 생각했던 도시는 달 신(Moon god)을 섬겼던 '하란'(Haran)이라는 무역도시였습니다.
아브라함은 우르를 떠나 또다른 도시인 하란에 정착했고, 다시 가나안 지역으로 이주하기 위해 발걸음을 옮깁니다. 그의 아들 이삭 그리고 손자인 에서와 야곱도 하란 지역과 남부 레반트/고대 가나안 지역을 오고가며 이동하고 정착하기를 반복한 유목민 생활을 했지요.

여기서 한 가지 의문이 들겁니다. 원래 세계 최고의 도시인, 오늘날 뉴욕의 맨해튼, 홍콩, 싱가폴, 송도와 같은 국제 무역도시, 우르와 하란에서 태어나고 자라나고 정착했던 농경민이 왜 '자발적으로' 유목민 생활을 자처하여 척박한 땅으로 알려진 이스라엘 땅에 온 것일까요? 1930~1940년대 고대 레반트/고대근동/서아시아 역사/고고학자들은 대략 기원전 2000~1800년 경에 있었던 아모리인들(Amorites)의 이주 가설을 근거로 아브라함의 이주를 설명합니다.[28] 즉 아모리 사람으로 불린 이들이 메소포타미아 지역에서 출발하여 비옥한 초승달 지대 전역으로 흩어지면서 서쪽으로 이동했다는 견해입니다.[29]

그러나 이 가설은 아브라함의 이주를 뒷받침할 만한 증거가 부족했기에 지지받지 못했습니다. 아모리인들의 이주가 반드시 아브라함의 이주를 전제하지 않고, 그들의 이주를 증명하는 명확한 역사적인 사료적 증거들이 부족했기 때문입니다.[30]

그러나 최근에 고고학의 발전으로 이 견해가 다시 새롭게 재평가받고 있습니다. 레반트 지역, 중기 청동기 2기 중간기 시대 지층에서 메소포타미아 남부지역, 즉 바빌로니아 우르 주변 지역의 사람들과 유전적으로 형질이 같은 사람들의 뼈들이 다수 발견되었습니다.[31] 이것은 아브라함과 같이 우르 주변의 메소포타미아 남부 지역 사람들이 가나안 땅에 와서 거주했다는 것을 증명하는 증거입니다. 또한 이들의 이주를 강력하게 뒷받침하는 증거가 또 있지요. 다른 지층에서는 이러한 유전적 형질을 공유하는 메소포타미아 남부 사람들의 뼈가 발견되지 않았다는 점입니다.

따라서 성경이 언급하는 아브라함의 행적과 동시대 레반트 지역을 아우르는 메소포타미아 문명권 안에서 특정 민족들의 이동 분포를 비교해 보아도 아브라함이 가나안 지역에 정착한 것을 부정할 이유는 없겠죠?

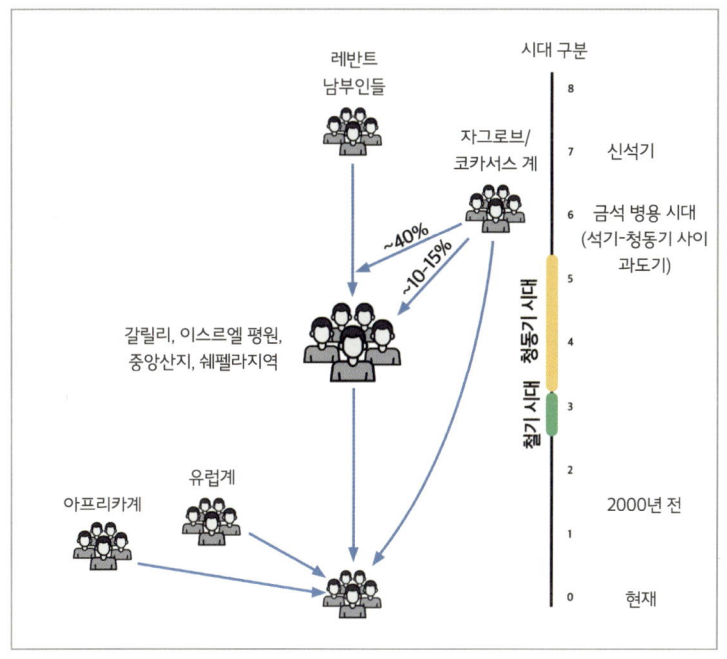

과학전문지 셀(cell)지에 실린 연구결과[42]

고대 남부 레반트, 오늘날 이스라엘 지역에서 출토된 유골들의 유전자 분석을 통해 거주민들의 정체성을 알 수 있다. 남부 레반트 원주민들의 유전적 형질은 금석병용기 시대 말기에 코카서스와 자그로스 산맥 이남에서 거주하던 사람들(40%)과 처음으로 섞이기 시작했다. 그 이후 기원전 1900-1700년경(중기 청동기 2기) 자그로스산맥 이남 지역에 거주하던 일부 사람들(10-15% 정도)이 추가적으로 남부 레반트 지역으로 이주하여 정착하였다. 중기 청동기 2기 시기는 창세기가 알려주는 족장들의 시대와 대략 일치한다. 유프라테스와 티그리스 하류 지역에서 남부 레반트 지역으로 이주한 사람들 중에는 창세기가 기술한 족장들이 포함되었을 것으로 추정해도 큰 문제가 없다.

2. 믿음의 조상 아브라함, 이스라엘의 기원일까?

신명기 26장에 따르면, 이스라엘 조상들, 야곱과 그 아들들은 이후 애굽에 내려가 소수로 거류하다가 크고 번성한 민족이 됩니다. 가나안을 포함한 남부 레반트 지역의 중앙 산지 지역은 강석회암 지대입니다. 지표면이 딱딱하고 물이 쉽게 빠져나가 버리기 때문에 충분한 비가 오지 않으면 농사 짓기가 매우 어려웠습니다. 가뭄이 길어지면 양식을 구하기 어려운데, 목축을 하기는 더욱이 어렵겠죠.[32] 이슬도 얻을 수 없으니 식수가 부족하여 중앙 산지 지역에서는 거주하기도 어려웠습니다. 따라서 가나안 지역에 살고 있던 사람들은 양식을 구하기 위해 두 가지 선택을 해야 했습니다. 시리아 지역으로 이주하거나 일년에 삼모작이 가능한 비옥한 나일강변이 있는 이집트로 이주하는 수밖에 없었죠. 이때, 족장들은 후자를 선택해 이집트로 내려가서 정착했던 겁니다.

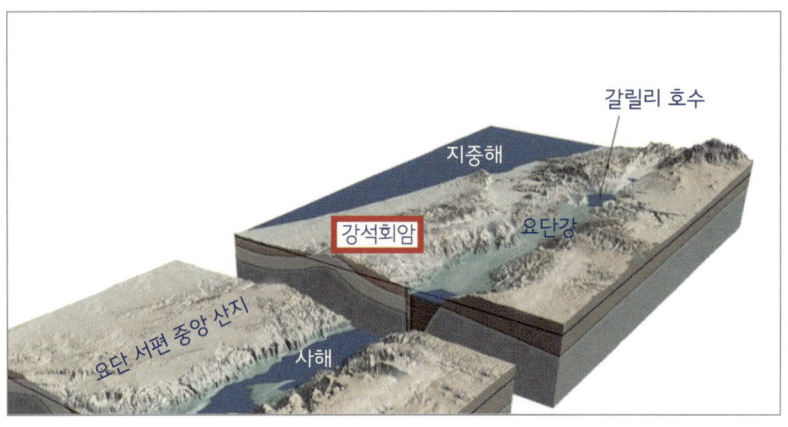

가나안 지역의 중앙 산지: 강석회암 토양으로 구성된 물이 잘빠지는 지형

이집트의 눈으로 본 이주민

이집트인들은 이민족들이나 이방인들의 외모나 생김새를 묘사한 그림을 남기곤 했는데요. 당연히 이들은 기원전 1900년대부터 1700년대까지 고대 가나안, 남부 레반트 지역에서 살던 사람들이 이집트에 이주하여 거주할 때 그들의 모습도 그렸지요. 마침 이 시기가 고대 가나안, 남부 레반트 지역에서 족장들이 이집트로 내려가 이주한 시기와 겹치죠. 그렇다면 이집트에 정착한 족장들의 생활상을 보여주거나 암시하는 고고학적인 자료나 그림은 무엇이 있을까요?

여기서 소개할 그림은 이집트 카이로에서 남쪽으로 280킬로미터 정도 떨어진 곳에 있는 베니하산 지역의 무덤군에 있는 크눔호테프 2세 무덤의 벽화입니다.[33] 벽화의 그림에는 이집트인들과 가나안에서 이주한 사람들이 묘사되어 있는데요. 이집트인들은 상형문자로 이들이 자신들과 다르고 구별된 '유목인들'임을 표시해 두었습니다. 이 유목민의 지도자로 보이는 인물 그림 옆에 있는 상형문자 '목동이 쓰는 지팡이'가 바로 이들의 정체성을 가리키지요.

베니하산 벽화
1845년 로제타 석비를 해독한 프랑수아 샹폴리옹(Francois Champollion)이 이집트 제12왕조 파라오 세소스트리스 2세(Sesotris II) 시기 (18세기 중후반), 속주 총독 크눔호테프 2세 (khnumhotep) 통치시기에 그려진 벽화를 출판

이 유목인들은 일반 이집트인들보다 피부가 덜 검은, 황색 계열이며, 머리는 약간 덥수룩하여 뒷머리를 남겨 버섯 모양 머리카락을 가졌습니다. 게다가 일반 이집트인들과 달리 턱에서 귀밑까지 길게 턱수염을 길렀고, 날렵한 턱선을 갖고 있었으며, 큰 눈과 큰 코를 갖고 있었습니다. 이들은 여러 가지 색들이 혼합된 직물로 짠 옷을 입고 있었습니다. 또한 이들은 이집트인들이 잘 활용하지 않는 염소와 나귀를 끌고 다녔습니다. 그림 위의 상형문자 문장은 유목민들이 부인들과 자녀로 추정되는 여러 명의 여자들과 아이들과 함께 이집트로 왔다고 언급합니다. 이들이 가족단위로 온 것은 단순하게 물품을 매매하려는 목적 그 이상의 것을 추구했다는 의미이겠지요? 아마 이들은 이집트에 이주하여 일정 기간 동안 정착하려고 했던 것 같습니다.

▼ 이집트의 베니하산(Beni Hasaan)의 무덤 지역에 있는
  크눔호텝2세(Khnumhotep II)의 무덤에서 발견된 벽화

창과 풀무를 지고 가는 당나귀

아래 그림에서 드러난 가나안 사람들의 모습/생활 풍습은 성경에 묘사된 족장의 그것들과 매우 흡사합니다. 가나안 사람들도 남부 레반트 지역에서 이주해서 이집트로 내려왔지요. 그리고 이들은 나일강 중류의 베니하산 지역과 나일강 델타 동편에 있는 고센 지역에 머물렀습니다. 고센은 성경에서 야곱과 그의 아들들이 가나안을 떠나 이집트로 이주해서 정착하고 머물렀던 곳입니다. 아무래도 고센 지역은 시내반도에서 이집트로 들어오는 길목에 위치했기 때문에 이들이 머물기에 적당한 장소였지요. 가나안 사람들은 이곳에서 베니하산 벽화가 보여주듯이 이집트인들이 보기에 이방인으로 살았던 것 같습니다. 마침 벽화에 묘사된 가나안 출신의 유목민들은 성경의 요셉이 즐겨 입었던 것으로 알려진 채색 직물로 만든 옷을 입고 있기도 합니다.[34]

그림 위의 상형문자 문장의 의미
아모리인들의 방문 목적 (오른쪽에서 왼쪽으로 읽음):
"그에게 가져온 안티몬(stibium)을 전달하기 위해 37명의 아시아인들이 도착하다."

우측 상형문자의 의미:
이집트 제국의 서기관 네페르호테프(Neferhotep)

아무 사람들 중 전방 호위대:
이들은 화살과 창을 들고 있다.

혼합된 직물로 짠 옷

아무의 지도층인 두 사람

이집트 사람들

우측 아래 상형문자 의미:
사냥꾼들의 감독관인 케티(Khety)

고센지역에 시리아 팔레스타인 이민족들의 계속된 이주로 다민족 사회가 형성

족장들의 이집트 이주가 가능했던 이유

이집트 역사 문헌들은 이러한 이방인들의 이주가 이집트 제12왕조 말기(기원전 1800년대)부터 일어났고, 제13-14왕조에 절정에 달했다고 기록하고 있습니다. 이집트 역사학자들은 이 이주의 역사적인 배경을 제13-14 왕조 시대에 이집트가 겪은 정치적인 혼란에서 찾습니다. 토리노 파피루스(Torino Papyri)는 당시 수많은 파라오들이 난립하여 나일강 하류를 중심으로 군웅할거의 혼란기가 펼쳐졌으며, 이방인들은 끊임없이 유입되어 고센 지역에 정착하여 거주했다고 기록합니다.[35] 그리고 이집트는 제15왕조 시대, 즉 힉소스 왕조 시기(기원전 1650-1500년경)에 가나안에서 유입된 외래 민족에 의해 지배받은 '암흑 시대'를 경험합니다. 당시 이집트 나일강 하류 지역은 계속된

이주의 결과로 다양한 민족과 인종이 혼재하는 다민족 사회가 형성되었죠. 성서의 기록에 근거해 볼 때, 아마도 이집트 제12-13 왕조 시대에 아브라함, 이삭, 야곱과 같은 족장들 역시 이집트 고센 지역으로 내려와 정착하여 살았던 것으로 추정됩니다. 그리고 그 이후 시대인 힉소스 시대에는 그들의 후손들이 나일강 하류 동편에서 계속 거주할 수 있는 환경이 조성되었겠지요.[36]

그러나 기원전 1550년경부터 분위기가 급변합니다. 이집트의 위대한 파라오들이 이러한 분열과 혼란의 시기를 종식시키고자 제18왕조를 개창하고 힉소스족들을 남부 레반트 지역으로 몰아내는 군사적 저항운동을 펼쳤습니다. 결국 힉소스족들은 이집트 영토 밖으로 쫓겨납니다. 이후에 등장한 아모세 1세, 투트모세 1세, 투트모세 3세, 아멘호텝 2세와 같은 전쟁용사 파라오들은 가나안의 이방 민족들, 그 중에서 힉소스에게 받은 치욕을 갚겠다며 가나안 지역으로 수차례 원정을 떠납니다.[37]

힉소스(Hyksos)족을 물리치는 이집트 제18왕조 창시자 아모세

이때부터 이집트는 제18왕조부터 제20왕조 시대까지 세계 최강 제국으로서 자리매김하며 유례없는 전성기를 맞이합니다.

샤수, 하비루 그리고 이스라엘

파라오들은 자신들의 정치적/군사적/문화적 업적을 오늘날 룩소르(테베)에 위치한 카르나크(Karnak) 신전 부조에 상형문자로 적어 놓았는데요. 특히 이민족 정복 사업과 관련된 부조를 살펴보면 샤수(Shasu)라는 민족이 자주 등장합니다. '샤수'는 '여행하다', '방랑하다'는 뜻인 이집트 동사에서 파생한 용어로 보입니다. 그런데 이 용어는 히브리어 동사 'shasas/shasah'와 발음상 유사성을 보이는데 이 히브리어 동사는 '약탈하다'는 의미를 지니고 있습니다.

샤수는 이집트 신왕조 제18-20왕조 시기의 파라오 정치외교 문서에서 빈번히 등장합니다. 이집트인들은 샤수 민족을 때로는 용병으로 고용하기도 하였으며, 이들 일부를 고대 가나안 중앙 산악 지역, 원래 그들의 고향으로 쫓아냈다고 기록했습니다. 흥미롭게도 샤수 민족은 이집트 외부 사막지역에서 '야후'(yahu)라는 신을 섬겼다고 알려져 있지요.

아마라 서부('Amarah West)에 있는 람세스 2세의 열주문 비문과 고대 누비아, 오늘날 수단의 솔렙(Soleb)에 있는 아멘호테프 3세 신전 비문들은 이러한 사실을 증명하는 고고학적 자료인데요, 심히 훼손되어 있는 타원형 상형문자 명판들 중에 "샤수의 땅, 야후, 혹은 야후의 샤수의 땅" 판독가능한 상형문자가 새겨져 있습니다. 물론 일부학자들은 솔렙 신전 기둥에 새겨진 이집트의 대적들이 거주지로 식별되

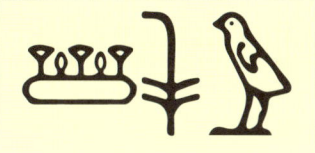

샤수 이집트 상형문자

아마라 서부 비문 (Amarah West Inscription)
Land, Shashu, Yahu (이집트 어순대로 땅, 샤수, 야후)
Land of Shashu, Yahu, or Land of Shashu of Yahu
샤수의 땅, 야후, 혹은 야후의 샤수의 땅

누비아(Nubia) 솔렙(Soleb)에 있는 한 신전 기둥에 있는 아멘호텝 3세(기원전 14세기 초중반) 때 새겨진 부조
Land, Shashu, Yahu
(이집트 어순대로 땅, 샤수, 야후)
Land of Shashu, Yahu, or Land of Shashu of Yahu
샤수의 땅, 야후, 혹은 야후의 샤수의 땅

기에 야후를 신명이 아니라 지역명으로 해석해야 한다고 주장하기도 합니다. 그러나 야후가 고대 근동에서 지역을 가리키는 명칭으로 쓰인 적은 없기 때문에 이러한 주장은 받아들이기 어렵습니다.

다수의 학자들은 이집트어 '야후'의 발음상, 음운상의 유사성 때문에 야후를 이스라엘 민족의 신이자, 유일신인 야훼(yhwh)와 동일시합니다. 야훼를 섬긴 민족은 고대 근동 지역에서 이스라엘 민족밖에 없는

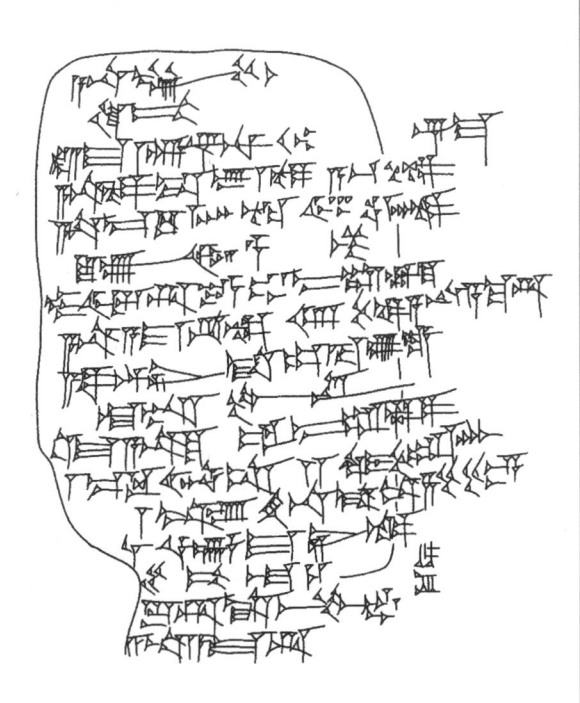

아마르나 문서

밀카루와 슈와르다타가 나의 주이신 왕의 땅에서 한 행동을 보십시오.
그들은 게셀의 군대와 가드의 군대 및 케일라의 군대를 소집하여
루부투의 성읍을 강탈하였습니다.
이제 왕의 땅이 하비루에게 넘어가고 말았습니다.
만일에 그곳에 정규군이 없다면 왕의 땅이
하비루에게 넘어가고 말 것입니다.
(EA 290:5-28)

왕이여, 보소서, 투르바추가 실루의 성문에서 살해당했지만 왕께서는 침묵하셨습니다.
보소서, 하비루 사람들이 라기스의 집렛다를 죽였습니다!
아티-핫두가 실루의 성문에서 살해당하였지만 왕께서는 침묵하셨습니다!
(EA 292:26-40)

것을 감안한다면 샤수의 일족은 이스라엘과 동일시될 확률이 매우 높습니다. 그렇다면 이들을 이스라엘로 언급하지 않은 이유는 무엇일까요? 아마도 샤수는 가나안 땅에 정착하여 훗날 이스라엘로 불린 민족을 지칭하던, 보다 앞선 시대에 사용된 명칭일 가능성이 높지 않을까요?[38]

그런가 하면 기원전 14세기 중반에 기록된 '이집트 아마르나 문서'는 방랑민, 유목민, 용병, 반란자, 떠돌이 등을 포괄적으로 지칭하는 '하비루'(Habiru)라는 특정 집단을 언급합니다. 한때 하비루와 히브리(Hebrew)의 단어 셈어 알파벳 자음 'hbr'의 유사성 때문에 이들을 이스라엘 민족을 구성한 집단 중 일부로 보기도 했습니다.[39]

그러나 이 가설은 하비루가 히브리인들을 직접적으로 지칭하지 않는다는 비판으로 인해 한동안 학계에서 받아들여지지 않았습니다.[40] 하지만 최근에 고대 이스라엘 역사를 연구하는 학자들은 하비루와 히브리인들을 인종적으로 동일시했던 과거의 견해를 사회적/문화인류학적 관점에서 재검토하고 있는데요. 이들은 앞서 살펴본 샤수처럼 이집트 문서에 하비루가 방랑자, 여행자, 용병들, 가나안 중앙 산지 거주자들로 표현된 점에 주목합니다.[41]

그럼 여기서 이런 의문이 드실 거예요. 그럼 도대체 '샤수'와 '하비루' 중 어느 쪽이 실제로 고대 이스라엘 민족을 지칭하는 것일까요?
고고학적/사료적 연구를 종합적으로 고려할 때, 고대 이스라엘 민족의 기원에 관해 가장 널리 인정 받는 유력한 가설은 이겁니다. 이집트 제18-20왕조 시대에 이스라엘 민족을 이들 샤수/하비루/그리고 가나안에서 원래 거주하고 있던 여러 민족들이 상호융합된 복합적 집단으로 보는 입장입니다.
어떤 이유에서인지 가나안으로 유입된 샤수와 하비루와 같은 특정 집단들 그리고 가나안 원주민은 씨족 내지는 종족 단위로 살았습니다. 앞에서도 언급했듯이, 지질학 박물관으로 불릴 만큼 다양한 지형과 기후가 혼재한 가나안의 환경은 독특하고 고유하며 다양한 민족 집단의 정체성을 형성하는 데 중요한 영향을 미쳤을 겁니다. 그 환경에서 살아남기 위해 그들은 협력하기도 하고 갈등하기도 하며 공존하였겠지요.

"......진멸하되 여리고와 그 왕에게 행한 것 같이 아이와 그 왕에게 행한 것과 또 **기브온** 주민이 이스라엘과 화친하여 그 중에 있다 함을 예루살렘 왕 아도니세덱이 듣고"(호 10:1).

"그 때에 베냐민이 돌아온지라 이에 이스라엘 사람이 **야베스 길르앗** 여자들 중에서 살려 둔 여자들을 그들에게 주었으나 아직도 부족하므로"(사 21:14).

"사울이 **겐** 사람에게 이르되 아말렉 사람 중에서 떠나 가라 그들과 함께 너희를 멸하게 될까 하노라...."(삼상 15:6).

"다윗이 사람을 보내 그 여인을 알아보게 하였더니 그가 아뢰되 그는 엘리암의 딸이요 **헷** 사람 우리아의 아내 밧세바가 아니니이까 하니"(삼하 11:3).

성경은 이스라엘 민족의 형성기에 다양한 민족 집단들이 이스라엘 민족으로 편입되었음을 보여주는 여러 사례들을 기록하고 있습니다. 따라서 이스라엘 민족은 이집트에서 출애굽한 사람들뿐만 아니라 기브온, 헷, 겐 족속 일부와 그리고 길르앗 야베스 족속과 같은 원주민들이 함께 융합하여 형성된 복합적 집단이었을 겁니다.

성경의 이스라엘이 구성되기까지?

만약에 이들이 이스라엘 민족을 이루는 초기 집단이라면 이스라엘은 언제 고대 가나안, 남부 레반트에 정착하여 민족을 이루었을까요? 이에 대한 고고학적인 증거가 있습니까? 불과 2015년까지만 해도 대부분의 역사학자들은 이집트 제19왕조 다섯 번째 파라오이자 가장 위대한 파라오 람세스 2세의 열네 번째 아들인 메르넵타(Merneptah)가 가나안 지역에 군사 원정을 감행했을 때 세운 승전비문에서 '이스라엘'에 대한 가장 오래된 흔적을 찾았습니다. 메르넵타 비문은 파라오 치세 5년에 이집트에 쳐들어온 외적들을 쫓아 무찌르거나 혹은 그들의 본거지를 직접 공격해서 승리를 거둔 내용을 기념하고 있습니다.

이집트는 전통적으로 그의 대적들을 언급할 때 사용하는 '9개의 활'이라는 표현을 써서 대적들을 묘사하는데, 이 비문은 이스라엘이 황

이집트 상형문자 순서대로 직역한 메르넵타 승전 비문 26-28번째 줄

이방의 왕들은 머리를 조아리며 제발 자비를 베풀어 달라고 했다.
아홉 개의 활(이방 민족) 중에서 감히 반기를 드는 자들은 아무도 없었다.
폐허가 된 테헤누는 적막만이 남았고, 하티에는 이제야 평화가 찾아왔다.
모든 악한 것과 함께 가나안은 약탈당했다.
아스글론은 노략당했고, 게셀은 사로잡혔다.
야노암은 존재하지 않았던 것처럼 되었다.
이스라엘은 씨앗 하나 남김없이 황폐하게 되었다.
후루는 미망인이 되어 이집트의 제물이 되었다.
그들의 땅은 비로소 평정을 되찾았다. [43]

이집트 제19왕조 4대 파라오 메르넵타(람세스 2세의 아들) 재위 5년 가나안 원정을 기념하는 비문

석비 아래 쪽에 하얗게 강조되어 있는 부분이 이집트 상형문자로 '집단'이나 '민족'의 개념으로서 이스라엘이 적혀있는 부분이다.

폐하게 되었다고 저주하고 있습니다. 이스라엘을 가리키는 상형 문자들은 1. 남자와 여자가 앉아있는 모습 아래 2. 세 개의 평행된 작대기들이 3. 목동 지팡이 기호로 구성되어 있죠. 이들은 차례대로, 민족, 사람들, 외국인을 상징합니다. 즉 외국인인 유목민 집단 민족들로서 이스라엘이 적시되어 있는 셈인데요. 이스라엘이라는 용어는 다른 가나안의 여러 지역들, 테헤누, 하티, 가나안, 아스글론, 게셀, 야노암, 후루와 같이 적혀져 있습니다. 따라서 이 비문에서 등장하는 이스라엘은 틀림없이 가나안, 남부 레반트에 존재했던 지명 혹은 민족으로서 '이스라엘'을 의미합니다. 이 석비는 기원전 1207년에 기록되었으므로, 이스라엘은 적어도 기원전 13세기 말 이전에 존재했던 것이 분명합니다.

그런데 이스라엘이라는 명칭이 또 다른 비문인 베를린 석상 발등상 비문(ÄM 21687 : Berlin Statue Pedestal Relief)에도 등장합니다. 대략 1350년경에 제작된 것으로 추정되는 발등상 비문에는 상형문자와 함께 계란 모양의 세 개의 타원이 그려져 있습니다. 그리고 이 세 타원 위에는 이집트인과 다르게 생긴 이방인의 얼굴과 상체가 덧붙여져 있지요.

 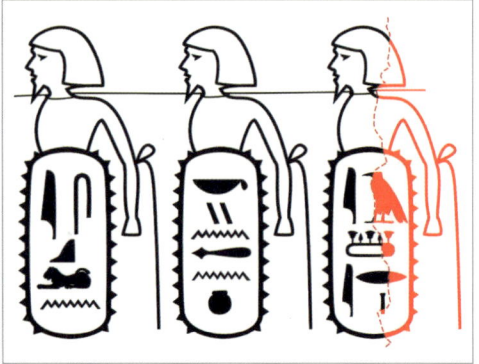

베를린 석상 발등상 양각(Berlin Statue Pedestal Relief) ÄM 21687
출처 : 베를린 박물관

상형문자가 가상으로 재구성된 형태로 읽었을 때 읽히는 아스글론/가나안/이스라엘 (왼쪽부터 오른쪽으로)

이 타원들은 각각 아스글론(*i-s-q-l-n*), 가나안(*k-y-k-3-nw*), 그리고 *I(3)-s3-i-r*을 가리킵니다. 보통 이집트 상형문자 중 (s) ㅅ/(ts) ㅊ/(s3) ㅉ 발음은 송골매 그림 문자과 결부되는데, 현재 남아 있는 비문에서는 송골매의 앞부분만 남겨져 있고, 새 날개 부분은 깨져서 지워져 있습니다. 그런데 다수의 학자들은 이 깨진 부분이 송골매 날개가 확실하다고 봅니다. 만약 이 깨진 상형문자가 송골매가 맞다면 '이스라엘'로 읽는데 큰 문제가 없습니다. 그렇다면 이 비문 조각은 이스라엘이 이미 기원전 14세기 중반에 존재했다는 것을 증명하는 중요한 고고학적 자료인 셈입니다.

위와 같은 자료들은 이스라엘이 기원전 14-13세기에 가나안에 정착한 씨족과 종족 중심으로 구성된 집단임을 암시합니다. 아마도 자신들을 이스라엘 사람들이라고 부른 이들은 '야훼'라는 하나의 신을 숭배하는 특정 민족의 모습을 이루기 시작했겠죠. 이러한 민족 집단들의 형성은 후기 청동기 말기, 이집트, 메소포타미아, 히타이트, 시리아-팔레스타인과 같은 인접 국가들의 문서에서도 확인이 됩니다.

고(古)바빌로니아 제국의 심장부와 같은 우르에 거주하던 아브라함은 신의 부름에 응답해 선조의 정신이 깃들어 있는 레반트 지역으로 향합니다. 몇 세대가 지나 소수의 가족으로 성장한 이들은 우리가 상상할 수도 없는 심각한 '기근과 가뭄'을 만나 또 다른 대제국인 애굽으로 이주합니다.

그리고 약 4백여 년의 시간이 흐른 후, 가나안 지역에는 아브라함을 조상으로 여기는 민족이 생겨납니다. 그들 중에는 유랑하는 이들, 나그네와 같이 거처가 없는 이들, 타인에 의해 전투의 현장에 동원된 자들, 왕궁과 신전 등 제국의 위대함을 선전하기 위한 건축에 동원된 자들도 있었습니다. 그런가 하면 고대 근동 지역의 여타 다른 국가들과는 달리 야훼라는 한 신만을 섬기는 시내광야의 정신을 간직한 이들도 있었지요. 또한 그들의 후손들은 자신들의 조상이 이러한 사람들이었음을 회고하는 기록을 남기고, 그들 스스로의 기원에 대해 때를 따라 되새겼던 것이죠. 그들의 뿌리가 무엇인지 고민하면서요.

3. 이스라엘에게 가장 위협적인 민족, 블레셋 : 삼손, 사울, 골리앗의 결투

성경에서 자주 등장하는 이야기는 전쟁 이야기입니다. 전쟁의 승패는 나라의 흥망성쇠를 좌우하지요. 전쟁은 전술과 전략이 중요합니다. 이러한 이유로 '손자병법'이나 '오자병법' 같은 병법서가 등장한 것 아닐까요? 최상의 전술과 전략은 바로 자신의 상황과 여건을 정확하게 평가하여 최소의 자원으로 최대의 효율을 내는 겁니다. 이런 전략과 전술의 중요성을 명확히 보여주는 사례가 있으니 바로 이스라엘과 블레셋 간의 전쟁 이야기입니다. 이들의 전쟁을 이해하기 위해 고대 레반트/이스라엘 남부 지역의 해안평야와 쉐펠라 지역, 그리고 중앙 산지의 지형과 지리적 특징들을 살펴볼 필요가 있습니다. 성경이 기술하는 이스라엘과 블레셋의 주요 전투들, 삼손과 블레셋의 소렉골짜기 전투, 사울과 블레셋의 전투, 그리고 다윗과 골리앗의 엘라 골짜기 전투 등은 모두 쉐펠라 지역에서 일어났으니까요.

쉐펠라(Shephelah)는 이스라엘 해안평야와 유다 산지 사이에 위치한 언덕 지대로, 비옥한 토양과 전략적 위치 때문에 고대부터 중요한 지역이었습니다. 이 지역은 우기뿐만 아니라 분기별로 충분한 강수량을 확보하고 있으며, 약석회암과 사암으로 이루어진 비옥한 토양과 온화한 기후 조건으로 인해 농업을 중심으로 경제적 번영을 누렸습니다. 또한 이집트 나일강 델타 하류 지역과 메소포타미아를 잇는 해변길(Via Maris)이 관통하는 교통의 중심지였죠.

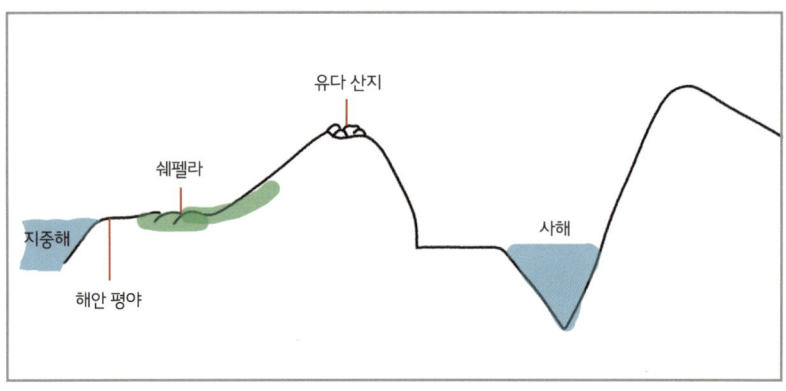

쉐펠라의 위치

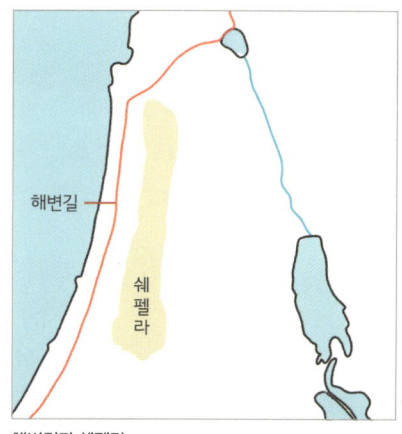 

해변길과 쉐펠라　　　　　　　　　쉐펠라 자연풍경

해양민족의 일족이었던 블레셋 사람들은 쉐펠라의 서쪽에 있는 지중해 해안 평야에 정착하였습니다. 시간이 흐름에 따라 블레셋 역시 점차 해안평야를 벗어나 내륙방향으로 정치적, 군사적, 경제적 영향력을 확장할 필요가 있었겠지요. 당연히 쉐펠라 지역을 통제하는 것은 농업 생산물과 중앙 산지로 진출할 수 있는 교두보를 마련하는 것을 의미했지요.

반대로 남부 레반트 중앙 산지 지역에 주로 터를 잡아 거주한 이스라엘의 입장에서도 해안 평야와 쉐펠라는 늘 관심의 대상이었습니다. 왜냐하면 중앙 산지 지역에서는 논농사가 애초에 불가능하기 때문입니다. 그나마 밭농사가 가능한 지역에서 나는 주된 농산물은 포도주와 올리브 기름이었죠. 문제는 이러한 생산물만 먹으면서 생활을 영위할 수는 없다는 겁니다. 다른 곡물류, 보리나 밀을 확보하여 밥이나 빵도 먹는 등 식량 수급을 다변화해야 했죠. 그러니 블레셋도 이스라엘도 서로가 차지하고 싶은 지역을 호시탐탐 노리고 있었습니다.

소렉 골짜기

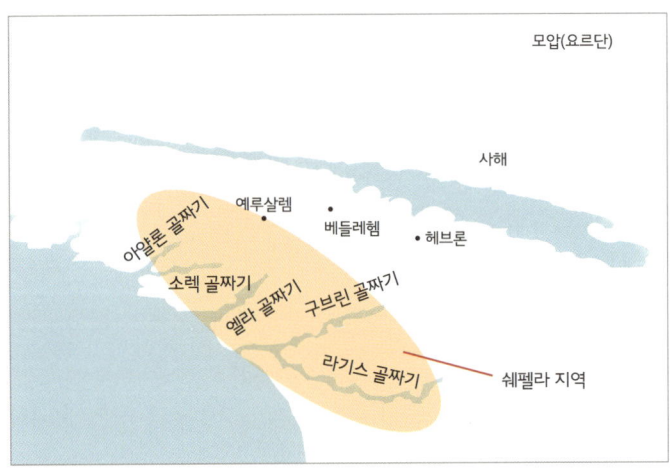

중앙 산지와 해안평야 사이에 위치한 쉐펠라
이 쉐펠라 지역에는 아얄론(Aijalon), 소렉(Sorek), 엘라(Elah), 벧 구브린(Beth-Guvrin), 라기스(Lachish) 골짜기가 발달되어 있다.

이스라엘과 블레셋 모두 각자의 지리적 환경에 적합한 공격과 방어를 위한 전략적 조건을 갖추고 있었습니다. 블레셋 입장에서 쉐펠라 지역을 장악하기 위해 중앙 산지로 진출하는 것은 쉬운 일이 아니었습니다. 중앙 산지는 기본적으로 500미터에서 1,000미터까지 이르는 고도의 언덕과 계곡이 연이어 이어진 천혜의 요새들이 발달한 험준한 지형이었지요. 따라서 이스라엘은 전략적으로 지형을 활용해 침략군의 기동성을 떨어뜨리는 전술을 많이 펼쳤습니다.

이스라엘도 쉐펠라 지역을 통과하여 해안평야의 풍부한 농산물을 얻고자 노력했지만 철제무기로 무장된 블레셋을 직접 공격하기는 어려웠습니다. 결국 중앙 산지와 해안평야 사이에 낮은 언덕 지대인 쉐펠라는 이스라엘과 블레셋 사이에 충돌이 빈번히 일어났던 무대가 될 수밖에 없었습니다.[44]

블레셋과 맞서 싸운 삼손과 사울

블레셋에 대항한 영웅으로 잘 알려진 삼손은 이스라엘의 사사로, 이스라엘과 블레셋 사이의 갈등에서 중심이었던 인물입니다. 삼손 이야기는 사사기 13장에서 16장에 걸쳐 나오는데, 그의 주된 활동 무대이자, 블레셋과 맞서 싸운 전쟁터 역시 쉐펠라 지역이었습니다. 삼손이 주로 활동한 소렉 골짜기는 중앙 산지에서 서편으로 길게 뻗어내려온 엘라 골짜기와 북부 쉐펠라가 만나는 지점에 형성된, 낮은 언덕과 골짜기가 뒤섞인 지역이었지요. 언덕과 계곡이 워낙 복잡하게 얽혀 있다 보니 작은 규모의 부대가 기습하는 게릴라 전술을 활용하기에 적합한 곳이었습니다.

사사기 14~15장은 삼손이 블레셋을 공격할 때 자주 기습을 했다고 서술합니다. 특히 삼손이 블레셋 사람들의 논밭을 불태우기 위해 횃불을 매단 여우를 풀어놓거나, 아내를 되찾지 못하게 되자 나귀 턱뼈를 이용한 기습 공격으로 많은 블레셋인을 때려 죽인 이야기는 이 지역의 지형적 특성과 잘 맞아 떨어집니다. 소렉 골짜기 끝자락의 비옥한 토양은 논을 일구기 적당했기 때문에, 추수하는 시기에 갑작스러운 화공은 경제적으로 타격을 입힐 수 있는 좋은 전략이었죠. 또한 평야와 여러 언덕들이 맞닿은 소렉 골짜기 끝자락은 삼손이 매복 공격을 하기에 좋은 자연조건을 갖고 있었습니다.[45]

이스라엘의 초대 왕인 사울과 블레셋 다섯 도시 방백들 간에 벌어진 전투는 주로 중앙 산지와 그 주변 지역을 중심으로 전개되었습니다. 특히 베냐민 산지 지역이 사울왕과 블레셋 사이 대결의 배경이 되었죠. 사사 시대 이후 보다 강성해진 블레셋은 철기 무기로 무장하고 여전히 청동기 문명을 벗어나지 못했던 이스라엘을 압박하기 시작합니다. 블레셋은 이윽고 쉐펠라를 넘어 중앙 산지 지역까지 진격했습니다. 초반 힘싸움에 밀린 이스라엘은 중앙 산지 남부 지역인 베냐민 산지에서 블레셋을 마주해야 했습니다.

사실 블레셋은 베냐민 산지보다는 자신들의 근거지에서 더 가까운 유다 산지를 약탈을 위한 공격 목표로 삼는 게 전략적으로 더 나은 것 아니냐고 반문하시는 분들도 계실 겁니다. 하지만 사울왕 당시 유다 산지에는 사람들이 별로 살지 않아서 약탈 거리가 많지 않았습니다. 따라서 별로 얻을 것이 없는 유다 산지보다는 이제 막 철제 농기구를 본격적으로 활용해 포도주와 올리브 기름을 생산하고 계단식 농법을 발전시키기 시작한 베냐민 산지가 공격의 표적이 되었습니다.

베냐민 에브라임 산지 / 척박한 산지

사울과 요나단의 전쟁터 믹마스 계곡의 큰 두 개의 바위(삼상 14:4) 보세스(Bozez)와 세네(Seneh)

계단식 농법/테라스 농법 중앙 산지

포도와 올리브의 산지이자, 포도주와 올리브유의 생산지

베냐민 산지는 이스라엘의 초대 왕이었던 사울의 고향이었기에 블레셋에게는 공격의 정당성을 확보할 정치적 상징성도 있었죠.

그런데 블레셋 사람들이 간과한 게 하나 있습니다. 베냐민 산지는 자갈과 돌로 이루어진 수많은 언덕과 계곡이 연달아 이어진 전형적인 구릉지대입니다. 이 지역 사람들은 험준한 지형에서 나고 자랐기에 성격이 '급하고 험하며 호전적'이었습니다. 강인함과 날렵함은 그들에게 생존을 위한 필수 조건이었죠. 더욱이 이 지역의 험준한 지형은 적군의 보급 및 이동을 어렵게 만드는 반면, 그 지역을 훤히 알고 있는 아군에게는 매복을 통한 게릴라 전술과 전략을 펼치기에 최적의 환경을 제공했습니다. 이것은 블레셋의 군사적 우위와 이스라엘의 무기 부족 문제를 상쇄시켰습니다. 이를 잘 보여주는 전투가 사무엘상 13~14장에서 묘사하는 '믹마스 계곡 전투'입니다.

사울과 요나단은 믹마스 지역에서 깊이가 200미터 이상에 이르는 V자 모양의 험준한 계곡을 이용한 기습·매복 작전으로 블레셋에게 큰 피해를 입혔습니다.[46] 특히 요나단은 자신의 무기를 들고 있는 한 소년과 함께 믹마스 계곡을 가로질러 그 험준한 절벽을 기어올라가서 진영을 급습하여 혼란에 빠뜨리는 전공을 세우기도 합니다. 제아무리 철기 무기로 중무장한 블레셋이라 할지라도 무거운 무장을 갖춘 상태로 험준한 산악 지형에서 신속히 대응하거나 효율적으로 움직일 수는 없었겠지요. 더욱이 해안평야나 쉐펠라 같은 평평한 지역에서 활용하기 유리한 철 병거 역시 무용지물이었습니다. 해당 전투를 통해 이스라엘은 중앙 산지를 블레셋의 공격으로부터 지켜냈습니다.

구글 어스에서 바라본 아세가(Azekah), 에베스 담밈(Ebes-dammim), 소고(Socoh), 그리고 키르벳 케이야파(Khirbet Qeiyafa)

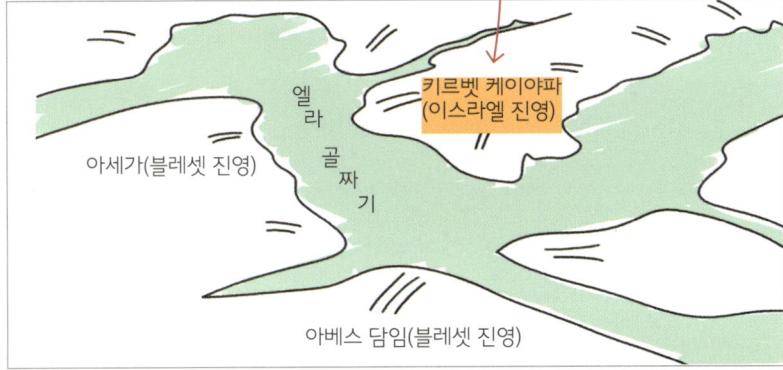

키르벳 케이야파 요새 (다윗과 골리앗의 전쟁터: 이스라엘 군 진영)
출처: Armstrong Institute of Biblical Archaeology

3. 이스라엘에게 가장 위협적인 민족, 블레셋   75

이제 블레셋은 더이상 중앙 산지로 진격할 수 없게 되었죠. 블레셋과의 전투를 통해 철제무기를 습득하고 사용법을 익힌 이스라엘도 철제 무기의 사용 빈도를 점차 늘릴 수 있었습니다.

다윗과 골리앗의 전투 : 키르벳 케이야파

엘라 계곡에서 있었던 다윗과 골리앗의 싸움은 지리와 지형을 잘 활용한 좋은 사례입니다.[47] 엘라 계곡은 중부 쉐펠라의 일부로서 유다 산지의 베들레헴 근처에서 발원하여 쉐펠라를 거쳐 지중해 연안으로 이어져 있는데요. 중앙 산지에서 지중해 해안 쪽으로 뻗어 있는 다른 계곡들과 달리 이 계곡은 개방된 전투 공간을 제공했습니다. 그래서 블레셋은 지형상 게릴라나 매복 전술이 어려운 엘라 계곡의 끝자락인 아세가와 에베스 담밈 사이에서 진을 구축했습니다. 그들은 대규모 백병전을 준비하면서 그들의 철병거와 함께 선봉에 거인인 장사 골리앗을 세우게 됩니다.[48] 블레셋의 강력한 군세에 위축된 이스라엘은 엘라 골짜기 뒷편 키르벳 케이야파(Khirbet Qeiyafa)에 진영을 구축하고 공성전을 준비하죠.

실제로 키르벳 케이야파에서 기원전 11세기 말~10세기 초중반, 즉 사울과 다윗 시대에 사람들이 사용했던 토기들과 고대 이스라엘 사람들이 자주 사용한 포곽구조 성벽(casemated wall)이 발견되었죠.[49] 아마도 사울과 이스라엘 사람들은 골리앗이 두려워서 어쩔 줄 몰라하며 이 성벽 안에 머물며 블레셋이 물러가기를 바랐는지도 모릅니다.

2013년, 2007년부터 키르벳 케이야파를 발굴한 한국인 발굴참여자들과 키르벳 케이야파에 방문

쉐펠라 지역과 키르벳 케이야파에서 출토된 손으로 마름질한 윤기 있는 붉은 색 토기(Red Slipped Hand Burnished Pottery) 모음[53]

 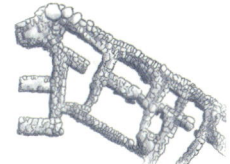

포곽구조 성벽(casemated wall)[54]

이때 영웅이 등장하죠. 바로 다윗입니다. 다윗은 베들레헴이 속해 있는 남부 중앙 산지의 구릉지대에서 자랐습니다. 목동으로서 중앙 산지에 친숙했던 그의 경험은 골리앗과의 전투에서 전략적 우위를 가져갑니다. 그가 선택한 키르벳 케이야파 근처 엘라 골짜기는 구릉 지대와 평평한 비탈면이 공존하는 곳으로 돌팔매 실력을 활용할 수 있는 곳이었습니다.

고대 근동에는 돌팔매를 사용하는 군대가 있었습니다. 소위 '돌팔매 부대'로 고대 앗시리아 부조에도 이런 군사들이 많이 등장합니다.[50] 일반적으로 돌팔매질을 하는 병사들은 오른손잡이가 대부분이었습니다. 하지만 병사들 중에 일부러 상대방에게 혼란을 주기 위해 왼손으로 돌팔매를 던지는 경우도 있었습니다. 또한 실제로 왼손으로 돌팔매를 던지도록 훈련 받고 전투에 참여하는 전문 병사들도 존재했습니다(삿 20장 참조).

다윗은 케이야파 옆에 있는 나할 엘라(Nahal Elah)라는 시내에서 돌팔매에 쓰기에 적절한 자갈돌들을 취했습니다. 그리고 케이야파에서 아세가 방향으로 난 대략 150미터 길이가 넘는 비탈길을 빠르게 달려 돌팔매질을 할 추진력을 얻었죠. 그런 다음 돌을 던질 때 릴리스 포인트(release point)를 최대한 잘 활용해서 최대의 속도를 이끌어냈을 겁니다. 약 1~1.5kg 정도의 돌이 시속 220~240km에 이르는 속도로 날아갈 경우, 20~30m 정도 거리에 떨어져 있는 사람이 잘못 맞으면 심각한 부상을 당하거나 의식을 잃을 수도 있겠죠. 그래서 골리앗도 이렇게 다윗의 손에 최후를 맞이했는지도 모릅니다.

길보아산 전투-사울과 요나단이 블레셋 군과 싸우다 전사한 전투

사울이 죽은 곳으로 전해지는 길보아산 봉우리

돌팔매로 사용된 돌들
(아세가와 라기스에서 발굴됨)

돌팔매

라기스 부조에 그려진 앗시리아 제국 돌팔매 부대

3. 이스라엘에게 가장 위협적인 민족, 블레셋　　79

길보아산 전투

그런데 이러한 지리적, 지형적 이점을 살려 전략을 짜지 못할 경우, 힘의 열세에 있던 이스라엘은 블레셋에게 고전을 면치 못했습니다. 그 대표적인 예가 사울과 요나단이 최후를 맞이한 길보아산 전투입니다. 사실 블레셋은 쉐펠라나 중앙 산지 지역만 침입한 것은 아니었습니다. 그들의 침략의 범위는 전방위에 걸쳐 있었습니다. 성경은 블레셋이 이스르엘 평야까지 진출하여, 사울과 요나단을 포함한 이스라엘 군대와 벌인 전쟁을 묘사하고 있습니다.

이 기록은 고고학적으로도 증명됩니다. 블레셋 사람들이 사용했던 이색(bich rome) 토기들이 중앙 산지 베냐민 지역뿐만 아니라 이스라엘 평원 지역에서 많이 발견되었기 때문입니다.[51] 하지만 블레셋 사람들의 장기간의 거주 형태를 드러내는 가옥이나 건축물의 흔적은 발견되지 않았습니다. 이것은 블레셋 사람들이 일시적으로 그 지역으로 진출했다는 것을 보여 주는 근거입니다. 이 평야 지역에서 보병이 주된 부대였던 이스라엘은 철병거로 무장한 블레셋에게 대패하고 맙니다. 이스르엘 평야에서 요단 계곡 방향으로 후퇴하던 사울과 요나단은 평야 끝자락에 있는 길보아산에서 포위당해 결국 전사했습니다.[52]

고대 남부 레반트 지역에서 해양 민족의 일족이었던 블레셋과 이스라엘 간의 갈등은 오늘날에도 여전히 팔레스타인과 이스라엘 간의 긴장과 분쟁으로 이어지고 있습니다. 팔레스타인(Palestine)이란 이름이 지명으로서 블레셋(Philistine)에서 기원하는 것에서 알 수 있듯이, 이 지역에서 일어나는 갈등은 수천 년의 역사적 연속성을 지니고 있습니다. 두 민족의 전략적 요충지를 차지하려는 지리적·정치적 요인은 현대의 갈등에서도 중요한 역할을 합니다. 그러나 역사적으로 반복된 전쟁과 분쟁을 통해 우리가 배운 교훈은 군사적 승리와 전략적 우위만으로는 진정한 평화와 안정이 지속될 수 없다는 점입니다. 이제 팔레스타인과 이스라엘 양측이 과거의 상처와 갈등을 뛰어넘어 상호 이해와 협력의 길이 열리기를 소망합니다.

중앙 산지와 이스르엘 평야에서 출토된 블레셋인들의 토기
단조로운 이스라엘 토기에 비해 블레셋 토기는 색을 섞거나 기하학무늬와 도형 다양한 동식물이 묘사되었다.

4. 끝나지 않는 지구 종말의 전쟁터, 아마겟돈
  : 므깃도의 전쟁사

요한계시록은 종말의 날, 아마겟돈(armageddon)을 '선과 악의 군대가 싸우는', '인류 최후의 전쟁'이 벌어질 장소라고 예언합니다(계 16:16). 아마겟돈은 어떤 장소이며, 왜 요한계시록은 이곳을 최후 전쟁의 장소로 지정했을까요?

먼저 지명의 뜻을 살펴봅시다.[55] '아마겟돈'은 풀어 설명하면 '므깃도의 산'이라는 뜻입니다. 므깃도라는 지명에 '언덕' 혹은 '산'을 의미하는 히브리어 하르(har : הר)가 붙어 하므깃도(harmegiddo)와 같은 형태가 됩니다. 이 히브리 단어를 그리스어로 표기하면서 통상적으로 장소 뒤에 붙는 접미어 '온'(ov)이 붙었고, '하'와 '아'를 특별히 구분하지 않는 그리스어의 특성상 '하'는 '아'가 됩니다. 그리고 '므'(me) 음이 좀더 강한 메(mē)/마(mā) 소리로 표기되면서 우리에게 익숙한 '아마겟돈'이 된 거죠.

므깃도는 '메기도'(מגידו)에서 유래했으며, '침입하다', '자르다', '적과 적이 만나다'라는 의미입니다. 어원에서도 뭔가 침입이 일어나고, 전투가 빈번히 일어났을 것 같은 뉘앙스가 짙게 풍기죠. 실제로 므깃도는 곧 살펴보겠지만, 제국들의 운명이 바뀌거나 판가름나는 중요한 전투가 많이 일어난 장소였습니다. 에스겔 38장 1~6절은 로스와 마곡이 이스라엘을 칠 것이라고 언급하는데, 로스와 마곡이 오늘날 러시아를 가리킨다고 주장하는 사람들도 있습니다. 유대인들은 전통대로 빛과 어둠의 전쟁이 바로 이곳에서 일어날 가능성이 매우 높다고 주장합니다.[56]

고대 도시 므깃도는 역사/고고학으로도 큰 의미와 흔적이 남아 있는 중요한 장소입니다. 므깃도는 이스라엘 해안선을 관통하는 중요한 교통로인 해변길이 처음으로 내륙으로 접어드는 길목과 이스르엘 골짜기, 평원의 남쪽 끝자락 중앙에 위치합니다. 므깃도와 맞닿은 북편의 이스르엘 평원은 이스라엘의 제1 곡창지대로 알려진 풍요

므깃도 발굴터
가나안 시대 성문과 솔로몬 시대 육방성문
(Six chamber Gate)

이스르엘(Jezreel Valley) 계곡

므깃도

4. 끝나지 않는 지구 종말의 전쟁터, 아마겟돈

로운 땅입니다. 그런가 하면 므깃도 동편으로는 시리아로 진출할 수 있는 길이 벧샨(Beth-Shean) 방향으로 나 있어, 고대로부터 유명한 왕의 대로(King's Highway)로 이어졌지요. 따라서 므깃도는 고대 메소포타미아와 이스라엘 그리고 이집트를 잇는 해변길(Via Maris)의 중간 기착지이자 이집트와 시리아를 잇는 무역로로서 전략적 요충지였습니다. 그러니 전쟁이 일어날 경우 군수품을 적시 적소에 배급하기 위해 반드시 확보해야 하는 거점이었지요. 이런 고대 도시 므깃도에서 일어난 역사적으로 중요한 전투 몇 가지를 살펴보고자 합니다.[57]

투트모세 3세가 이집트 대적인 가나안 지역 사람들을 곤봉으로 때리는 장면 / 이집트 룩소스 카르나크 신전

투트모세 3세 vs 가나안 연합군의 전쟁터

므깃도는 후기 청동기, 이집트 18왕조 시대에 등장합니다. 기원전 1479년, 이집트 신왕조의 가장 위대한 파라오로 손꼽히며 이집트를 대제국의 지위에 올려놓은 투트모세 3세가 즉위합니다. 투트모세 3세는 고대 레반트, 시리아-팔레스타인 지역으로 떠난 원정에서 카데쉬(Kadesh)왕이 주도하는 가나안 연합군과 맞서 싸워 큰 승리를 거둡니다. 이 전투는 역사상 최초로 군사 원정의 과정과 결과의 기록이 온전히 남아 있는 것으로 잘 알려져 있습니다. 본 므깃도 전투에서 이집트가 펼친 전술과 전략은 군사사적으로 매우 탁월하다고 평가받고 있죠.[58]

투트모세 3세는 원대한 꿈을 갖고 있었습니다. 시리아-팔레스타인 전 지역에 주도권을 장악하는 것이었죠. 투트모세 3세는 므깃도를 차지하기 위해 이집트 국경 지역의 트자루(Tjaru)를 떠납니다. 열흘 만에 가자(Gaza:오늘날 가자 지구의 고대 도시)를 통과, 계속 북상하여 아펙(Aphek)에 도착합니다. 이스르엘 골짜기에서 머지않은 예헴(Yehem)에 도착했을 때 투트모세 3세는 저녁을 맞이합니다. 다음날 아침 진군에 앞서 정찰병을 파견합니다. 그날 밤 므깃도에서 가나안 연합군이 방어태세를 갖추고 있다는 소식을 접합니다. 그들이 므깃도로 들어가는 길목인 욕느암(Yokneam)과 타나악(Ta'anach) 동서쪽 각각에 진을 치고 있다는 첩보였지요. 가나안 연합군 역시 투트모세 3세가 자신의 병력을 세 개의 군대로 나누어 운용하는 것을 알고 있었습니다. 예헴에 진을 친 이집트 군대가 므깃도로 갈 수 있는 방법은 세 가지였습니다.

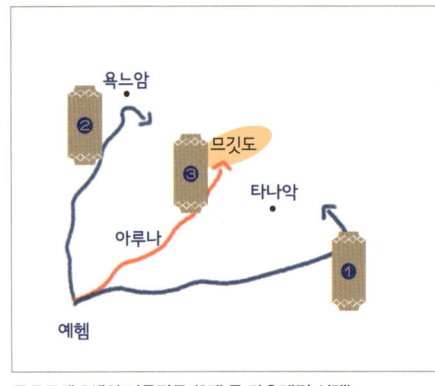

투트모세 3세의 이동경로 (3개 중 가운데길 선택)

학익진 전법 (이집트 win)

1. 이집트 군이 급습으로 공격 시작 : 가나안 연합군이 전열을 가다듬기 전에 좌우로 크게 벌려 공격
2. 맨 왼쪽 날개가 진지를 공격, 진지가 파괴됨
3. 오른쪽 날개가 도주하는 적들을 추격하지 않고 적들의 진지로 공격 감행
4. 맨 아래 오른쪽 또다른 날개가 적을 점멸하고 적들의 진지로 공격 감행

가나안 연합군 ■
이집트군 ■

88 발굴한 신의 흔적들

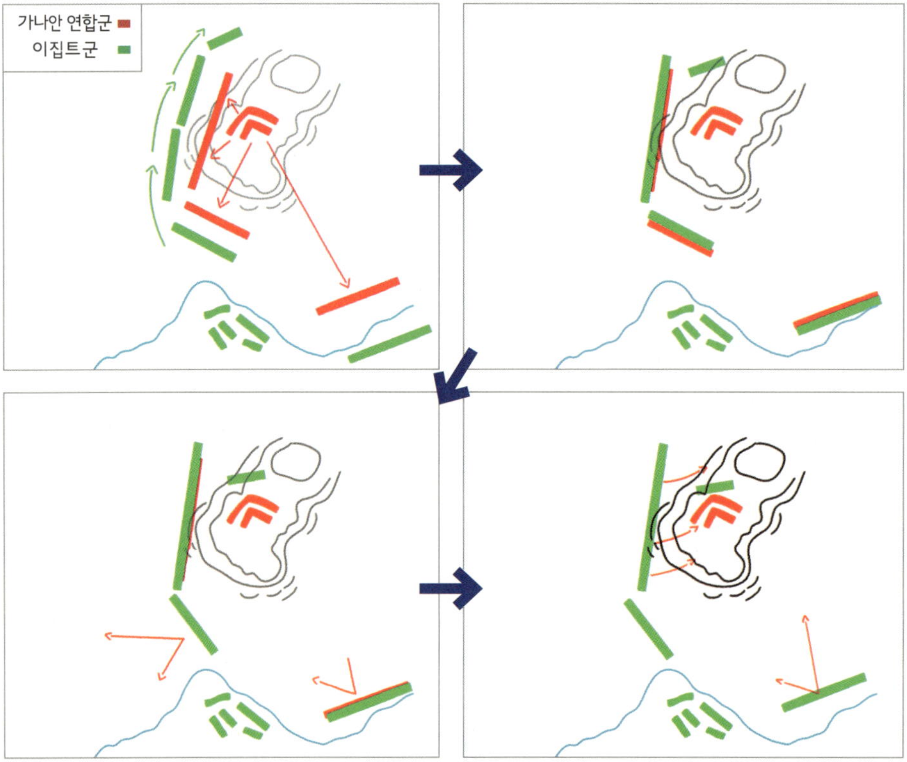

하나, 타나악으로 가서 므깃도로 가는 길은 지대가 평탄하여 진군하기 용이한 길이었습니다. 둘, 욕느암으로 우회해서 므깃도로 가는 길은 거리가 가장 긴 길이지만 체력을 비축하며 천천히 진군할 수 있는 길이었습니다. 셋, 아루나(Arunah)를 통과하는 길은 므깃도로 가장 빠르게 갈 수 있지만 험준하고 길이 좁아 진군시 한 줄로만 가야 하기에 매복 공격을 받을 경우 전멸당할 위험에 노출되어 있었죠.

가나안 연합군은 이집트 군이 적어도 그날 밤에는 아루나를 통과하지 않을 거라 확신하고 므깃도 성에 소수의 군사만을 남겨두고 다른 두 장소, 욕느암과 타아낙에 진을 쳤습니다. 좁은 길목 두 군데에서 이집트군을 효과적으로 방어하기 위한 전략이었습니다. 뿐만 아니라 이집트 군대가 오랜 진군으로 피곤하고 지친 상태에서 좁고 험준한 길을 관통하는 우를 범하지 않을 거라 생각했던 겁니다.
그러나 뛰어난 전략가이자 전사였던 투트모세 3세는 이 절호의 기회를 놓치지 않고 전략적 승부수를 던집니다. 가나안 연합군의 예측을 역이용하여 알프스를 넘어 로마를 기습했던 한니발 장군처럼, 험준한 아루나로 그날 밤과 새벽에 야음을 틈타 통과하기로 결정합니다.[59]

결과적으로 투트모세의 판단은 옳았고 소수의 병력으로 므깃도 성을 지키고 있던 가나안 연합군은 허를 찔린 나머지 당황하기 시작합니다. 여기서 투트모세는 두 번째 모험을 감행합니다. 이미 밤새 강행군으로 지칠 대로 지친 이집트로서는 전투가 길어질수록 불리할 수밖에 없겠죠. 투트모세는 학의 날개처럼 병력을 넓게 펴 욕느암과 타아낙에서 진을 치고 있다가 므깃도로 회군한 가나안 군을 일순간에 섬멸하여 전투를 최대한 빨리 끝내는 전법을 구사합니다. 이것이 바로 '학익진'입니다. 육상 전투에 널리 사용되었던 전법인데 이순신 장군이 해상에서 최초로 구현했기에 유명해진 전술이지요. 학익진은 한쪽 날개라도 뚫리면 전체가 위험에 처할 수 있기에 체력적으로나 전술적으로 완비된 부대만 사용할 수 있는 고급 전술입니다.[60]

투트모세 3세의 탁월한 전략적 판단은 다시 한번 빛을 발합니다. 이집트 군대는 먼저 욕느암에서 회군한 가나안 연합군 부대와 타나악에서 돌아온 연합군 부대를 두 날개 진으로 각개 격파합니다. 갑작스러운 기습에 전열을 가다듬지 못한 가나안 연합군은 힘 한번 제대로 써보지도 못하고 패하였고, 므깃도 성으로 도망가서 항전을 계속합니다.

이후 7개월간의 포위 끝에 므깃도 전투는 이집트의 승리로 마무리되었습니다. 이를 통해 투트모세 3세는 자신의 통솔력과 전투 능력을 만방에 과시했지요. 결국 이 전투의 승리를 계기로 이집트는 제국의 영토를 최대 규모로 확장할 수 있었으며, 신왕조 시대 약 300년 동안 시리아-팔레스타인 지역에 대한 지속적인 영향력을 확보할 수 있는 기반을 마련합니다.[61]

이집트 룩소스 카르나크 신전에 있는 투트모세 3세의 가나안 원정로를 보여주는 지명록
전쟁 포로들 몸통에 그들이 살던 지역이 새겨져 있다.

솔로몬, 아합, 예후 시대 므깃도

므깃도는 이집트 신왕조 시대인 후기 청동기 시대 이후에도 군사적 요충지로서 그 역할을 충실히 감당합니다.

초기 철기 시대인 사사 시대를 거쳐 왕국 시대에 접어든 이후 므깃도는 국가적 창고의 기능을 갖춘 전략적 요새로 그 역할이 확대됩니다. 솔로몬은 이곳에 식량과 무기를 저장, 공급하고 보관하는 국고성을 건설하여 자신의 영토에서 가장 중요한 요새로 삼았습니다.

고고학자들은 실제로 기원전 10세기, 다윗과 솔로몬 시대의 전형적인 성곽 구조인 포곽 성벽(casemate wall) 그리고 6방 구조(six chamber gate)를 므깃도에서 발굴했지요.[62]

열왕기상 4장에 따르면 솔로몬은 왕국 전역에 열두 관장을 두었는데, 정치적, 군사적 요충지인 므깃도가 그중 하나입니다. 특별히 솔

포곽구조 성벽 : 게셀(Gezer)에 위치

포곽구조 성벽 : 하솔(Hazor)에 위치

로몬은 므깃도의 관장에게 한 달 간격으로 왕실에서 쓸 식량을 조달하게 하여, 므깃도의 경제적 상황을 점검함은 물론 왕실과의 긴밀한 관계를 유지하도록 하였습니다.[63]

솔로몬 왕국이 분열된 이후에도 므깃도 요새는 북이스라엘의 전성기를 이끄는 중추적 역할을 합니다. 갈멜산에서 엘리야와 대결을 벌인 바알 선지자들과 아세라 선지자들의 후견인이었던 아합왕은 므깃도를 자신의 군사력의 핵심인 마병과 병거를 기르는 전략적 요충지로 사용합니다. 지금으로 치면 최첨단, 최강의 무기 저장고라고 할 수도 있겠죠. 당시 사용된 것으로 추정되는 대규모 마굿간 터와 수백 마리의 말을 수용했던 시설과 구유 유적들이 이곳에서 무더기로 발굴되었습니다.

므깃도 전차용 마굿간 여물통

므깃도 아합왕의 전차 구조물

아합왕은 므깃도에서 기른 말들을 기마병용, 병거용 말들로 육성하여 이스라엘의 군사력을 증강시킵니다. 아합왕의 북이스라엘은 이에 고대 레반트 지역의 새로운 패자로 떠올랐는데요. 이 사실을 증명하는 고고학 자료가 있습니다. 바로 신앗시리아 제국의 살만에셀 3세가 세운 쿠르크 비문(Kurkh Monolith)입니다.

이 비문은 시리아 팔레스타인 12개의 동맹국들과 신앗시리아 제국이 벌인 카르카르(Qarqar) 전투 결과를 기술합니다.

당시 보병 1만 명과 전차 2,000승의 아합의 군대는 동맹국 중에서 두 번째로 많은 보병수와 가장 많은 수의 전차부대를 보유하고 있었습니다.[64] 병거 한 대에 말이 4마리에서 6마리 정도 필요하므로 아합은 적어도 병거용 말을 만 마리 이상 길렀던 것으로 보입니다. 이 전투에서 신앗시리아는 패배한 것으로 알려져 있죠. 역사학자들은 므깃도가 아합의 군사력을 증강하고 유지하는 데 중요한 역할을 감당했던 도시임을 강조하곤 합니다.

살만에셀 3세의 쿠르크(Kurkh) 비문

므깃도는 아합 이후 시대, 즉 예후 왕조 시대에도 중요한 도시로 등장합니다. 므깃도와 이스르엘에는 아합왕가의 별궁이 있었습니다. 아합왕 가문 사람들은 신앗시리아 제국의 위협으로부터 벗어나 이곳에서 휴식을 즐기곤 했지요. 아합의 아들이었던 요람(Joram)왕도 예외가 아니었습니다. 요단강 동편 길르앗 라못(Ramoth Giliead)에서 '왕의 대로'(King's Highway)의 통행세 주도권을 놓고 아람 다메섹(Aram-Damascus) 왕국과 전쟁을 벌이던 중 부상을 입은 요람은 이스르엘에 머물러 치료를 받습니다. 이때 아람과의 전쟁 통에 쿠데타를 일으킨 예후가 요람을 죽이고 아합 가문을 멸절합니다. 더불어 예후는 사촌형 요람의 병문안을 위해 찾아온 유다 왕 아하시야를 이곳 므깃도에서 죽입니다(왕상 9장).

이 사건에 대한 내용은 1993~1994년 텔 단에서 발굴된 텔 단 석비(Tel Dan Stele)에서도 기록되어 있습니다. 텔 단 석비는 하사엘이 이스라엘과 전쟁하는 와중에 요람과 아하시야에게 부상을 입혔다고 언급합니다. 아마도 하사엘은 예후와 동맹관계를 맺고, 예후가 일으킨 쿠데타를 지원한 것으로 보입니다. 이처럼 므깃도는 북이스라엘 왕국에서 오므리 왕조가 몰락하고 새롭게 예후 왕조가 들어서는 장면을 목도한 역사적 현장입니다.[65]

유다 VS 이집트-요시야의 죽음

역사는 반복된다는 말이 있듯이 므깃도는 또다시 다른 제국의 흥망성쇠를 결정하는 중요한 장소가 됩니다. 기원전 7세기 말, 고대 근동의 패자였던 신앗시리아가 쇠퇴하면서 이를 틈타 신흥 강국 신바빌로니아의 나보폴라살(Nabopolassar)왕이 자신의 왕세자인 네부카드네자르 2세(Nebuchadnezzar II: 느부갓네살)를 선두에 세워 신앗시리아를 멸망시키려 합니다.

이때 신앗시리아는 과거에 자신들이 군사 원조를 했던 이집트 제26왕조에게 군사 지원을 요청합니다. 이집트는 기원전 620년대 신앗시리아의 세력이 레반트에서 물러났고, 신앗시리아를 돕는다는 명분으로 이 지역으로 세력을 확장했지요. 신바빌로니아를 견제하려는 목적에서 이집트 파라오 네코 2세(Necho/Nekau II: 느고)는 신앗시리아를 군사적으로 지원하기로 결정합니다. 당시 네부카드네자르 2세의 왕실 기록인 바빌로니아 연대기(Babylonian Chronicle)는 파라오 네코 2세가 기원전 609년 우기가 끝난 직후인 4월 말 이집트에서 출정했다고 기록합니다.[66]

파라오 네코(느고)2세 청동상

그들은 늦어도 6월 초중순에는 오늘날 이라크에 있는 유프라테스 강에 도착해 앗시리아를 도울 예정이었죠. 그런데 이집트군은 므깃도에서 요시야가 이끄는 군대에 가로막혔고, 요시야

느부갓네살이 건설한 바빌론 성의 이슈타르 문(Gate of Ishtar) 베를린 소장   느부갓네살 연대기 ABC 5번 도판

는 이 므깃도 전투에서 전사합니다.[67]

"요시야 당시에 애굽의 왕 바로 느고가 앗수르 왕을 치고자 하여 유브라데 강으로 올라가므로 요시야 왕이 맞서 나갔더니 애굽 왕이 요시야를 므깃도에서 만났을 때에 죽인지라 신복들이 그의 시체를 병거에 싣고 므깃도에서 예루살렘으로 돌아와 그의 무덤에 장사하니 백성들이 요시야의 아들 여호아하스를 데려다가 그에게 기름을 붓고 그의 아버지를 대신하여 왕으로 삼았더라"(왕하 23:29-30).

므깃도에서 요시야와 벌인 일전 때문에 네코 2세의 진군 일정이 당초 계획보다 2~3주 지연되었습니다. 따라서 네코 2세는 6월 중순이 지나서야 유프라테스 강가에 도착하였으며, 그 결과 신앗시리아를 제때 돕지 못했습니다. 이는 기원전 609년 신앗시리아 제국이 멸망하는 결정적인 계기가 됩니다(바빌로니아 연대기 B.M 21901. 16-17줄).[68]

유대인의 저항의 상징

기원후 1세기 요세푸스의 『유대 전쟁사』에 따르면 므깃도는 유대 전쟁(66-73 CE) 초기 단계에서 유대인들이 로마 황제 베스파시아누스(Vespasianus)가 이끄는 로마 군단에 맞서 저항했던 요새로 잘 알려져 있습니다. 당시 철갑(Ironclad) 군단이라는 별명을 갖고 있던 로마 제6군단(Legio VI Ferrata)은 갈릴리 지역의 저항 세력의 거점이었던 므깃도를 포위 격퇴해 로마제국이 팔레스타인 지역을 직접 통치하는 기반을 닦을 수 있었습니다.

로마 제6군단은 바르 코흐바 반란(135-136 CE)도 진압했던 군단으로도 알려져 있습니다. 이스라엘 유물청(Israel Antiquities Authority)은 므깃도 주변을 발굴하다가 므깃도 기슭을 관통하는 오늘날 66번 국도 양쪽에 걸친 장소에 로마 제6군단의 영구 주둔 기지를 발견했다고 2024년 2월 공식 발표합니다.[69]

남부 프랑스 글라눔(Glanum)에서 발굴된 로마군단부조
(CC-BY-SA Ursus, Wikimedia Commons)

로마 제6군단 주둔 기지 바닥

발굴자들은 군단 진지의 주요 도로인 비아 프레토리아(Via Pretoria)와 반원형 연단과 석판으로 포장된 군단 시설 등의 유적을 드러냈지요. 고고학 발굴 결과에 따르면 므깃도의 군사기지는 기원후 120년부터 약 300년까지 약 180여 년 동안 5,000명 이상의 병사를 수용했던 것 같습니다.[70] 이것은 므깃도 주변의 남부 갈릴리 지역이 늘 유대인들의 저항 운동이 일어났던 곳임을 반증하지요. 이러한 이유로, 이후 등장한 미드라쉬나 중세 랍비 문헌에서도 저항의 상징이었던 므깃도에 대한 재해석이 이루어졌습니다.

맛사다 요새와 더불어 로마제국에 대항한 유대인들의 항쟁의 흔적과 역사의 변곡점을 이루었던 숱한 전투의 기억이 깃든 이곳 므깃도, 이 역사적인 사실들을 잘 알고 있었던 요한은 요한계시록의 세계관 속, 역사의 종말을 알리는 선과 악의 최후 전투 장소로 므깃도를 선택했던 것 같습니다.

제1차 세계대전의 장소

근대에서도 므깃도는 다시 한번 역사의 중요한 변곡점이 됩니다. 1차 세계대전 중 영국과 오스만튀르크는 시리아, 팔레스타인, 중동 지역을 놓고 일전을 벌입니다. 두 나라는 지중해의 해상권과 메소포타미아와 이집트를 연결하는 해변길, 사우디아라비아와 소아시아, 튀르키예, 이란 지역을 잇는 왕의 대로를 완전히 장악해 중동 지역 전역의 헤게모니를 쥐고자 합니다. 두말 할 것도 없이 두 제국의 운명을 가른 전투 역시 이곳 므깃도에서 벌어집니다.

므깃도 전투를 위해 당시 오스만튀르크 제국의 영토였던 팔레스타인으로 진입하는 영국군

1918년 9월 19일 새벽 1시 영국의 에드먼드 알렌비 장군은 권총으로 무장된 영국인과 인도인 보병대를 이끌고 오스만튀르크 군을 공격했습니다. 영국군은 일거에 폭탄을 퍼부어 이스르엘 평야와 샤론 평야, 그리고 중앙 산지를 잇는 오스만튀르크의 통신망을 마비시키고 오스만튀르크 군대를 신속하게 제압해 버립니다. 이후 25일까지 이어진 전투에서 전세가 급격하게 기울어 오스만튀르크는 결국 1차 세계대전에서 패했지요.[71] 오스만튀르크 제국도 1차 세계대전의 패배로 해체됩니다. 그리고 므깃도 전투의 승리 이후 영국은 팔레스타인 지역을 30년 가까이 통치합니다. 안타깝게도 영국의 통치는 제2차세계대전 이후 폭발한 이스라엘과 팔레스타인 갈등의 불씨가 되고 말았습니다.

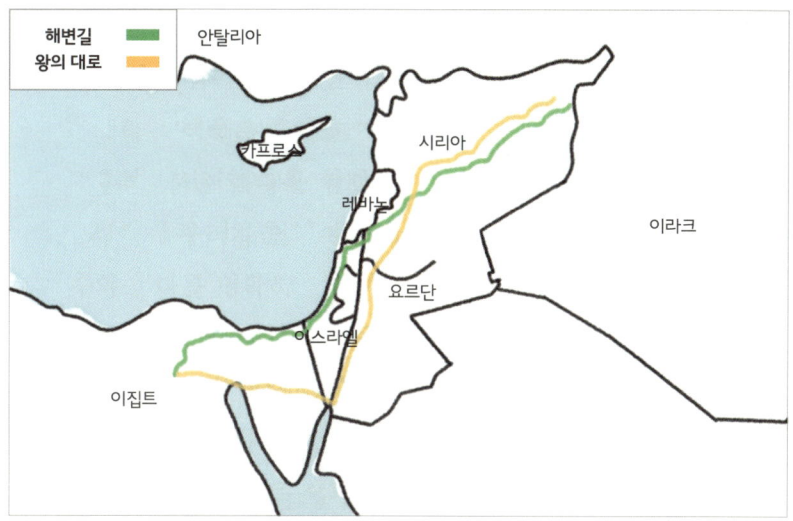

고대 근동 제국들이 차지하려고 노력한 무역로: 해변길과 왕의 대로

아마겟돈의 최후 전투에서 보듯 기독교의 종말이나 일반인이 생각하는 인류 종말의 시나리오는 모두 종국에 있을 역사의 파국을 예견하는 듯 보입니다. 하지만 기독교가 제시하는 종말은 단순히 미래의 특정 시간에 있을 일에 관심을 두기보다 그 종말을 맞이할 이들을 향한 약속에 초점이 맞춰 있습니다.

현재의 고난에 대한 해석이 필요한 이들, 그리고 오늘의 기다림에 이유가 필요한 이들에게 희망의 약속으로 다가오는 것이 기독교가 말하는 종말인 거죠. 그런 점에서 종말은 역사 속 권력과 탐욕 그리고 정복의 '아마겟돈'을 희망과 치유 그리고 회복의 '아마겟돈'으로 바꾸시는 하나님의 위대한 약속이지는 않을까요?

5. 다윗, 실존 인물일까?
: 고고학이 밝혀낸 다윗 왕조의 흔적

여러분은 사극을 좋아하시나요? 사극에서는 역사적 사실들이 작품에서 얼마나 충실히 반영되었는가를 둘러싸고 늘 논쟁이 일어납니다. 역사적 신빙성은 실제로 역사학계에서 더 중요하게 다뤄지는 논쟁거리입니다. 시공간으로 멀리 떨어져 있는 우리가 과거에 일어난 역사적 사건들을 남겨진 사료만으로 재구성하는 것이 가능한 일일까요? 이런 의문을 안고 유대인과 기독교인들이 가장 좋아하는 성경의 인물, 다윗 시대 역사를 추적해 보고자 합니다.

하프를 연주하는 다윗 왕(by Gerard van Honthorst, 1622)

다윗은 역사적으로 실존했던 인물인가요?

"역사란 역사학자와 역사 사실의 부단한 상호작용이며 현재와 과거의 끊임없는 대화다"라는 명제로 잘 알려진 에드워드 카(E. H. Carr)는 그 당시 역사학계의 주류였던 레오폴트 폰 랑케(Leopold von Ranke)의 실증사관에 반기를 듭니다.[72]

에드워드 카는 우리에게 "과연 역사 기록으로부터 객관적인 역사 재구성이 가능한가"라는 문제의식을 제기합니다. 이런 회의적 의심을 기반으로 카는 "역사란 과거에 객관적으로 존재하는 사실을 단순히 발견하는 것이 아니라 평가하고 재해석해야 한다"고 주장하죠.

1970~1980년대 역사학계에서는 카의 주장에 반응한 '역사회의론자'들이 우후죽순 등장하기 시작했습니다. 성경을 역사사료로 평가하던 고대 근동, 레반트 역사학자나 고고학자들, 그리고 성서학자들도 이러한 흐름을 무시할 수 없었겠지요.

학자들은 1980년대부터 성서고고학이라고 알려진 레반트 고고학의 비약적인 발전에 따라 발굴현장에서 쏟아져 나온 유물에 관심을 기울이기 시작했습니다. 왜냐하면 유물을 토대로 '성경도 역시 역사를 재구성하는 객관적인 자료로 간주할 수 있는가'라는 질문이 공론화되었기 때문입니다. 일군의 학자들은 구약성경의 사무엘상하와 역대상을 제외하고 다윗을 역사적으로나 객관적으로 증명할 자료가 없다고 생각했습니다. 이들은 다윗은 물론이고 그가 이룬 정치적인 업적 역시 성경에만 적혀 있는 기록으로, 종교적으로 채색된 신화나 전설에 불과하다고 주장했지요. 이런 학자들은 성경의 '최소' 부분만 역사사료로 인정하기 때문에 최소주의자라고 합니다.

코펜하겐 학파인 토머스 톰슨(Thomas Thompson), 닐스 렘케(Niels Peter Lemche), 쉐필드 대학의 필립 데이비스(Philip R. Davies), 텔아비브 대학의 이스라엘 핑켈슈타인(Israel Finkelstein)이 여기에 속합니다.[73] 최소주의자들은 고대 이스라엘 역사를 재구성할 때 고고학적인 자료와 고대 근동의 역사 사료를 성경보다 우위에 둡니다.[74]

물론, 성경 이외에 다윗에 관한 고고학 유물이나 사료는 매우 제한적입니다. 하지만 1970~1980년대 '다윗이 실제 인물이다 아니다'라는 역사성 논쟁은 1990년대 초반에 끝이 납니다. 텔 단(Tel Dan)에서 이루어진 아브라함 비란(Avraham Biran)이 이끄는 발굴 프로젝트에서 1993년과 1994년 두 해에 걸쳐 3개의 석비 조각들, '텔 단 석비'라고 불리는 고고학 유물들이 발굴되었기 때문입니다. 이 석비는 기원전 9세기로 추정되는 다윗 시대부터 약 100년 정도 이후에 기록된 것으로 알려져 있습니다.[75]

발견된 가장 큰 석비 조각 9번째 줄에는 'beit david'라는 고대 북서셈어 계열의 아람어 자음이 새겨져 있으며, 이는 문자 그대로 '다윗의 집' 혹은 '다윗의 가문'을 의미합니다. 바로 앞 8번째 줄에 등장하는 '이스라엘'은 '왕'이라는 표현 때문에 성경에서 말하는 특정 정치체제로서 이스라엘 왕국으로 해석되지요. 그런데 9번째 줄에 있는 '다윗의 집'과 '이스라엘 왕국'은 문맥상 서로 대조 대구를 이루고 있습니다. 그렇다면 다윗의 집을 특정 왕국을 가리키는 표현으로 볼 수 있는 걸까요? 실제로 다른 고대 근동의 비문들은 특정 왕조를 지칭할 경우, '~의 집'이라는 표현을 사용하곤 합니다. 특히 고대 앗시리아 왕실 비문들은 레반트 지역에 위치한 특정 왕국을 가리킬 때, 'Bit(아

King of Israel 이스라엘의 왕

Beit David / House of David 다윗의 집

텔 단 석비
© 이스라엘 박물관 소장

카드어로 집이라는 뜻) + 인물의 이름'과 같은 형식을 사용합니다. 잘 알려진 사례가 오므리의 집(Bit Humri), 하사엘의 집(Bit Hazaeli)입니다. 그런데 오므리의 집은 성경이 언급하는 오므리 가문의 이스라엘 왕국을, 하사엘의 집은 하사엘 가문의 아람 다메섹 왕국을 의미합니다. 여기 오므리의 집과 하사엘의 집은 각각 오므리와 하사엘이 창건한 오므리 왕조, 하사엘 왕조를 가리키지요. 따라서 다윗 가문/집이라는 표현은 다윗이 창건한 다윗의 왕조, 즉 유다 왕국을 가리킵니다. 오므리나 하사엘처럼 다윗도 왕조를 세운 특정 인물, 왕조의 창

아람-다메섹 왕 하사엘

북부 시리아 아르슬란 타쉬(Arslan Tash)에서 발굴

건자로 이해할 수 있지요.

"그 이튿날에 **하사엘**이 이불을 물에 적시어 왕의 얼굴에 덮으매 왕이 죽은지라 그가 대신하여 왕이 되니라"(왕하 8:15).

다수의 학자들은 열왕기하 8장에 언급된 아람 왕 하사엘(Hazael)을 이 아람어 석비의 제작자라고 평가합니다.[76] 텔 단 석비는 성경 외에 다윗을 직접적으로 언급하는 고고학적 자료로서, 다윗 왕조의 존재를 객관적으로 입증합니다. 이를 통해 1980년대까지 지속되었던 다윗의 역사성에 대한 논쟁은 종말을 맞이했죠. 이제 다윗과 관련된 역사성 논쟁은 다음 문제로 넘어갑니다.

예루살렘은 왕국의 수도로서 역할을 잘 감당했나요?

성경은 다윗을 이스라엘 지파들을 통합하고 중앙집권국가를 설립한 왕으로 묘사합니다. 그렇다면 성서 외적으로 다윗 왕국이 중앙집권국가로서 인정받을 수 있는지 여부를 증명하는 자료들이 있을까요? 앞선 텔 단 석비와 마찬가지로 다윗 왕국에 대해 알려주는 고고학과 역사 자료들이 있을까요? 있다면 해당 자료들은 다윗 왕국의 행정력이나 영토크기, 정치적 영향력에 대해서 무엇을 알려주나요? 이 자료들은 성경과 비교할 시, 그 내용이 일치할까요?

전 세계에서 가장 활발하게 고고학 발굴이 이루어지는 장소가 있습니다. 바로 유대교, 이슬람교, 기독교의 성지인 예루살렘입니다. 예루살렘은 고고학자들이 발굴하기 시작한 지 자그마치 150년이 넘은 도시입니다. 예루살렘은 과거로부터 지금까지 약 5,000여 년 동안 최소한 완전 파괴 2번, 포위 공격 23번, 침략 52번, 함락 44번을 당한 복잡다단한 역사를 갖고 있습니다. 그러니 우리가 눈으로 보고 손을 만져서 확인할 수 있는 유물들은 거의 훼파되다시피 했습니다. 그럼에도 불구하고 오늘날 발달된 고고학 발굴과 유물 복원 기술은 과거의 한계를 상당 부분 극복하고 있습니다.[77]

고고학적으로 시대를 판별하는 건 그리 어렵지 않습니다. 역사적으로 볼 때 시대와 지역을 대표하는 건축양식이 있기 때문입니다. 비잔틴 양식, 로마네스크 양식, 고딕 양식, 르네상스 양식, 바로크 양식 등등. 그러니 특정 건축양식이 다양한 지역, 같은 시대로 추정되는 지층에서 발견된다면 동일한 시대에 동일한 정치 체제 아래 건설된 건축물로 이해할 수 있는 겁니다. 이와 같은 방법으로 다윗 시대 지층에서 발견된 건축물들의 흔적을 비교해서 증명한다면 굳이 성경을 빌려오지 않더라도 다윗 왕국의 크기를 가늠해 볼 수 있겠지요?

고고학자들은 각 시대별로 고대 사람들이 사용했던 토기 양식을 근거로 하여 특정 시대를 약 50년 정도의 오차 내에서 비교적 정확하게 측정할 수 있습니다. 고대 사람들은 각 시대별로 정형화된 모양, 색, 질감, 무늬에 따른 다양한 토기 모음들(항아리, 사발, 냄비, 암포라, 주전자, 잔, 주발, 대접, 바구니, 성배, 병, 컵, 등잔, 통, 단지 등)을 사용했기 때문입니다.

가장 객관적인 측정 방법은 '탄소동위원소 연대측정법'(Radio-Carbon Dating)이지만, 실제 유적지 발굴 현장 지층(stratum)에서 확보되는 탄화된 유물들이 순수한 상태로 발견되는 경우가 드뭅니다. 따라서 고고학자들은 연대를 측정할 때 주로 건축 양식과 토기 유형을 분석합니다.

그렇다면 10세기 다윗과 솔로몬 시대 고고학 연구의 핵심은 연대를 측정할 수 있는 건축물과 다양한 토기 유형들을 수집하는 것 아니겠습니까? 문제는 기원전 10세기의 에워싸고 있는 요새화된 성벽의 흔적을 예루살렘에서는 찾을 수 없다는 것입니다.[78] 따라서 혹자는 예루살렘은 기원전 10세기 한 정치체제의 수도가 아니었다고 반문할 수도 있을 겁니다. 하지만 고고학적으로 이렇게 간단하게 질문하고 '아니다'라고 단언할 수 없는 이유가 아직 확인해야 할 여러 요소들이 남아 있기 때문입니다.[79]

1960년대부터 2008년까지 발굴된 예루살렘 다윗성 발굴지 G지역

고고학자들은 1960~1970년대부터 30년 동안 발굴지 G지역에서 거대한 건축물을 발굴했습니다. 이 구조물은 높이가 자그마치 20미터에 달하는 계단형 돌계단 구조로서 다윗성 동편 끝자락과 기드론 계곡이 만나는 비탈길, 즉 예루살렘 기혼샘의 바로 서쪽 상단부에서 발굴되었지요. 이 구조물 바닥에는 기원전 10세기 토기로 알려진, 불그스름한 윤기가 있는 손으로 빚은 토기(Red Slipped Hand Burnished)가 '당시 묻힌 상태 그대로'(in situ) 다수 발견되었습니다. 또한 돌계단 구조물 가장 아랫쪽 건물 터에서 기원전 10세기부터 사용된 오늘날 레바논 지역인 고대 두로에서 수입된 것으로 알려진 행정건축물의 '기둥머리'(Proto-Aeolic capital)가 발견되었습니다.[80] 열왕기상 5장은 이를 뒷받침하듯이 두로의 왕과 다윗 사이의 무역에 대해 언급하고 있지요.

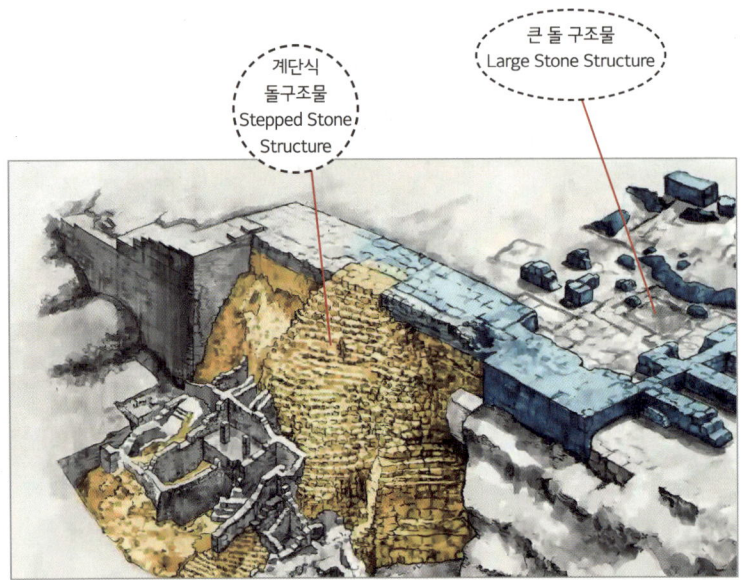

기원전 10세기 다윗-솔로몬 시대 토기들이 계단식 돌구조물과 큰 돌 구조물 아래 바닥에서 무더기로 발견[81]

"두로 왕 히람이 다윗에게 사절들과 백향목과 목수와 석수를 보내매 그들이 다윗을 위하여 집을 지으니"(왕상 5:11).

한편 에일랏 마자르(Eilat Mazar)는 2005년부터 2008년까지 이 돌계단 구조물 윗 안쪽 지역에서 소위 다윗의 왕궁터라고 알려진 '큰 돌 구조물'(Large Stone Structure)을 발굴하였습니다. 이 발굴지에서는 왕궁 외벽으로 추정되는 큰 규모의 벽체과 그 아래 지층 가장 아래 밑바닥에서 기원전 10세기 '당시 묻힌 상태 그대로'(in situ) 보존된 토기들이 다수 발견되었습니다.[82] 또한 에일랏 마자르는 2009년부터

목-테두리 항아리(Collared Rim Jar)와 불그스름한 윤기가 있는 손으로 빚은 토기

예루살렘 이스라엘 박물관에 전시된 행정건물 기둥 위에 설치된 프로토 에올릭 기둥머리

다윗성(City of David), 거대한 돌구조물 전시장에 있는 프로토 에올릭 기둥머리(Proto-aeolic Capital)

2013년까지 이 발굴지에서 북쪽으로 150미터 떨어진 오펠(Ophel)이라는 지역에서 동시대의 유물로 평가받는 건축물과 토기들을 발굴했습니다.[83] 특히 이곳에서는 솔로몬의 망대(적이나 주위의 동정을 살피기 위하여 높이 세운 곳)로 알려진 6방 성문 혹은 4문 성문으로 보이는 망대와 규모가 크지는 않지만 기원전 10세기 성벽의 흔적이 발견되었습니다.

해당 고고학적인 자료를 학자들은 어떻게 평가할까요? 먼저 성경을 역사적 사료로 인정하는 학자들은 해당 건축물과 유적, 그리고 토기들이 다윗 시대(기원전 10세기)에 해당하는 연대로 측정되었다는 것을 강조할 겁니다. 즉, 다윗 시대에 소위 '다윗 왕국'이라 불린 특정 정치 체제가 대규모의 웅장한 건축물을 축조할 능력을 갖추었다고 평가하는 것입니다.

이러한 건축물의 존재는 예루살렘을 수도로 하는 다윗 왕국이 노동력 동원 능력, 건축자재와 재정 조달 능력, 그리고 이러한 건축 과정을 체계적으로 관리할 수 있는 행정 능력을 충분히 갖추었음을 입증하는 증거이니까요.

그렇다면 이 학자들은 다윗성 전체를 둘러쌀 성벽이 존재하지 않는 현상을 어떻게 설명할 수 있을까요? 그것은 예루살렘의 복잡다단한 역사를 이유로 설명합니다. 실제로 후대 사람들이 이전 시대 성벽을 헐고 그 잔해를 이용해서 새로운 성벽을 쌓는 경우는 허다합니다. 예루살렘과 같이 반복적으로 외부 세력의 침략을 경험한 도시들은 이전 시대의 성벽이 보존되기 어렵다는 것입니다.

반면, 성경을 역사적 사료로 인정하지 않는 소수의 회의주의 학자들은 어떠한 주장을 제기할까요? 이들은 돌계단 구조물이 기원전 10세기에 한꺼번에 만들어지지 않았다고 주장합니다. 오히려 기원전 9세기까지 증축되어 완성된 건물이라고 평가하지요. 뿐만 아니라 큰 돌 구조물에서 발견된 헬라 시대 토기들 모음을 보다 강조하고, 왕궁의 외벽이라고 평가한 벽체들을 하나의 큰 벽이 아니라, 옹기종기 여러 개의 작은 벽체들이 임의로 결합된 구조물이라고 폄하하지요. 또한 솔로몬의

예루살렘 오펠(Ophel)

큰 돌계단 구조물

이중성벽 ©HolyLandPhotos.org

망대도 망대가 아니며, 성벽의 외벽도 기원전 10세기보다는 9세기의 것으로 평가해야 한다고 합니다. 더욱이 예루살렘 다윗성 전체를 두르고 있는 요새화된 성이 없다는 사실을 한껏 강조합니다.

학계의 중론은 최소주의자들의 주장이 지나치게 회의적이라고 평가하죠. 성경의 내용을 뒷받침하려는 종교적 목적과 무관하게, 회의론적 입장이 학계 내에서 널리 지지받지 못하는 이유입니다. 따라서 다윗 시대 다윗성은 다윗이 세운 왕국의 수도로서 그 역할과 기능을 충실히 감당했다고 보는 것이 적절합니다.[84]

다윗·솔로몬 왕국의 영토 확장에 대한 기록은 믿을 만한 자료인가요?

그렇다면 학자들은 기원전 10세기 이스라엘 왕국의 크기에 대해서는 어떻게 논의할까요? 열왕기상 9장 15절에 따르면 솔로몬은 이스라엘 북부 갈릴리 북부 지역에 있는 '하솔'(Hazor), 중북부 이스르엘 평야 남단에 있는 '므깃도'(Megiddo), 그리고 서부 북부 쉐펠라에 있는 '게셀'(Gezer)에 국고성을 쌓았다고 합니다. 국고성은 말그대로 나라의 창고 역할을 감당하는 성읍을 말합니다. 이들 세 성읍은 이스라엘 북부와 중북부, 서부 곡창 지대들에 흩어져 자리잡고 있습니다. 따라서 이들 성읍과 그 주변 지역을 다윗과 솔로몬 시대에 실제로 이스라엘이 다스렸는지를 고고학적으로 역사적으로 살펴보면 됩니다.

우선 **하솔**은 가나안의 우두머리라는 별명답게 (수 11:10) 갈릴리 북부 납달리 지역 훌라 계곡 남쪽 끝에 위치한 도시입니다. 이스라엘에서 세 번째로 큰 평야인 훌라 계곡은 요르단 강과 헐몬산에서 녹은 눈이 이룬 샘들이 흐르는 매우 비옥한 지역입니다. 따라서 하솔은 이곳을

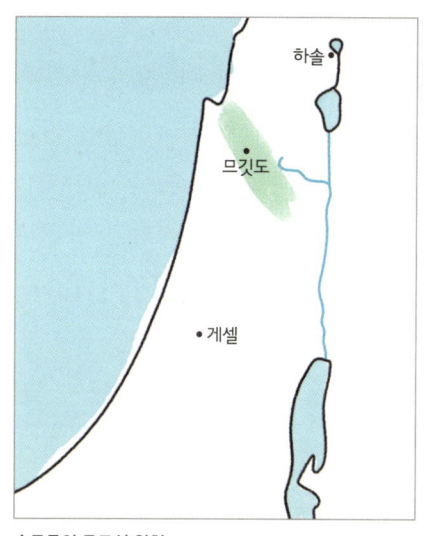

솔로몬의 국고성 위치

통제하고 관장하는 성읍이었지요.

므깃도는 앞서 아마겟돈을 다루는 부분에서 말씀드렸듯이 이스라엘에서 가장 큰 평야인 이스르엘 평야를 통제하고 관리하는 주요 도시입니다. 시리아 팔레스타인에 대한 주도권을 놓고 싸우는 제국들이 항상 이곳을 차지하려고 했었죠. 므깃도는 이집트로 내려가는 해안 도로와 이스르엘 평야를 거쳐 시리아로 가는 도로들과 만나는 접점에 위치했기 때문에 지정학적 요충지이기도 했습니다.

게셀은 북쪽 쉐펠라의 끝자락과 이스라엘 제 2의 곡창지대인 샤론평야 남쪽 끝자락이 만나는 지점에 위치한 도시였습니다. 따라서 게셀을 차지할 경우, 북쪽에서 쉐펠라로 내려가 블레셋을 견제할 수 있었고, 남쪽에서 거꾸로 샤론평야로 올라가 해안길을 통제할 수도 있었지요. 무엇보다 게셀은 쉐펠라와 샤론평야에서 나는 풍부한 소산물을 효율적으로 보급하고 관리할 수 있는 요충지였습니다.

그럼 고고학자들은 다윗이 하솔, 므깃도, 게셀을 지배 장악하였고, 솔로몬이 그 이후에 국고성을 쌓은 것을 고고학적으로 어떻게 증명할까요? 고고학자들은 이 세 유적지 중 10세기로 추정하는 지층에서는 유사한 건축 구조물들을 발견했는데요. 육방성문(Six-Chambered Gate)과 포곽구조의 이중성벽(Casemate Wall)입니다.[85] 육방성문은 성문 양쪽에 각각 3개의 방 구조를 만들고 방과 방 사이에 문을 연결하여 적어도 3개의 성문을 달 수 있는 요새화된 성문 구조입니다.

포곽구조의 이중성벽은 성냥갑과 같은 직육면체 구조물들을 마치 철로 위에 달리는 여러 량의 차량들이 연결되어 있는 열차처럼 연속해서 이어 붙인 것과 같습니다. 보통 포곽구조의 성벽은 6방 구조의 성문과 연결되어 있습니다. 육방성문과 포곽구조의 이중성벽으로 구성된 요새 구조는 얼마나 방어에 최적화되어 있는지 쉽게 짐작할 수 있지요. 성문을 부수어도 또 다른 성문이 나타나고, 성벽 외벽이 뚫리더라도 또 성벽 내벽이 나오는 구조이니까요. 이와 같은 요새를 건설하기 위해서는 고도로 집중화된 노동력, 이를 관리하고 원만하게 공급하고 배분할 수 있는 행정력, 이 모든 것을 가능케 하는 충분한 재정이 필수적이었습니다.[86]

육방성문까지는 아니더라도, 사(4)방성문과 포곽구조의 이중성벽은 또 다른 지역, 즉 쉐펠라 지역과 네게브 사막 북쪽 지역에서도 발견됩니다. 쉐펠라 지역의 대표적인 예는 앞서 블레셋의 전투 이야기에서 잠시 다룬 '키르벳 케이야파'이지요. 육방성문은 없지만 대신 두 개의 사방성문이 특징이고, 그 두 성문 사이에 있는 공간을 포곽구조의 성벽이 완벽하게 띠를 두르고 있습니다. 네게브 사막 북쪽 끝자락

키르벳 케이야파 사방성문과 포곽구조 성벽 전체 조망

에 있는 대표적인 기원전 10세기 요새는 바로 중기 청동기 때 아브라함, 이삭, 야곱과 같은 족장들이 거주했던 '브엘세바'(Beersheba)입니다. 브엘세바에도 이러한 두겹의 포곽구조 성벽이 존재합니다.[87]

그렇다면 하솔, 므깃도, 게셀, 키르벳 케이야파, 브엘세바에서 공통적으로 나타나는 이러한 요새 건축 유형만으로 이 성읍들이 기원전 10세기 다윗 혹은 솔로몬 왕국에 의해 건축되어 지배되었거나, 그렇게 주장할 수 있는 고고학적인 증거가 되냐고 반문하실 수도 있겠습니다. 물론 그렇지 않지요. 그런데 다른 고고학적인 자료와 증거들도 이 성읍들이 다윗과 솔로몬 왕국의 영토에 속해 있었다는 점을 증명합니다. 이 자료들에는 기원전 10세기로 연대가 측정된 토기들과 탄소동위원소 연대측정 결과가 포함됩니다.

우선 고고학자들은 위의 성읍들에서 발굴되어 드러난 포곽구조의 이중성벽과 육방성문 가장 아래 바닥에서 '당시 묻힌 상태 그대로'(in situ) 보존된 토기들을 찾았습니다. 이들 토기들은 기원전 10세기의 자료로 평가받는 블그스름한 윤기가 있는 손으로 빚은 토기들입니다. 또한 해당 유적지 발굴자들은 바로 아랫 바닥에서 탄화된 올리브 씨앗 혹은 올리브 열매를 발굴하여 소위 '절대 연대'(absolute dating)를 측정했습니다. 연대 측정 결과는 발굴지에 따라 기원전 1020~900년, 1010~920년, 1000~930년, 990~910년, 980~900년으로 산정되었습니다 이 시기는 다윗과 솔로몬의 재위기간(기원전 1100-970년, 970-930년)과 대략적으로 일치합니다.[88]

위의 자료들은 적어도 다윗과 솔로몬의 왕국의 영토가 훌라계곡, 이스르엘 평야, 샤론평야와 쉐펠라, 그리고 네게브 사막 북쪽 지역을 포함하고 있었다고 주장할 수 있는 강력한 근거입니다.

물론 위의 연구 결과에 회의적인 입장을 견지하거나 이를 부정하는 회의주의자, 최소주의자들도 있습니다. 필립 데이비스(Philip Davies) 같은 학자는 다윗의 실존 역사성도 부인하고 성경에 나온 다윗의 이야기는 허구적인 전설이라고 일갈하였습니다. 이스라엘 핑켈슈타인은 다윗이라는 인물의 역사성을 부인하지 않지만 그의 왕국의 크기는 성경에서 묘사하는 것보다 훨씬 작으며, 다윗은 기원전 10세기에 활동한 일개 군장이었다고 주장했습니다. 이들은 예루살렘에서 기원전 10세기에 발굴되는 성벽이 부재하다는 점을 강조하지요. 그러나 이와 같은 극단적인 회의론을 견지하는 사람들은 학계에서 그렇지 않은 사람들에 비해 많지 않습니다. 최소주의자와 최대주의자 비율이 대략 1 대 9 정도이니까요.

다윗의 역사성과 그의 왕국에 대한 논의는 고고학 발굴 결과와 후속

사료 연구결과를 토대로 계속 진행중입니다. 사람들은 눈에 보여야, 손에 잡혀야, 혹은 실험실에서 경험적으로 얻을 수 있는 결과들이 있어야 믿을 수 있다고 생각합니다. 이러한 과학적 방법론이 모든 것을 다 설명할 수 없음에도 불구하고 말입니다. '과학적'(Scientific)이라는 표현을 맹신하는 과학주의(Scientism)가 만연한 현대사회에서 이렇게 성경의 내용을 과학적으로, 객관적으로 증명하라는 요구는 더욱 거셀지도 모릅니다.

그런데 고고학은 지금까지 발굴된 자료들만을 토대로 역사적 가설을 제시하는 학문입니다. 따라서 고고학자들은 그 기존의 가설을 뒤집는 새로운 유물이 나올 경우 그 이전 가설을 폐기 처분해 왔습니다. 역사의 실체를 갈구하는 고고학자들이기에 새로운 증거를 부인하기 어렵기 때문입니다. 고고학자들은 가설이 역사를 부정할 수 없고, 역사 또한 가설 위에 세워질 수 없다는 점에서 가설은 언제까지나 가설로, 역사는 역사로 남겨두어야 하는 딜레마 속에 연구를 수행하지요. 더불어 역사학자들도 고고학자들이 제시하는 증거들을 비판적으로 재평가하고자 애를 씁니다.

우리는 고고학적 증거의 부족이 실제 역사의 부정으로 이어지지 않는다는 점을 늘 염두에 두어야 합니다. 왜냐하면 아직 발굴되지 않은 또 다른 '텔 단 석비'나 예루살렘의 '돌계단 구조물'과 같은 유적이 우리 발 아래에 묻혀 있을 가능성이 있기 때문입니다. 우리는 우리가 손에 잡지 못하면, 보지 못하면, 발견하지 못하면 없다고 생각하기 쉽습니다. 그러나 찾지 못했다고 해서, 경험하지 못했다고 해서 없는 것이 아닙니다. 신에 대한 우리의 인식도 마찬가지 아닐까요?

6. 북이스라엘과 남유다, 왜 싸웠을까?
: 두 왕국의 흥망성쇠 시나리오

사람들이 싸우는 이유는 무엇일까요? 서로의 가치관, 세계관, 종교관 혹은 살아온 배경이 달라서 치고 박고 싸우는 것이지요. 가치관의 차이는 가족 그리고 공동체를 넘어 국가의 차원으로 갔을 때 더 큰 비극을 양산합니다. 사람들은 종교, 정치, 철학, 이데올로기로 나라와 민족을 구분하고 차별하고 분쟁하며 끼리끼리 나누고 심지어 살육하기도 했습니다. 인도와 파키스탄, 아일랜드와 북아일랜드, 동독과 서독, 러시아 우크라이나 전쟁, 이스라엘 팔레스타인 전쟁 등이 대표적인 사례입니다. 이는 한반도도 예외는 아니지요. 여기서는 본래 한 민족이었다가 두 개의 왕국으로 나뉘어 갈등을 빚은 북이스라엘과 남유다, 성경판 북과 남, 남과 북 두 나라의 이야기를 하고자 합니다.

기원전 10세기 말 분열 당시 북왕국(이스라엘)과 남왕국(유다)

원래 하나였던 민족이 두 나라로 갈라져서 싸울 경우 두 나라 사이에는 필연적으로 경계선이 형성됩니다. 이 경계선은 갈등의 상징이자 군사적 분쟁이 일어나는 전쟁터가 됩니다. 인도와 파키스탄 사이 카슈미르 지역이 그러했고, 베를린 장벽은 동독과 서독의 갈등의 상징이었죠. 한반도에도 남한과 북한 사이를 가르는 비무장지대(DMZ)가 있습니다. 이렇게 전쟁이 격렬하게 일어났던 경계 지역은 대개 황폐해지곤 합니다. 그러나 전쟁이 그치면 그 지역은 다시 회복되기 시작합니다. 대립하는 두 나라의 경계에서 반복되는 군사 갈등, 황폐와 회복이라는 메커니즘은 성경의 역사에도 동일하게 적용되지요. 바로 다윗과 솔로몬 시대 이후 기원전 1000년부터 586년까지 이스라엘 왕국의 분열과 북이스라엘과 남유다 사이에서 반복되었던 반목과 화해의 역사가 그것입니다.[89] 이에 대한 내용이 열왕기상하와 역대상하에 상세히 기록되어 있습니다.

두 나라의 전쟁처가 된 베냐민 산지

열왕기상하와 역대상하는 북이스라엘과 남유다가 설립 초기에 서로 치고 박고 싸웠다고 증언합니다. 두 왕국 사이에서 '이스라엘판 DMZ'가 되어버린 베냐민은 전쟁의 모진 운명을 경험하게 되지요.[90]

"**르호보암**과 **여로보암** 사이에 사는 날 동안 전쟁이 있었더니, **아사**와 이스라엘의 왕 **바아사** 사이에 일생 동안 전쟁이 있으니라"(왕상 15:6, 16).

베냐민 땅은 북이스라엘 왕 여로보암-나답-바아사-엘라 시대와 남유다 왕 르호보암-아비얌-아사 시대에 걸쳐 무려 50년 이상 양국의 전쟁터였습니다.

부르즈 베이틴(Burj Beitin)에 있는 고대 신전 터 근처에 세워진 십자군 시대 건물터

북이스라엘의 핵심도시인 '벧엘'은 베냐민 산지 북부에, 남유다의 수도인 '예루살렘'은 베냐민 산지 남부에 각각 위치합니다. 문제는 두 도시 간의 거리가 대략 17~18km 정도밖에 떨어져 있지 않다는 것입니다. 남유다 입장에서는 북이스라엘을 자신들의 수도인 예루살렘으로부터 최대한 북쪽으로 몰아내야 했고, 북이스라엘 입장에서는 족장들이 자신들의 하나님을 만났던 장소라는 오래된 종교 전통이 서려 있는 벧엘을 절대 뺏길 수 없었죠. 따라서 베냐민 북부 벧엘 산지가 북이스라엘의 영토, 나머지 절반 베냐민 남부 기브온 산지는 유다의 영토였습니다.

각각 남북으로 9km 그리고 8km 길이로 좁은 땅인 벧엘 산지와 기브온 산지에서 일어나는 전쟁은 치열할 수밖에 없었습니다. 성경은 이 시기 전쟁으로 일부 요새화된 성읍들을 제외하고는 베냐민 지역 대부분이 황폐해졌다고 기록합니다. 실제로 고고학 결과에서도 기원전 11세기 사울 시대와 10세기 다윗과 솔로몬 시대에 사람들이 많이 거주했던 베냐민 산지가 9세기 초부터 정착지의 수가 급격히 줄어들었음을 보여줍니다.[91]

기원전 9세기, 격전지였던 요새들 중에 베냐민 산지의 중북부에 있는 미스바(Mizpah)와 게바(Geba) 그리고 라마(Ramah)는 매우 중요한 전략적 요충지였습니다. 북이스라엘의 바아사왕과 남유다의 아사왕은 여보로암과 르호보암처럼 군사적 갈등관계에 있었습니다(왕상 15:16). 북이스라엘 바아사왕은 유다를 공격하며 라마를 요새로 건축해서 사람들의 왕래를 차단하려고 했습니다(15:17). 이때 남유다 아사왕은 아람-다메섹 왕국의 벤하닷왕에게 사신을 보내 북이스라엘 북쪽 갈릴리 지역(이욘, 단, 아벨벧마아가와 긴네렛 온 땅과 납달리 온 땅)을 공격하도록 요청합니다(15:20). 그러자 바아사왕은 라마를 건축하는 공사를 멈추었고, 아사왕은 라마에서 사용된 건축자재를 옮겨와서 베냐민의 게바와 미스바를 건축했습니다(15:21-22).[92]

팔레스타인 자치지구 내 라마와 게바는 안타깝게도 현재까지 발굴되지 않고 지표조사만 실행되어 고고학적 자료가 부족한 실정입니다. 그러나 미스바는 상당히 풍부한 고고학 자료를 제시합니다. 윌리엄 바데(William F. Badè)는 1926, 1927, 1929, 1932, 1935년에 진행한 발굴 프로젝트를 통해 성경의 미스바로 알려진 '텔 엔 나스베'(Tell en-Nasbeh)를 발굴했습니다.[93] 텔 엔 나스베는 포곽구조와는 다른 별도의 독립적인 내성과 외성을 갖춘 계란형 형태의 이중 성벽 요새였습니다.

이 요새의 성벽의 두께는 약 2.5미터, 높이는 최대 8미터에 달합니다. 그리고 성문에는 북쪽의 적을 감시하는 용도로 사용된 큰 망대가 북쪽을 향해 세워져 있었습니다. 우측 성벽 안쪽에는 일반 가정용으로 보기 어려운 수많은 화로와 부엌 아궁이들이 줄지어 배열되어 있습니다. 또한 다수의 무기 창고가 발견되었죠. 이 고고학적 근거들은 텔 엔 나스베가 당시 얼마나 고도화된 요새였는지를 잘 보여줍니다. 성벽 최하부 지층에서는 군사적 갈등이 빈번했던 기원전 9세기의 토기들이 당시 묻힌 상태(*in situ*) 그대로 발굴되었습니다.[94] 다수의 고고학자들은 텔 엔 나스베가 남쪽에 위치한 남유다의 최북단 요새로 북이스라엘의 공격을 방어한 일차 저지선이었음을 인정합니다.

텔 엔 나스베(Tell en-Nasbeh) 발굴사진
오늘날 예루살렘에서 북쪽으로 12km, 팔레스타인 자치정부의 핵심도시인 라말라 남쪽에 위치
출처: Jeffrey R. Zorn

서로 달랐던 정치경제

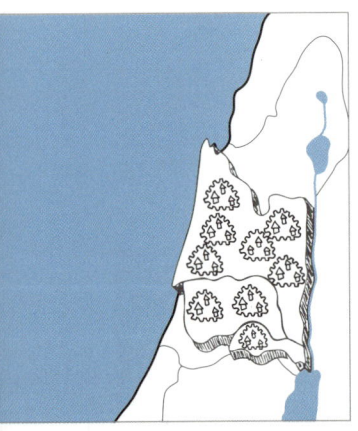

북이스라엘 요새화

남유다의 요새화

한 민족으로 구성된 두 나라가 사이가 좋지 않은 이유는 실제로 두 나라는 서로 많이 달랐기 때문입니다.

우선 북이스라엘은 남유다보다 지파 간의 연합체 구성이 더 빠르게 이루어졌습니다. 북이스라엘의 핵심지역인 에브라임, 므낫세, 베냐민 북부 산지에는 기원전 12~11세기부터 정착지가 형성되었고, 11세기부터는 '요새화' 과정이 진행되었습니다. 따라서 기원전 11세기 말 북이스라엘은 외적들의 침입을 막는 카리스마 있는 인물이 군장의 역할만이 아닌 그 이상의 정치력을 발휘하는 정치체제로 발전합니다.[95]

갈릴리 산지, 샤론평야와 훌라계곡에 형성된 정착지들도 계란모양 형태로 외벽에 의해 둘러싸는 마을보다 더욱 발전된 도시 형태의 성읍으로 발전했습니다. 다른 지역의 정착지들은 왕국의 초기 형태, 즉 하나의 정치체제 아래 합쳐진 '느슨한 연합체'를 구성했습니다.[96] 열왕기상 12장의 기록처럼 북이스라엘은 서로 다른 10개의 지파가 독립적이지만 하나로 연합된 정치체제였습니다.

그렇다면 남유다는 어떠했을까요? 고고학적으로 기원전 10세기 후반부터 예루살렘 바로 북쪽에 위치한 베냐민 남부 산지, 예루살렘 주변부와 유다 산지는 서로 유사하거나 일치하는 정착 형태를 갖추었습니다. 기원전 11세기와 10세기 초중반 유다산지 중남부에는 사람들이 잘 살지 않았지만 예루살렘과 인접한 베냐민 남부 산지와 북부 유다 산지에는 10세기 초부터 정착이 활발히 진행되었습니다.[97] 상대적으로 통치 범위가 좁은 지역이기 때문에 정착의 결집도가 보다 촘촘한 특성을 보입니다.

그런데 성경은 유다 산지 베들레헴 출신인 다윗이 기존에 사울의 편에 섰던 북이스라엘 지역까지 다스렸다고 이야기합니다. 북이스라엘 사람들은 정치적으로 남유다와 다른 성향을 지녔기 때문에 유다 지역 출신 지도자로부터 통치를 받는 것을 달가워하지 않았을 겁니다. 아마도 북이스라엘은 다윗 왕가의 통제력이 약해지기를 기다리며 유다와는 다른 길을 가야겠다고 생각했겠지요. 그래서 다윗왕을 반역한 세바(Sheba)와 르호보암왕에게 반기를 들었던 이스라엘 장로들이 다음과 같은 구호를 외쳤던 겁니다.

"우리가 이새의 아들 다윗에게 얻을 유산이 없다. 이스라엘아 모두들 집으로 돌아가자"(삼하 20:1; 왕상 12:16).

두 나라의 경제력은 어떠한 차이를 보였을까요? 우선 북이스라엘은 전체 이스라엘 땅이 자랑하는 곡창지대 세 군데를 모두 차지하고 있었습니다. 솔로몬의 국고성 하솔, 므깃도, 게셀이 각각에 위치했던 헐몬산 아래 훌라 계곡, 이스라엘의 최대 곡창지대 이스르엘 계곡, 갈멜산부터 오늘날 욥바까지 뻗어있는 해안평야, 샤론평야 전 지역을 차지했습니다.

그런데 북이스라엘은 밀 농사가 가능한 곡창지대 외에도 다양한 농경지대를 보유했습니다. 철기 사용이 보편화된 기원전 11세기부터 계단식 농법의 보급으로 밭농사가 가능해진 중앙 산지들까지 차지했지요. 포도주와 올리브의 주산지였던 에브라임(Ephraim) 산지와 사마리아(Samaria) 산지도 북이스라엘 영토 아래 있었습니다.

이에 비해 남유다는 기껏 비옥한 소산지라고 해봐야 예루살렘 남서쪽에 있는 르바임(Rephaim) 계곡, 베들레헴과 헤브론 일부 포도원 지역만을 차지했습니다. 남유다의 입장에서는 보리와 밀을 얻기 위해 논농사가 가능한 유대 산지 서쪽, 쉐펠라 지역, 그 너머 해안평야로 영토를 확장해야 했습니다.[98] 하지만 그곳은 기원전 9세기 초중반까지는 블레셋이 차지하고 있었지요. 특히 가드(Gath, 블레셋의 주요 도시, 이스라엘과의 중요한 전쟁거점)는 기원전 830년, 아람 다메섹왕 벤하닷에 의해 정복되어 파괴되기 전까지 하부 쉐펠라를 향한 남유다의 서진을 막았습니다. 남유다는 경제적 확장을 위한 선택지가 매우 제한적이었습니다. 이것이 남유다 왕국이 북이스라엘 왕국에 비해 경제적으로 열세일 수밖에 없었던 이유입니다.

샤론평야

훌라계곡

이스르엘 계곡

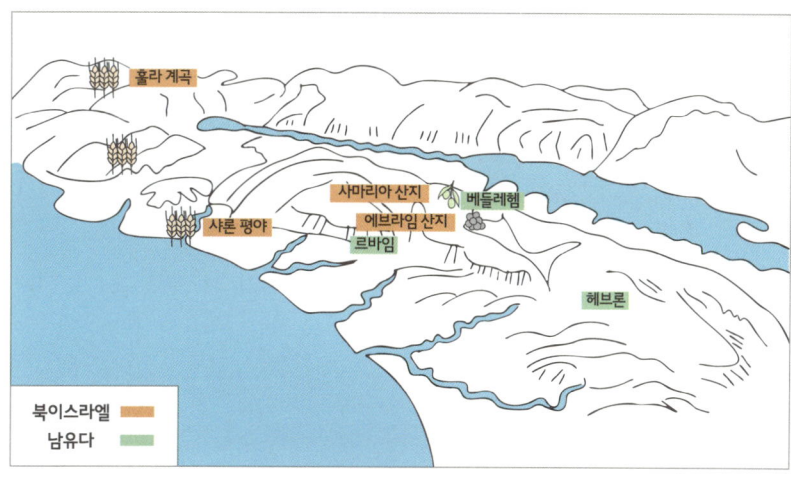
북이스라엘과 남유다의 경제력 차이

르바임

베들레헴

헤브론

6. 북이스라엘과 남유다, 왜 싸웠을까?

이데올로기와 종교의 차이

그런데 두 왕국 사이의 결정적 차이는 정치적·경제적 요소보다는 오히려 이데올로기와 종교적 요소에 있었습니다. 우선 두 나라는 각기 중시하는 종교 전통에 차이가 있었습니다. 북이스라엘은 이스라엘의 족장 야곱과 직접 연관된 종교적 이데올로기를 표방하였는데, 북이스라엘의 이름 '이스라엘'이 바로 야곱의 이름이기 때문이었습니다.[99] 북이스라엘에는 야곱이 이스라엘의 유일신 하나님을 위한 제단을 쌓았거나 하나님 혹은 하나님의 사자를 만난 곳을 중시하는 전통이 있었습니다. '하나님의 집'이라는 뜻의 벧엘, '하나님의 얼굴'이라는 뜻의 브니엘, 그리고 '하나님의 군대의 장막'이라는 뜻이 있는 마하나임이 북이스라엘에서 중요한 성소들이었습니다. 그중에서도 가장 중요한 도시는 아무래도 야곱이 약속의 땅인 이스라엘을 떠날 때와 돌아왔을 때 관문처럼 거쳤던 '벧엘'이었습니다. 벧엘의 중요성은 여로보암이 북이스라엘 10개 지파와 함께 새 나라를 건립하면서 벧엘을 왕실의 성소로 삼았다는 점에서도 확인됩니다. 또한 북이스라엘에서 예언한 호세아, 아모스와 같은 예언자들이 가장 많이 언급한 도시 역시 벧엘이었습니다(호 10:15; 12:4; 암 3:14; 4:4; 5:5-6; 7:10-17). 북이스라엘과 관련된 전승은 바로 야곱과 벧엘에 근거하고 있지요.

이와 달리 남유다는 아브라함과 이삭이 머물렀던 헤브론과 브엘세바, 그리고 하나님의 법궤가 있는 예루살렘이 가장 중요한 도시였습니다. 하나님의 현현을 상징하는 법궤는 원래 엘리 제사장이 있던 실로에 있었는데, 이스라엘 사람들이 블레셋 사람들과의 전쟁 중에 법

이스라엘 법궤

법궤와 법궤 안에 들어있는 물건
(십계명 돌판, 아론의 지팡이, 만나)

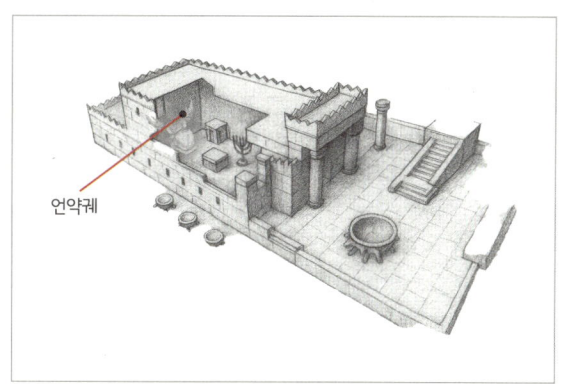

솔로몬 성전 복원도 단면

궤를 빼앗겼다가 되찾은 후에 기럇여아림에 모셨습니다. 그 후 다윗은 예루살렘 성전을 건축하고 기럇여아림에서 가져온 법궤를 성전에 직접 안치하려고 했습니다. 그런데 다윗이 계획대로 실행하지 못하고 죽자 그의 아들 솔로몬이 성전을 지어 법궤를 성전에 안치했습니다. 솔로몬은 성전을 아브라함이 아들 이삭을 제물로 바치려고 했던 예루살렘의 모리아산 제단 터에 건축했지요.[100] 따라서 남유다는 아브라함과 이삭, 그리고 예루살렘 성전을 중심으로 하는 종교적 전통을 강조했습니다. 그리고 그 핵심에는 아브라함과 이삭에 대한 기억이 숨쉬는 모리아산 터에 세워진, 성전에 안치된 법궤가 있었습니다.

벧엘과 예루살렘 그리고 야곱과 아브라함-이삭이라는 대립축은 북이스라엘과 남유다의 종교에도 영향을 미쳤습니다. 두 나라로 나뉘었지만 본래 한 민족이었던 이스라엘 백성은 보이지 않는 최고의 신인 하나님(야훼 혹은 엘), 유일신을 섬겼습니다. 특히 벧엘과 예루살렘은 두 나라가 야훼-엘 하나님을 섬기는 핵심 장소였습니다. 당시 북이스라엘에는 길갈, 벧엘, 단, 브니엘 등 하나님께 제사를 드릴 수 있는 다양한 성소가 존재했습니다. 이는 북이스라엘 왕이 백성들이 제사를 드리기 위해 남유다 수도인 예루살렘으로 가는 것을 막기 위한 자구책이었습니다. 무엇보다 금송아지 혹은 금황소가 있었던 벧엘과 단은 북이스라엘의 왕실 성소였습니다.

여기서 혹자는 '금송아지나 금황소가 하나님, 야훼-엘신과 도대체 무슨 상관이 있냐'라고 반문하실 수 있습니다. 이 질문에 답하기 위해서는 고대 근동 신들의 '발판 혹은 발등상(footstool)' 개념을 먼저 살펴볼 필요가 있습니다. 고대 근동 국가들의 신상(statue)은 특정 동물

북이스라엘 사람들, 가나안 사람들, 아람-다메섹 사람들이 섬겼던 금황소 금송아지 형체의 신들

금황소, 송아지(이집트 아피스(Apis))

벧엘 금송아지

므깃도 후기 청동기 III기 B 지층(기원전 13세기 지층)에서 발견된 황소 스핑크스 위에 앉은 신, 혹은 왕

의자에 앉아 있는 엘신

황소 위에 서있는 하닷신
(아람-다메섹신)

황소의 모습을
하고 있는
하닷신

황소 위에 서있는
바알신

6. 북이스라엘과 남유다, 왜 싸웠을까?

이나 의자 혹은 단상에 올라서거나 앉아 있는 형태를 취합니다. 특히 시리아-팔레스타인 지역의 신은 흔히 황소 위에 앉아 있거나 서 있는 것으로 묘사되지요. 이것을 북이스라엘 종교에 적용해 본다면 금송아지나 금황소는 신의 '의자' 혹은 '발판이나 발등상' 역할을 감당하는 것으로 이해할 수 있습니다. 따라서 북이스라엘 사람들은 원래 금송아지나 금황소에 서 있거나 앉아 있는 보이지 않는 하나님, 야훼-엘 신을 섬겼을 가능성이 높습니다.

그런데 사람들은 보통 눈에 보이는 것을 눈에 보이지 않는 것보다 더 중요하게 여기고, 때로는 눈에 보이지 않는 존재를 보이는 대상과 동일시하는 잘못을 범합니다. 그리고 시간이 흐르면서 이것은 단순한 실수가 아니라 일종의 종교적 관습으로 굳어졌지요. 결국 북이스라엘 사람들은 벧엘에 있는 보이는 금송아지/황금소와 그 위에 앉아 있거나 서 있는 보이지 않는 하나님을 혼동하기 시작합니다. 당시 아람-시리아 지역 주신은 '하닷'이었고, 가나안/우가리트 지역 주신은 '엘'이었는데 이들 신 모두 황소 형상으로 표현되었습니다. 그리고 이 이방 신들도 힘과 능력 그리고 풍요와 다산을 의미했습니다.

문제는 북이스라엘은 정치적으로 세력이 강하고, 경제적으로 부유했고, 시리아와 페니키아와 같은 주변 지역의 나라들과 교류가 잦았기에 이방 종교의 영향을 더 많이 받았다는 점입니다. 따라서 북이스라엘 사람들도 이방인들처럼 점차 눈에 보이지 않는 하나님인 야훼-엘 신보다 풍요와 다산을 상징하는 눈에 보이는 신상을 우선시하고 중요하게 생각했죠.

따라서 북이스라엘 사람들은 벧엘, 단과 다른 지방 성소에 있는 발판이자 발등상인 황소를 하닷신, 엘신, 심지어 바알신과 동일시했지요. 이로 인해 북이스라엘은 이방신들과 야훼-엘신을 혼동하는 종교 혼합주의의 문제를 늘 잠재적으로 갖고 있었습니다.

한편 남유다도 북이스라엘과 똑같이 보이지 않는 하나님을 섬겼습니다. 모세 시절부터 이스라엘 백성이 광야에서부터 하나님께 제사했던 '법궤'가 있는 예루살렘은 다른 도시의 성소/신전들과는 비교할 수 없는 우위를 점하고 있었습니다. 하나님, 야훼-엘신의 현현 그 자체로 불렸던 법궤의 존재는 남유다가 북이스라엘보다 종교적으로나 이데올로기적으로 우월함을 주장할 수 있는 근거였습니다.[101]
또한 이스라엘 왕국의 첫 수도가 예루살렘이었으며, 법궤가 안치된 예루살렘의 성전이 벧엘이나 단에 있었던 신전들보다 먼저 건설되었지요. 그리고 그 성전은 이스라엘의 첫 번째, 두 번째 족장인 아브라함과 이삭의 기억이 서려 있는 모리아산과 결부되어 있었습니다. 그래서 남유다는 북이스라엘보다 족보상 그리고 종교상 이데올로기적 정당성을 더 확보할 수 있었을 겁니다.

물론 남유다는 북이스라엘에 비해 정치 경제적으로 뒤쳐진 상태였습니다. 하지만 상대적으로 주변국들과 결부된 정치 외교적 활동이 적었던 탓에 이방 종교의 영향을 덜 받은 유다는 예루살렘 성전 중심의 신앙을 비교적 늦게까지 유지할 수 있었습니다. 그러나 이들도 북이스라엘의 전철을 밟아 이방 종교의 신들을 적극적으로 섬겨 몰락의 길을 걸어갔습니다.

북이스라엘과 남유다의 역사는 우리에게 두 가지 중요한 교훈을 줍니다. 첫째는 서로의 다름을 인정하고 화합하는 것이며, 둘째는 물질적 풍요와 세속주의의 위험을 경계하는 것입니다. 역사 속에서 본래 하나였던 민족이 서로 다른 가치관과 이념을 내세워 분리되고 끊임없이 갈등을 겪었던 모습은 현대 사회에서도 반복됩니다. 이는 서로의 다름을 틀림으로 규정하고 배척했기 때문입니다. 우리는 정치, 경제, 이념의 경계선을 넘어 서로의 다름을 이해하고 포용하며 존중하는 태도를 가져야 비로소 진정한 화합과 평화를 얻을 수 있습니다. 또한 북이스라엘과 남유다가 눈에 보이는 물질적 풍요와 가시적 성공을 신앙의 본질과 혼동하여 결국 몰락했듯이, 우리도 물질주의의 유혹에 쉽게 빠져 신앙의 본질을 잃어버릴 수 있습니다. 진정한 신앙과 삶의 의미는 보이지 않는 가치를 지키며 마음을 가꾸는 데 있습니다. 눈에 보이기에 좋은 화려한 가치들을 좇으면 우리의 신앙이 쉽게 변질될 수 있다는 사실을 늘 상기해야 합니다.

7. 공포와 잔혹의 제국, 앗시리아
  : 사마리아인들의 운명

인류 역사에서는 수많은 제국들이 일어났습니다. 각 제국은 뛰어난 군사력과 행정력을 바탕으로 영토를 확장하였으며, 복속시킨 지역을 직접 통치하여 식민지나 속국으로 삼았습니다. 이들 중에 기원전 10-7세기, 고대 근동 지역에서 가장 강력한 군사력을 자랑했던 제국이 있었습니다. 이 제국은 정복한 민족들에게 공포를 심어주고 그들을 강제적으로 굴복시키기 위해 고안한 잔혹하고 잔인한 전략으로 악명이 높았습니다. 메소포타미아의 여러 제국들 중에서도 문화의 요람이자 문명의 꽃이라고 여겨지던 바빌론을 흔적조차 남기지 않고 강물로 수장시켜 버린 제국, 앗시리아! 기원전 721년 북이스라엘 수도 사마리아를 함락하고 왕국을 멸망시킨 '피의 제국'으로 불리는 앗

앗시리아 궁전
© The New York Libray

시리아의 다양한 군사 전략과 전술을 살펴보고자 합니다.

전쟁왕, 정복자인 앗시리아

조지 고든 바이런(George Gordon Byron)의 시 "산헤립의 몰락", 존 밀턴(John Milton)의 『실낙원』, 허버트 웰스(Herbert G. Wells)의 『역사의 개요』, 다비드 위그(David J. Wigg)의 소설 『앗시리아의 사자』, 메리 르노(Mary Renault)의 역사소설 『위대한 사르곤』 등 앗시리아의 무자비하고 잔혹한 이야기들은 많은 예술가와 작가들에게 다채로운 상상력을 제공하였습니다. 자신의 강력한 힘을 과시했던 앗시리아의 군주들은 고대 근동 세계에서 스스로를 전쟁광이나 정복자로 각인시키기 위해 다양한 선전술(propaganda)을 펼칩니다.

아슈르나시르팔 2세 석상

아슈르나시르팔 2세 쿠르크 비문
(Ashurnasirpal II's Kurkh Stele)
대영박물관 소장 번호 ME 118805

7. 공포와 잔혹의 제국, 앗시리아   145

아슈르나시스팔 2세의 전쟁 이후 행진

아슈르나시르팔 2세(Ashurnasirpal II, 기원전 883-859년)는 칼후(Kalḫu) 혹은 칼라(Calah)라고도 알려진 제국의 옛수도 님루드(Nimrud)에 위치한 자신의 궁전 벽에 연대기를 새겨둡니다. 이 연대기에는 아슈르나시르팔 2세가 군사 원정 중 자행한 잔혹한 전략과 무자비한 행위들이 기록되어 있습니다.

> "나는 산봉우리를 공격하여 점령했다. 큰 산 중턱에서 수도 없이 많은 이들을 학살하였다. 그들의 피로 산을 양털같이 붉게 물들였으며 남은 이들로 산의 협곡과 낭떠러지를 가득 채웠다. 나는 그들의 전리품과 소유물을 빼앗았고, 적 전사들의 머리를 베어내어 도시 앞에 탑처럼 쌓았다. 나는 젊은 소년과 소녀들도 불태웠다."[102]

앗시리아 제국은 역사상 조직적이고 기술적으로 발전한 군대를 거느린 것으로 알려져 있습니다. 고대 근동 지역의 다른 나라들은 주민들을 평상시에는 농사나 생업에 종사하게 하다가 유사시나 전쟁 발발 시에 군대로 동원했습니다. 이와 달리 앗시리아는 인류 최초로 '상비군 제도'를 도입하였습니다. 뿐만 아니라 군대 조직을 체계화하여 보병부대, 기병부대, 전차부대, 궁병부대, 공병부대, 공성사다리탑부대, 토산쌓는부대, 땅굴부대, 수송부대 등 전문화된 부대로 나누었습니다. 각 부대는 전쟁에서 특정 역할을 수행했지요. 군대의 중추였던 보병은 철제 무기와 갑옷으로 무장하였기 때문에 청동 무기로 무장한 다른 적보다 강력했습니다. 특히 기병과 전차부대는 아나톨리아 동부, 우라르투(Uraratu), 아제르바이잔(Azerbaijan) 지역에서 기른 우수한 말들을 사용하여 기동성과 지구력을 극대화하였고, 그 결과 신속한 이동과 급습, 그리고 섬멸전이 가능했습니다.[103]

앗시리아군의 핵심 전략 중 하나가 '심리전'이었습니다. 앗시리아인들은 전투가 시작되기 전부터 공포전술을 통해 적의 심리적 낙담을 이끌어 내어 그들의 저항을 약화시키고, 잠재적 피정복민의 복종과 항복을 유도했습니다.[104]

심리전은 다른 나라 성곽을 포위할 때 더 극적이었습니다. 그들은 잔혹하고 무자비한 방법으로 적들의 공포심을 증폭시켰지요. 성안에 있는 사람들이 잘 보이는 곳에서 포로를 공개 처형하기도 하고, 산 채로 피부를 벗기거나 신체를 분절, 훼손시켜 전시했습니다. 성을 진격할 때에는 적들의 머리를 베어 들고 행진하기도 했습니다. 특히 포로들을 산 채로 꼬챙이 같은 말뚝에 꽂아 충차에 매두고 성문으로 진격했습니다.

전쟁 이후에도 앗시리아는 전투에서 패한 국가의 잔혹한 처우와 파괴된 성읍의 현장을 생생하게 묘사하는 비문과 그림을 제국의 왕궁 곳곳에 새겨두었습니다. 포로로 끌려온 피지배국 사람들과 봉신국가 볼모들에게 이 내용들을 보여주어 앗시리아에 저항하는 도시나 왕국에 보복과 응징이라는 명확한 메시지를 전달했습니다. 이에 더하여 다른 나라들에게 이것을 퍼뜨리도록 유도했지요.

산헤립 테일러 프리즘(Taylor Prism)
산헤립의 라기스 전투의 관한 기록은 열왕기하 18~19장과 산헤립의 테일러 프리즘(Taylor Prism)과 대영박물관 10b번 방에 전시실에 전시된 산헤립의 니느웨 남서궁전 36번 방에 있던 벽의 부조에 자세히 남아 있다.

산헤립 테일러 프리즘에 기록된 앗시리아의 공성전(아카드어 기록 직역)

"히스기야, 유다 사람에 관하여, 나는 그의 요새화된 46개 도시와 그 주변의 작은 도시들을 포위하고 정복하였다. 밟아서 평평하게 만든 경사면을 사용하거나, 충차를 위로 가지고 올라가거나, 보병들이 걸어 공격하거나, 땅굴을 파거나 무너뜨리거나, 포위하는 기구들을 사용하였다."[117]

앗시리아 군대의 잔인성

적군의 머리를 가지고 놀이를 하는 앗시리아 병사들

포로로 끌려가는 어린아이들

적군의 수급을 모으는 앗시리아 병사들

적군의 목을 베는 앗시리아 병사들

앗시리아 병사들이 살가죽을 벗기는 장면

앗시리아 병사들이 적군을 죽이는 장면

적군의 머리를 베는 앗시리아 병사들

포로를 끌고 가는 앗시리아 병사들

신앗시리아 군대
(충차에 시체를 매달아 놓음)

7. 공포와 잔혹의 제국, 앗시리아

>> 덧하여
앗시리아의 전투 현장을 들여다볼까요?

앗시리아왕 산헤립은 서아시아 변방의 작은 왕국인 히스기야의 나라 유다를 침공했다. 앗시리아 군은 남유다의 수도 예루살렘 공략에 앞서 쉐펠라의 전략적 요충지이자 거점도시 중 하나인 라기스로 향한다. 앗시리아는 먼저 도시를 포위하고 모든 보급로를 차단했다. 곧 병사들은 성벽 한쪽에서 매우 빠른 속도로 토성을 쌓기 시작하고, 수많은 공성추는 끊임없이 성벽을 강타한다. 또다른 병사들은 공성 사다리탑들을 이용하여 성벽을 기어오르고 충차들은 여지없이 성문을 두들겨 부순다. 치열한 전투가 벌어지는 와중에도 공병들은 성벽 기초를 무너뜨리기 위해 땅굴을 파고 있다. 이러한 조직적인 군사작전에 의해 라기스는 힘없이 무너지고 맙니다.[105]

앗시리아가 사로잡은 병사들 　　　　전리품을 챙긴 앗시리아 병사들

복원된 라기스
© Wellcome Library London

라기스 함락을 보고 있는 보좌에 앉은 산헤립

앗시리아 군막

라기스 부조 전체 파노라마:
대영박물관 10b번 방 소장

북이스라엘의 멸망-사마리아의 정복

이스라엘과 앗시리아의 전투 중 가장 인상적인 순간은 앗시리아가 북이스라엘의 수도 사마리아를 정복한 일입니다. 기원전 722년부터 720년까지, 살만에셀 5세와 사르곤 2세에 의해 이루어진 북이스라엘 멸망은 고대 근동 역사에서 매우 중요한 사건입니다. 이는 단지 제국이 소국을 멸망시킨 사건이 아니라 지배국의 전술과 전략 그리고 피지배국의 시각이 모두 잘 드러나는 사건이기 때문입니다. ① 지배자 앗시리아의 기록 ② 고고학적인 자료 ③ 피지배자의 입장이 담긴 성경 기록이 모두 이 사건을 증언하고 있습니다.

바빌로니아 연대기 I권 II장 27-30절은 "살만에셀이 사마리아를 유린하였다(*iḫ-te-pi*: ravage, 아카드어)"라고 서술합니다.[106] 또한 사르곤 2세의 왕실비문들은 공물 바치기를 거부하며 반란을 일으킨 사마리아 사람들과 사르곤이 위대한 앗수르 신들의 힘으로 싸웠다고 기록합니다.

27 테벳월 25일에 살만에셀이 앗시리아와
28 [아카드]에서 왕위에 올랐다. 그가 사마리아를 유린하였다.
29 살만에셀이 다섯 번째 년, 테벳월에 죽었다.
30 5년 동안 살만에셀이 아카드와 앗시리아를 다스렸다.

살만에셀 5세, 사마리아 유린 기록, 앗시리아-바빌로니아 연대기 BM 92502 (대영박물관 소장)[118]

사르곤 왕실 비문 중 니므룻 프리즘 D[119]

니므룻 프리즘[120]

사마리아 (도시)의 주민들이
나와 적대적인 왕과 [모두] 동맹을 맺고
나에게 조공(복종)을 바치지 않기로 결의하고 전투를 벌였을 때
위대한 신들, 나의 주군들의 힘으로
나는 그들과 싸워 그들을 전리품으로 삼았다[107]

7. 공포와 잔혹의 제국, 앗시리아

살만에셀 5세, 사르곤 2세

성경은 이스라엘의 관점에서 포위, 도시 함락, 북이스라엘 주민의 강제 이주의 서사 순서로 기록합니다. 열왕기하 17장 3~5절에 따르면, 살만에셀 5세가 이끄는 앗시리아 군대는 북이스라엘의 수도인 사마리아성을 3년 동안 포위했다고 합니다.

> "앗수르의 왕 살만에셀이 올라오니 호세아가 그에게 종이 되어 조공을 드리더니 그가 애굽의 왕 소에게 사자들을 보내고 해마다 하던 대로 앗수르 왕에게 조공을 드리지 아니하매 앗수르 왕이 호세아가 배반함을 보고 그를 옥에 감금하여 두고 앗수르 왕이 올라와 그 온 땅에 두루다니고 사마리아로 올라와 그 곳을 삼 년간 에워쌌더라"(왕하 17:3-5).

이 긴 포위전은 앗시리아의 끈질긴 정복 의지를 보여줍니다. 사마리아 공성전 중 살만에셀 5세가 사망했음에도 불구하고, 그 뒤를 이은 사르곤 2세는 마침내 사마리아 정복을 완수하지요. 그리고 사르곤 2세는 사마리아 지역을 앗시리아의 속주로 만들고 '사메리나'(Samerina)라고 이름을 붙였습니다. 실제 고고학자들은 사마리아 성 주변에서 광범위한 파괴 지층과 앗시리아 시대 유물들을 발견하였습니다.[108] 발굴된 앗시리아 양식의 요새와 행정 건물 잔해들은 이 지역이 일정 시기 앗시리아의 영향력 아래 있었음을 증명합니다. 앗시리아는 사메리나에 총독 관료를 임명하여 직접 통치했습니다. 이것이 북이스라엘 왕국의 마지막이었습니다.[109]

앗시리아의 독특한 정복 전략 중 하나는 '대규모 강제 이주'입니다.[110] 앗시리아 군주들은 정복한 지역의 사람들을 제국의 다른 지역으로 강제로 이주시켰을 뿐만 아니라, 반대로 다른 지역의 사람들을 정복한 지역으로 이주시켰습니다. 이 정책은 정복민들을 앗시리아 제국의 주민들과 혼인시켜 빠른 시일 내에 고유한 정체성을 상실하게 하여 제국민으로 흡수하려는 시도였지요. 앗시리아는 사마리아 정복 이후 사메리나에서 대규모 강제 이주를 단행합니다. 앗시리아는 일부 북이스라엘인을 자신들의 제국 내 여러 지역으로 분산 이주시키고, 그 지역에 다른 지역 주민들을 정착시켰습니다.

사르곤 2세의 코르사바드(Khorsabad) 요약비문과 칼라(Calah) 요약비문, 코르사바드(Khorsabad) 연대기, 열왕기하 17장 6절에는 사마리아 함락 사건과 더불어 당시 정복당한 이스라엘 사람들의 이주 규모와 경로를 파악할 수 있는 기록들이 눈에 띕니다.[111]

"재위 1년에, 나는 사마리아를 포위하고 함락하였다. 그곳의 거주민 27,290명을 감옥에 넣었으며, 나의 제국에 곳곳에 흩어버렸다. 나는 사마리아에 내가 정복한 지역의 사람들을 데리고 와서 그곳에 다시 정착

시켰다." (요약비문)

"나는 27,290명을 포획했다. … 그들을 추방하여 히타이트 땅과 엘람 땅에 정착시켰다. … 나는 사마리아에 내가 정복한 지역의 사람들을 데리고 와서 정착시켰다. 나는 그들 위에 환관장을 임명했고 그들을 앗시리아 사람들로 계수했다." (연대기)

"호세아 제구년에 앗수르 왕이 사마리아를 점령하고 이스라엘 사람을 사로잡아 앗수르로 끌어다가 고산 강가에 있는 할라와 하볼과 메대 사람의 여러 고을에 두었더라" (왕하 17:6)

그런데 이주는 이후에도 지속적으로 일어납니다. 에스라 4장 2절, 9~10절은 사르곤 2세의 손자 에살핫돈(Esarhaddon)과 이집트를 정복한 아슈르바니팔(Ashurbanipal)이 앗시리아 제국민들을 데리고 와서 끊임없이 사마리아에 정착시켰다고 보고합니다.

"방백 르훔과 서기관 심새와 그의 동료 **디나 사람과 아바삿 사람과 다블래 사람과 아바새 사람과 아렉 사람과 바벨론 사람과 수산 사람과 데해 사람과 엘람 사람**과 그 밖에 백성 곧 존귀한 오스납발이 사마리아성과 유브라데강 건너편 **다른 땅에 옮겨 둔 자**들과 함께 고발한다 하였더라"(스 4:9-10).

시간이 지나며 그들은 자연스럽게 서로 어우러져 살게 되었고, 토착민과 이주민 사이의 전통과 종교, 문화 역시 혼합됩니다.[112] 강제 이주 정책에 따른 민족 간의 동화와 통합정책으로 사마리아 지역에서 이스라엘 민족의 정체성은 점차 희미해졌습니다. 결국 이 지역은 북이스라엘 왕국의 중심지 사마리아가 아닌 앗시리아의 속주로서 '사메리나'라는 이름이 더 적합하게 된 것이지요.

이런 강제 이주 전략은 앗시리아인에게 여러 이점이 있었습니다. 정복지의 엘리트들의 사회, 정치적 결속을 와해해 잠재적 반란을 사전에 제거할 수 있었고, 국가의 전략적 토목, 농업 프로젝트를 위해 적시적소에 노동력을 제공할 수 있었으며, 타 지역의 장인들을 유입시켜 향상된 기술을 제국의 그것으로 흡수할 수 있었습니다.[113] 결국 강제 이주는 자연스럽게 혼혈정책으로 이어져 앗시리아의 문화를 확산시킬 수 있었습니다.

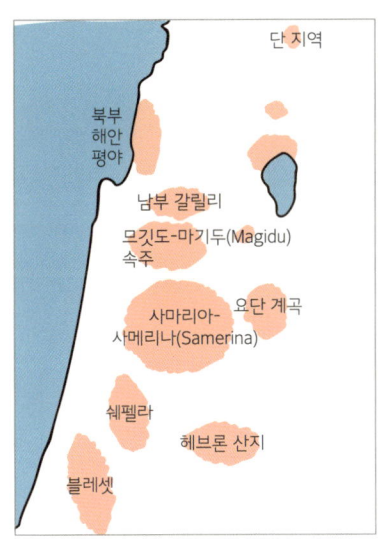

앗시리아 제국 속주 시대에 사람들이 주로 거주했던 지역들 분포도로 파괴된 사메리나 속주에도 사람들이 이후에 정착해서 살았던 것을 증명함.

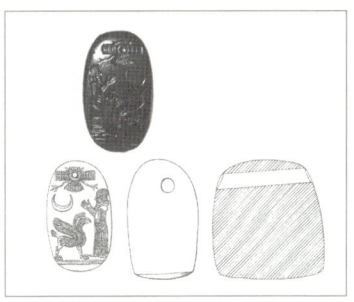

앗시리아 속주 인장[114]
사메리나 속주에서 발견된 인장들

7. 공포와 잔혹의 제국, 앗시리아

앗시리아의 강제 이주 정책은 독립 왕국으로 남았던 남유다의 사람들과 앗시리아 제국의 속주민이 된 북이스라엘 사람들 사이에 문화적 구별이 생긴 결정적 계기가 되었습니다. 이후 남유다는 신바빌로니아 제국의 네부카드네자르 2세, 느부갓네살에 의해 멸망하기 전까지 약 140년 정도 앗시리아 속주였던 사메리나와는 구별된 독립적인 정치체제로 존속했습니다.

유다 왕국이 기원전 586년 신바빌로니아에 의해 멸망하고 약 반세기 뒤 바빌론 포로로 끌려간 유대인들이 다시 유대 땅으로 돌아왔을 당시, 북이스라엘 왕국이 멸망한 후 이미 200여 년이 흘러 있었습니다. 따라서 유대인들과 사메리나 속주민들과 인종적으로, 문화적으로, 종교적으로 정체성의 차이가 상당했던 것은 당연했지요. 더욱이 기원전 5세기 중반 에스라 시대에는 바빌론 포로 귀환민들이 순혈주의를 주장하며 그들 스스로를 '거룩한 씨'(Holy Seed, 스 9:2)라고 칭합니다. 이들은 그 땅에 남아 있던 사마리아인들을 '타자화'하기 시작했습니다.

이것이 이후 400년간 이어져 내려온 유대인들과 사마리아인 간의 반목의 핵심 이유입니다. 이에 예수 시대 당시 유대인은 사마리아 지역을 지나가지도, 사마리아인들을 상대하지도 않았다고 알려져 있습니다.

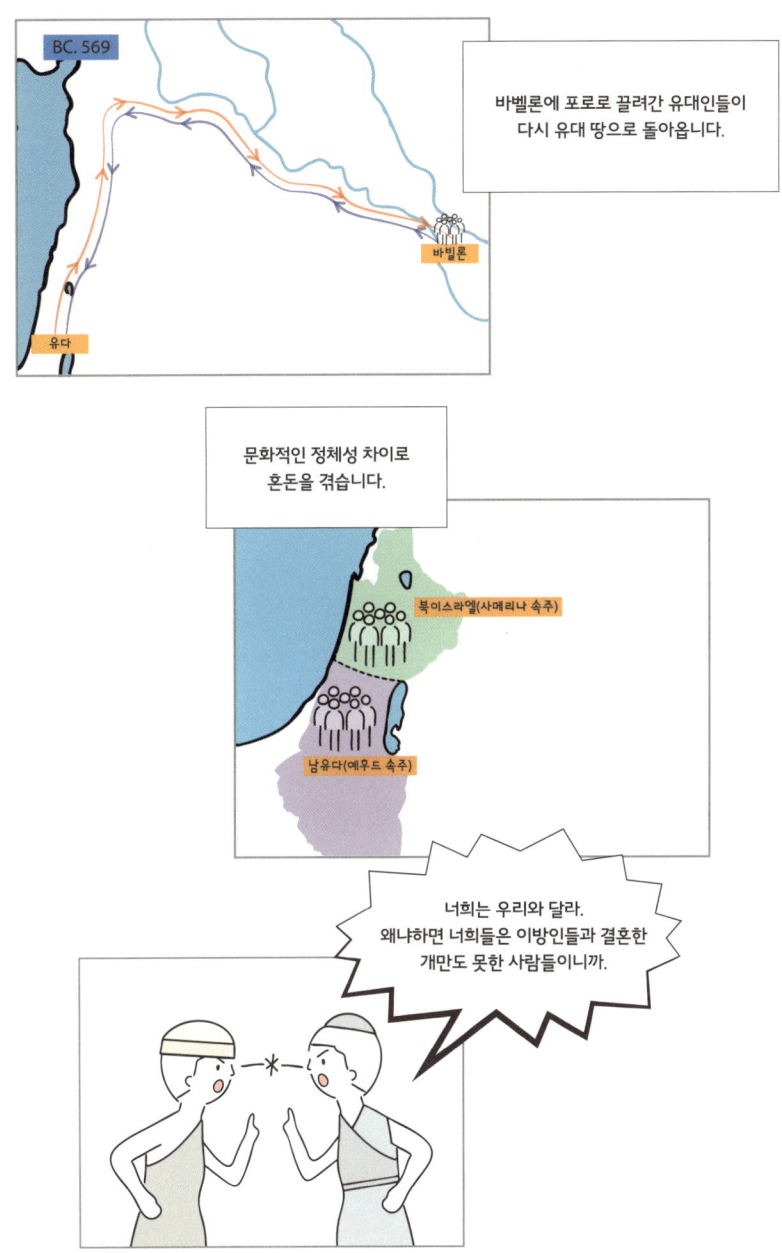

7. 공포와 잔혹의 제국, 앗시리아

과도한 반란 진압

이처럼 앗시리아는 방대한 제국의 영토를 유지하기 위해서 군사력만 단순하게 사용하지 않았지요. 속주 사메리나의 사례와 같이 앗시리아인들은 직접 통제와 현지 협력을 기반으로 하는 중앙집중식 행정 시스템을 사용했습니다. 그러나 제국의 철저한 통제에도 틈새를 비집고 반란은 늘 발생했으며, 이 경우 앗시리아인들은 무자비하게 진압했습니다.[115] 이를 보여주는 좋은 사례가 산헤립의 기원전 689년 바빌론 반란 진압입니다.

바빌로니아의 수도 바빌론은 메소포타미아 사람에게는 인류의 역사가 시작된 시점부터 정신적 유산과도 같은 곳입니다. 찬란한 문명이 깃든 이 도시를 모두가 사랑하고 존중했습니다. 그러나 산헤립은 바빌론에서 발생한 반란을 극도로 잔인하게 진압했습니다. 주민들을 남녀노소 가릴 것 없이 모두 죽여 광장을 시체로 가득 채웠으며, 바빌론 신전들을 파괴하고 신상들을 약탈합니다. 운하의 물을 끌어 도시 전체를 물에 잠기게 하여 사람들을 수장시켰고, 온 도시를 폐허로 변한 평지로 만들었지요.[116]

반란이 재발할 여지를 두지 않으려는 잔혹한 진압방식은 오히려 피정복민들의 반감을 불러일으켰습니다. 일련의 반란 진압 과정들은 제국의 멸망 원인이 된 내부 분열로 이어졌습니다. 결국 앗시리아 제국은 기원전 626년 아슈르바니팔 사후, 불과 17년 후인 기원전 609년에 역사의 뒤안길로 사라졌습니다.

앗시리아의 극단적인 폭력성과 잔인성은 단기간에는 효과적이었을

지 모릅니다. 앗시리아인들이 티글랏빌레셀 3세 치세 이후 약 120여 년 동안 방대한 제국을 건설하고 유지할 수 있었던 동력이었으니까요(왕하 15:29). 그러나 지나친 공포 통치는 제국의 정치적인 불안정을 초래했습니다. 역사는 공포와 힘으로 모든 것을 지배하려다 몰락한 나라들을 보여줍니다. 진시황의 진나라, 칭기스칸의 몽골제국, 스탈린 치하의 러시아, 캄보디아 크메르 루주 정권 등이 대표적이지요. 그래서 성경의 예언자들은 다음과 같이 폭정을 멀리하고 평화를 전하는 메시지를 선택했는지도 모릅니다.

"그가 열방 사이에 판단하시며 많은 백성을 판결하시리니 무리가 그들의 칼을 쳐서 보습을 만들고 그들의 창을 쳐서 낫을 만들 것이며 이 나라와 저 나라가 다시는 칼을 들고 서로 치지 아니하며 다시는 전쟁을 연습하지 아니하리라"(사 2:4).

앗시리아 제국 왕국 문 양옆에 설치된 라마수 (Lamassu)

8. 예수가 그때 가이사랴 빌립보를 찾은 이유는? : 이스라엘의 핫플레이스 가이사랴 빌립보

기원전 2세기 중반에서 기원후 2세기 중후반까지 약 300년 동안, 이스라엘에는 대중문화의 중심지로 부상하며 선풍적인 인기를 끈 도시가 있었습니다. 이스라엘 지역 젊은이들은 이곳에 모여 음주와 가무를 즐기며, 잘 먹고 잘 입고, 잘 사는 것을 논하며, 끝없는 쾌락과 향락을 추구하였지요. 이스라엘 최북단에 있는 헐몬산 기슭에 자리 잡았기에 '헬몬산의 보물'로 불린 곳, 이스라엘에서 가장 규모가 큰 왕궁터가 발굴된 곳, 풍요로운 천혜의 자연환경을 갖춘 곳, 달콤한 과일들이 철에 따라 소출되며, 질 좋은 소고기와 양고기를 늘 제공한 골란고원이 근처에 있는 곳, 요단강과 갈릴리 호수의 수원지이자 상수원이 있었던 곳, 그리스-로마 시대 세련된 도시 문화를 선보였던

가이사랴 항구도시

가이사랴 항구도시 복원그림

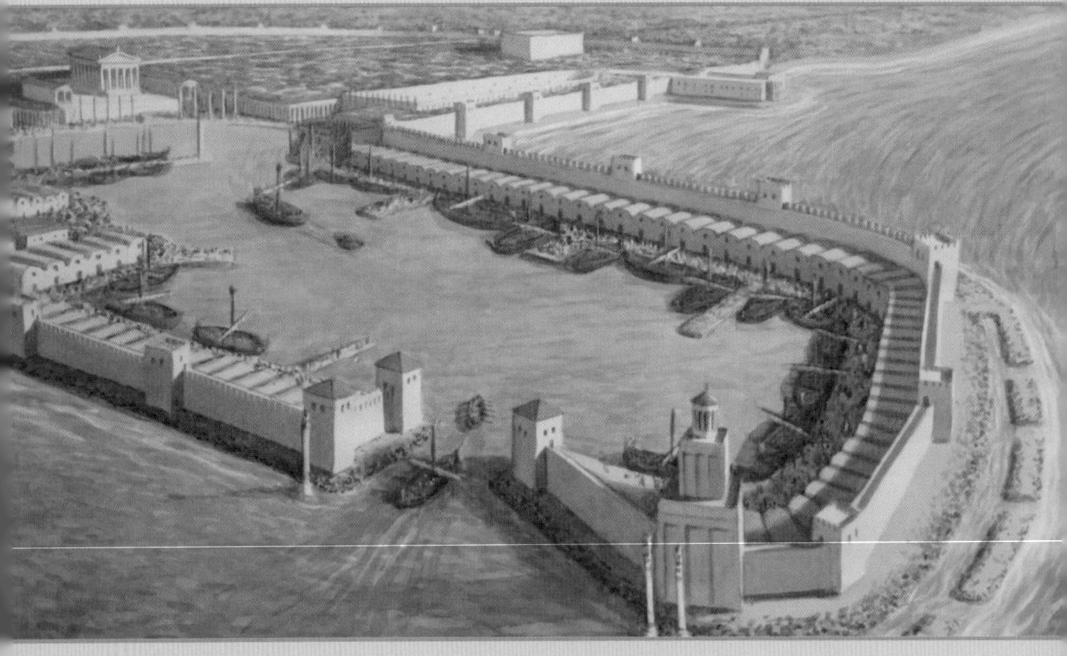

© Balage Balogh

바로 그 도시, 가이사랴 빌립보(Caesarea Phillippi)입니다. [121]
신약성경에서 예수의 수제자, 사도(apostle) 베드로가 예수께 "주는 그리스도시요, 살아 계신 하나님의 아들이시니이다"라고 고백한 장소도 바로 이곳입니다.

가이사랴와 가이사랴 빌립보

당시 '가이사랴'라는 이름을 가진 도시들 가운데 가장 유명한 두 도시가 있었습니다. 하나는 '가이사랴 마리티마'(Caesarea Maritima)로 지중해 연안의 항구도시이고, 다른 하나는 앞서 설명한 이스라엘 최북단 내륙에 위치한 '가이사랴 빌립보'입니다. 가이사랴 마리티마는 헤롯 대왕이 로마의 초대 황제인 카이사르 아우구스투스에게 헌정하기 위해, 기원전 22년부터 10년까지 약 12년에 걸쳐 건설한 항구도시입니다.

이스라엘 해안 지역은 이집트 나일강 하류에서 튀르키예로 향하는 강한 조류의 영향으로 물살이 워낙 거세 항구를 만들기 어려웠습니다. 고대 근동 여러 제국의 왕들이 이 지역에 항구 건설을 시도했다가 실패했지요. [122] 그러나 '건축광'이었던 헤롯 대왕은 이에 아랑곳하지 않고, 이곳에 유례없는 거대한 인공항구를 만들기로 결심합니다. 그는 해안 앞바다에 수십 개의 거푸집 모양의 틀을 만들어 물 속에 고정하고 레고 블럭(Lego Block) 모양의 돌들을 그 빈 거푸집에 차곡차곡 쌓는 기발한 기법으로 인공 방파제를 만들었지요. 이 방파제를 항구 남쪽과 서쪽에 둘러쌓고 조류의 영향을 거의 받지 않는 북쪽에 항구 입출구를 배치했습니다. [123] 그리고 그가 충성을 바쳤던 로마제국 초대 황제 가이우스 율리우스 카이사르 아우구스투스(Gaius Julius Caesar Augustus)에게 이렇게 공들여 만든 항구 도시에 '가이사랴'(카이사리랴; 카이사르에서 유래)라는 이름을 붙여 헌정했지요. 또한 항구 중심지에는 로마 황제 아우구스투스를 숭배하는 거대한 신전을 세웠습니다.[124] 이러한 로마 황제 아우구스투스는 헤롯 대왕의 이런 기민한 처세술을 싫어하지는 않았던 것 같습니다. 오히려 좋아했는지 그를 적극적으로 지지했지요.

반면 가이사랴 빌립보는 기원전 20년경, 헤롯 대왕이 로마 제국으로부터 지배권을 인정받아 병합한 도시로 그의 왕국의 최북단에 위치했습니다. 헤롯은 자신의 영토를 넓혀준 로마 황제 아우구스투스에게 이 도시 역시 헌정하며 도시의 이름을 '가이사랴'라고 지었습니다.[125] 그렇다면 헤롯은 이 도시에도 로마 황제를 위한 신전을 세웠을까요, 세우지 않았을까요? 로마 황제에게 끝까지 충성하기로 서약한 헤롯 대왕은 당연히 이곳에도 황제를 기리며 숭배하는 하얀 대리석으로 만든 신전을 세웠습니다.[126] 그 대가로 헤롯은 왕위를 아들에게 세습할 수 있는 권한을 부여받았지요.[127]

헤롯 사후, 그의 네 번째 아들 분봉왕 헤롯 빌립(Herod Phillip)이 이 도시를 자신이 다스리던 골란(Golan), 하우란(Hauran), 이두래(Iturea)와 드라고닛(Trachonitis) 지역의 수도로 삼고, 자신의 이름을 덧붙여 '가이사랴 빌립보'라고 불렀습니다. 고고학자들은 가이사랴를 이 지역에 설립된 최초의 광범위한 도시 정착지라고 평가하며 도시의 건축 시점을 예수의 탄생 시기와 가까운 기원전 2년 혹은 1년으로 추정합니다.[128]

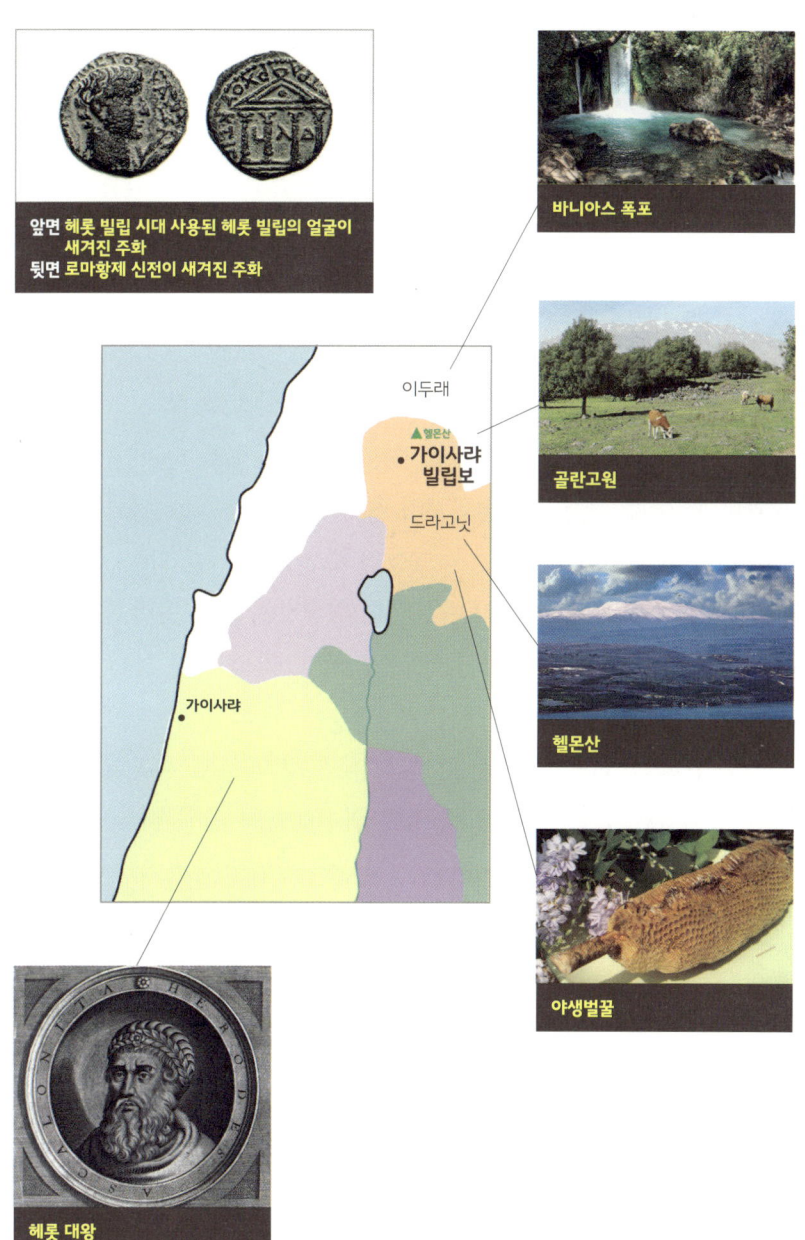

앞면 헤롯 빌립 시대 사용된 헤롯 빌립의 얼굴이 새겨진 주화
뒷면 로마황제 신전이 새겨진 주화

바니아스 폭포

이두래
▲헬몬산
가이사랴 빌립보
드라고닛

가이사랴

골란고원

헬몬산

야생벌꿀

헤롯 대왕

8. 예수가 그때 가이사랴 빌립보를 찾은 이유는?

고고학자들은 헤롯 빌립이 이 도시에서 자신을 '창건자'로 명명한 사실과 로마 황제 아우구스투스 신전을 새긴 동전을 발견하기도 했지요. 가이사랴 빌립보는 빌립과 로마 황제를 위해 설립된 도시였던 겁니다.

예수가 변모한 변화산(마 17:1-8)의 추정지로 알려진 헬몬산의 기슭에 자리잡은 가이사랴 빌립보는 이스라엘에서도 손꼽히는 비옥한 도시입니다. 그럴 수밖에 없는 것이 헬몬산의 눈이 녹아 흘러내린 물이 지하수로 흐르다가 가이사랴 빌립보 동쪽과 남쪽 외곽 지역에서 폭포들로, 그리고 가이사랴 빌립보 중심지에서 샘으로 터져 나오기 때문입니다. 이곳 가이사랴 빌립보가 요단강의 발원지 중 하나인 것이죠. 게다가 양봉지들과 천연 석청들이 주변에 흩어져 있어, 말 그대로 '젖과 꿀이 흐르는 땅'이라는 표현이 어색하지 않은 곳이었죠.
원래부터 산수 풍경이 기가 막힌 곳인데, 그리스-로마 문화의 중심지로 발돋움하며 세대 문화를 선도하는 지역이 되었으니 젊은이들이 몰리는 중심지, 이른바 대세 중 대세, 핫플 중 핫플로 부상할 수밖에 없는 곳이었습니다. 헤롯 빌립 시대 최전성기인 기원후 30년대, 즉 예수의 공생애 시기 때 가이사랴 빌립보는 자연의 풍요와 인간의 문명이 뒤섞인 진정한 의미의 '풍요의 도시'가 되었습니다.[129]

아래 그림은 현재까지 발굴된 자료를 토대로 재구성한 기원후 1세기 가이사랴 빌립보 도시의 모습입니다. 고고학 자료도 가이사랴 빌립보는 결코 평범한 도시가 아님을 증명하는데, 로마 제국의 수도인 로마에서도 흔치 않았던 카르도(Cardo, 중심도로)가 2개 이상 존재했고, 도로 양쪽으로는 다양한 로드샵이 즐비합니다. 중심 거리 한복판에는 헤롯 빌립의 아들 헤롯 아그리파(Herod Agrippa)가 세운 궁전과 관공서들이 있었고 4,000명 이상 수용할 수 있는 원형극장도 자리하고 있었습니다.

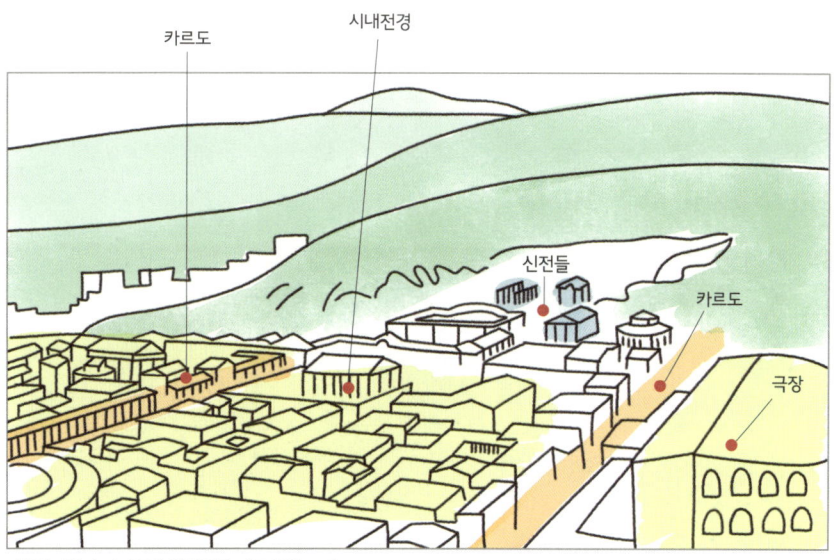

기원후 1세기 가이사랴 빌립보를 재구성한 그림

한편 도시 북서쪽 산비탈에는 헤롯 대왕의 별궁으로 추정되는 복합 건물들이 존재했지요. 해당 별궁은 평탄하게 다듬어진 단상 위에 세워졌는데, 당시 로마식 건축법인 오푸스 레티쿨라툼(Opus reticulatum, 대각선 패턴의 '마름모꼴의 그물눈' 타일 모양의 벽돌문양) 기법과 크립토 포르티코(crypto-portico: 아치 구조로 만든 지하 회랑) 기법이 사용된 것이 특징입니다.

이 기법들은 로마에서 온 이탈리아 장인들이 직접 건축에 참여했다는 것을 증명합니다. 이처럼 로마 시대의 상점가와 저장고, 공공 건축물과 왕궁들이 혼재돼 있는 것은 이 도시의 다양한 건축 층위를 증명합니다. 가이사랴 빌립보는 단순한 종교도시가 아니라 정치와 상업, 문화가 한데 어우러진 고대 북부 이스라엘의 메트로폴리스였던 거죠.[130]

오푸스 레티쿨라툼 장식

크립토 포르티코

가이사랴 빌립보의 신전들

당시 사람들은 가이사랴 빌립보를 '파니아스'(Paneas)라고도 불렀는데, 이는 목축과 풍요의 신, 그리스 신 판(Pan) 신의 도시라는 뜻입니다. 왜 도시 이름 자체가 파니아스가 되었을까요? 파니아스는 알렉산더 대왕과 그 후계자들이 세운 헬라 제국 시대부터 판 신전이 존재했던 곳으로 알려져 있기 때문입니다.

판 신의 축복과 가호를 간절하고 열렬히 구하던 도시, 1년 열두 달 소출이 끊이지 않았던 풍요의 상징인 이 도시의 북쪽 지역에는 영화 세트를 연상케 하는 압도적인 풍경이 펼쳐져 있습니다. 높이 30미터, 길이 80미터에 달하는 수직 절벽 아래에는, 헬몬산의 눈이 녹아 내린 물이 샘물로 터져 솟구쳐 흐르고, 돌출된 바위들이 천연 테라스를 형성하고 있지요. 이 절벽과 테라스가 무엇이었을까요? 이 독특한 지형은 단순한 풍경이 아니라, 바로 기원후 1-2세기 로마 시대 동안, 파니아스를 파니아스답게 만드는 네 개의 신전들(temples)이 세워졌던 무대였습니다.[131]

가이사랴 빌립보의 정체성을 드리운 네 신전들은 다음과 같습니다.[132]

1. 제우스 신의 전령 헤르메스 신의 아들이자 풍요와 목축의 신인 '판 신전'
2. 모든 로마제국 사람들이 '주님(Lord: κυριος)'이라고 떠받들었던 로마 황제 '아우구스투스 신전'
3. 신들의 신이요, 살아 있는 최고의 신으로 여기던 '제우스 신전'
4. 생사화복을 주관하는 것으로 알려진 '네메시스 신전'

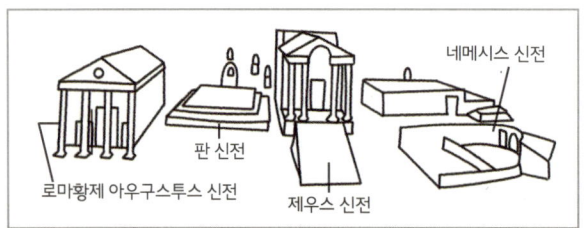

가이사랴 빌립보의 신전들
ⓒ GioBible

이중에 예수 시대에 존재했던 신전은 판 신전과 아우구스투스 신전으로 알려져 있습니다.[133]

절벽 왼쪽 아래에 사람들의 눈길을 사로잡는 장소가 있습니다. 가로 약 26미터, 세로 약 30미터, 높이 약 17미터에 이르는 아주 거대한 동굴로 단순한 자연 동굴이 아니라 헬라 시대와 로마 시대 사람들에게 '신성한 우물'이 있었던 곳이자, 제의 장소로 알려져 있었습니다. 따라서 가이사랴 빌립보 시민들뿐만 아니라 이 도시에 방문하는 사람들이 반드시 들렀던 곳이었다고 합니다. 거대한 홀처럼 생긴 동굴 내부 가운데에는 둥근 제단이 있었고, 그 제단을 제외한 동굴 안은 전부 물로 가득 차 있었죠. 이곳이 바로 판 신을 위한 성소이자 제단이었습니다. 그리고 동굴 오른쪽에는 정사각형 형태로 잘 다듬어진 무대가 있었는데, 사람들은 디오니소스 축제 때마다 그 무대 위에서 술판을 벌였다고 합니다. 이 무대가 판 신전의 앞마당 역할을 했지요.

유대인 역사가 요세푸스의 기록에 따르면, 기원전 19년, 헤롯 대왕은 이 동굴 앞과 판 신전 앞마당 왼쪽에 하얀 대리석으로 로마 황제 아우구스투스를 숭배하기 위한 신전을 지었다고 합니다.[134] 신전의 잔해인 두꺼운 벽체, 도리아식, 이오니아식, 코린토식 조각들이 새겨진 석재로 마감된 내부, 벽마다 배치된 반원형 벽감들, 그리고 그 안에 있었던 것으로 추정되는 조각상들이 지금도 남아서 당시의 흔적을 말해줍니다. 이 신전에는 다른 신전에 다 있는 일반적인 뒷벽이 없었다는 점이 흥미로운데요. 보통 헬라 시대와 로마 시대 신전 안쪽에 있는 가장 신성한 공간인 '아뒤톤'(adytum)이 곧 동굴 그 자체였던 셈이지요. 고대 파니아스 사람들은 자연을 신전의 구성 요소로 끌어들여 함께 호흡하는 공간으로 재창조하였습니다. 따라서 판의 성소와 로마 황제의 신전은 단순한 제의 공간이 아니라, 자연의 신비와 인간의 건축이 절묘하게 어우러진, 고대인의 상상력이 현실이 된 신비하고 신성한 공간이었습니다.

원래 판 신은 목양의 신으로 알려져 있었으며, 신체의 반은 인간, 반은 염소인 외모를 갖고 있었지요. 그런데 이 판 신은 로마 시대에 접어들면서 점차 쾌락과 향락의 상징으로 여겨졌습니다. 그의 반인반수의 외모가 자연과 본능, 자유로운 감각을 상징했기 때문입니다. 로마 신화에서 판은 울창한 숲과 드넓은 들판을 떠돌며 피리를 불고, 님프들과 어울리며 춤과 음악, 성적 자유를 즐기는 존재로 묘사되어 있습니다. 로마 시대 사람들은 그를 인간의 억눌린 욕망과 쾌락의 해방을 상징하는 신으로 숭배했습니다. 따라서 판 신을 섬기는 지역이나 도시에 사는 사람들은 탈속적 즐거움과 감각적 기쁨을 강조했고, 현세의 향락을 중요하게 여겼죠.[135] 예수가 활동하던 시기, 파니아스에 살거나 혹은 이곳을 방문한 사람들은 도시의 중심인 절벽 앞에 위치한 로마황제 신전과 판 신전에 들를 때마다, 더 많은 풍요와 더 강도 높은 쾌락을 갈구했습니다. 뿐만 아니라 매순간, 더 잘 먹고, 잘 입고, 잘 살게 해달라고 간청하며 판 신전의 앞마당을 뜨거운 기도의 무대로 달구었습니다.[136]

판신

판신 실제상

로마 황제 아우구스투스

8. 예수가 그때 가이사랴 빌립보를 찾은 이유는? 175

가이사랴 빌립보에서 예수가 건넨 질문

예수는 그의 생애 최후의 기간 3년 반 동안 12명의 제자들과 함께 보통 갈릴리 호수 북부 해변에 위치한 가버나움(Capenaum)에서 활동했습니다. 가이사랴 빌립보는 가버나움에서 약 60km 떨어진 곳으로, 이틀 이상 걸어야 도착할 수 있는 장소였습니다.
그런데 어느 날, 예수는 그의 제자들과 함께 가버나움에서 출발하여 느닷없이 가이사랴 빌립보에 방문합니다. 그리고 일반 사람들처럼 가이사랴 빌립보의 핵심지역인 신전들 앞에 이르렀을 때, 예수는 제자들에게 묻습니다(마 16:15, 참고. 막 8:29; 눅 9:20). "너희는 나를 누구라 부르느냐?" 이때 가버나움 어부 출신의 한 사내, 베드로가 청년 예수에게 이렇게 고백했지요. "주님, 당신은 그리스도이시며 살아 계신 하나님의 아들이십니다."

이 고백은 오늘날 기독교인들이 보기에는 평범한 신앙고백처럼 보이지만, 실은 이 짧은 한 문장에 담긴 한 단어, 한 단어의 숨겨진 의미를 고려하면 실로 엄청난 고백이었습니다. 이 고백은 가이사랴 빌립보라는 도시의 정체성뿐만 아니라 당시 시대 정신을 송두리째 뒤흔드는 선언이기 때문입니다. 당시 로마 황제 아우구스투스는 팍스 로마나(PAX ROMANA), 즉 로마의 평화를 이끈 '존엄한 자'(Augustus)로서 자신을 '주님'(κυριος: lord)이라고, 살아있는 하나님의 아들이라고 주장했지요. 그런 황제를 숭배하는 로마 황제 신전이 판 신전과 결부되어 있는 것이 가이사랴 빌립보, 파니아스의 종교 특징이었습니다. 게다가 판 신도 최고의 신 제우스의 아들의 아들로서, 그들의 쾌락과 향락을 주관하는 '주'라고 불렸습니다.

따라서 베드로의 이 짧은 한 문장은 단순한 고백이 아니라 로마 황제 숭배와 판 신 신앙, 팍스 로마나 시대 정신, 쾌락주의 가치관을 다 '비판'하는 급진적인 선언이었습니다. 한마디로 반(Anti)로마 제국 사상이었죠.

> "세상에 있는 모든 것, 곧 육체의 쾌락과 눈의 욕망(쾌락)을 좇는 것이나 재산(살림살이)을 가지고 자랑하는 것은 아버지께로부터 나온 것이 아니고 세상에서 나온 것입니다."(요일 2:16 공동번역/새번역)

로마 황제가 주님과 살아있는 신의 아들이 아니라 예수가 진정한 주님이며 살아있는 신의 아들이며, 최고의 신 전령이자 아들은 풍요의 신 판 신이 아니라 '예수'라고 주장한 것이었니까요. 예수를 따르는 무리는 당시 로마 시대 사람들에게 너희들이 믿는 신에게 풍요와 쾌락을 구할 것이 아니라, 그것을 주관하는 진짜 신의 아들 예수를 주님이자 참된 신으로 고백해야 하며, 다른 가치관, 세계관을 갖고 살아야 한다고 주장한 겁니다.

시간이 흐르면서 로마 제국 안의 많은 사람들이 이 고백에 점차 동조하기 시작했습니다. 쾌락과 향락에 빠져 로마 사회가 극도의 혼란에 치닫자, '자기겸손, 자기비움, 자기희생'의 정신을 실천하는 기독교인들에게 로마 제국 사람들이 점차 호감을 보였고, 결국 그들을 인정했기 때문입니다. 기독교인들을 핍박하던 그들이 기독교인이 된 것이지요.

그러나 베드로의 고백도 그가 예수께 고백할 당시에는 시대 정신을 뒤엎을만한 영향력은 갖지 못했습니다. 왜냐하면 예수님을 따르는 무리조차도 예수를 정치적 메시야로 오해하고 미래에 예수가 로마 제국을 무너뜨리고 새로운 나라를 세우면, 새로운 정권에서 한자리를 차지하려는 권력의 욕망에 사로잡혀 있었기 때문입니다. 그들도 '풍요와 쾌락' 패러다임에 여지없이 빠져 있었습니다. 그들은 예수를 또 다른 아우구스투스, 또 다른 판과 같은 욕망의 화신으로 착각했던 것이지요.

이에 '자기겸손, 자기비움, 자기희생'이라는 기독교 신앙의 정수를 제자들에게 가르쳐야겠다고 생각한 예수는 처음으로 '십자가'에 관해 말하였습니다.

> "이에 예수께서 제자들에게 이르시되 누구든지 나를 따라오려거든 자기를 부인하고 자기 십자가를 지고 나를 따를 것이니라"(마 16:24).

사람들은 늘 풍요와 쾌락을 보장해 줄 신을 좇으며, 눈에 보이는 신전과 화려한 도시 문화 속에서 삶의 의미를 찾으려 합니다. 고대 가이사랴 빌립보, 곧 파니아스는 그런 욕망의 축이 겹겹이 쌓인 도시였습니다. 목축과 풍요의 신 판, 신격화된 로마 황제, 그리고 쾌락과 현세적 성공을 상징하던 수많은 신전들 속에서 사람들은 자신이 누릴 수 있는 '더 나은 삶'을 갈망했습니다. 하지만 그런 도시 한복판, 욕망의 상징 앞에서 예수는 단 하나의 질문을 던졌습니다.

"너희는 나를 누구라 부르느냐?"

그 물음은 단지 예수의 정체를 묻는 것이 아니라, 우리의 삶의 중심이 어디에 초점을 맞추고 있는지를 묻는 근본적인 질문이었습니다. "자기를 부인하고 자기 십자가를 지고 나를 따르라"는 말씀은 이기심에, 세속주의적 문화에 물들어 있는 당시 사람들에게, 그리고 오늘을 사는 우리에게도 여전히 불편하고도 도전적인 외침입니다. 예수께서 우리 안의 '가이사랴 빌립보'를 꿰뚫어 보시며 물어보신다면 우리는 어떤 대답을 할 수 있을까요?

9. 야훼-엘신에서 그의 아내까지?
: 고대 사람들이 만든 신상들

인간을 지칭하는 다양한 명칭들이 있습니다. 호모 사피엔스(Homo Sapiens, 지혜의 인간), 호모 루덴스(Homo Ludens, 유희하는 인간), 호모 에코노미쿠스(Homo Economicus, 경제적 인간), 호모 파베르(Homo Faber, 도구적 인간)입니다. 그런데 또 하나 중요한 명칭이 있습니다. 바로 종교적 인간이라고 불리는 호모 렐리기오수스(Homo Religiosus)입니다. 종교는 수렵채집사회에서 농경사회를 거쳐 현대 사회에 이르기까지 각 사회의 고유한 방식으로 발전해 왔습니다. 피라미드를 비롯한 세계 4대 문명의 유적들, 중세 시대의 성당들, 고대 영국의 스톤헨지, 사우디아라비아 메카의 카바, 예루살렘의 황금돔 등은 종교와 긴밀히 연결된 인간 생활의 양상을 잘 보여줍니다.

루돌프 오토(Rudolph Otto)는 우리가 초월적 존재를 찾을 뿐만 아니라 특정 자연현상이나 혹은 특정 감정들을 복합적으로 느낄 때 얻는 경외감이나 신비감을 '누미노제'(독일어로 Numinose; 영어로 Numinous)라고 명명했습니다.[137]

인간은 삼라만상을 단순히 관찰하는 데 그치지 않고, 그 속에서 본질이나 기원을 이루는 주체를 탐구하는 경향을 보입니다. 그래서 생물뿐만 아니라 무생물에게도 자신의 감정, 욕망, 의식을 불어넣기도 하고, 자신들이 이해할 수 있는 무엇인가로 해석하기도 합니다. 심지어 특정 사물이나 대상에 신성을 부여하여 숭배하기도 하죠. 이것이 바로 인간이 만든 신들을 형상화한 '신상'입니다.

레오폴트 오펜하임

고대 근동문명사의 대가 오펜하임(A. L. Oppenheim)은 고대 근동지역 문명의 핵심을 신들을 돌보고 먹이며 섬기는 행위를 통해 국가와 사회, 개인이 축복을 추구한 것이라고 설명했습니다.[138] 그런데 흥미롭게도 고대 근동이라는 역사적 배경 속에서 탄생한 성경은 유독 신상들을 제작하거나 섬기는 것을 죄악시합니다. 특히 모세의 십계명 제2계명에서 강조할 만큼 엄격히 금하고 있습니다.

"너를 위하여 새긴 우상을 만들지 말고 또 위로 하늘에 있는 것이나 아래로 땅에 있는 것이나 땅 아래 물 속에 있는 것의 어떤 형상도 만들지 말며 그것들에게 절하지 말며 그것들을 섬기지 말라 나 네 하나님 여호와는 질투하는 하나님인즉 나를 미워하는 자의 죄를 갚되 아버지로부터 아들에게로 삼사 대까지 이르게 하거니와"(출 20:4-5, 이 구절은 유대교의 반형상주의를 뒷받침하는 구절이다).

그만큼 고대 근동과 레반트 지역 사람들은 신을 형상화한 신상을 많이 만들었으며, 이는 고대 근동의 유물과 기록으로 다신론 신앙과 다양한 신상숭배가 얼마나 성행했는지 어렵지 않게 확인할 수 있습니다. 고대 이스라엘을 비롯한 주변 국가, 민족들은 저마다 예술작품을 양산했고, 그중 신상은 꽤 높은 비중을 차지했습니다. 신상들은 주로 동물, 인간, 반인반수의 형태를 취하거나 자연 현상과 관련된 상징물을 형상화했습니다. 이집트의 경우 멤피스(Memphis), 테베(Thebes), 엘레판틴(Elephantine)의 주신들과 기본 아홉 주신으로 알려진 '엔네아드'(Ennead)에 등재된 신들은 동물형상, 인간형상, 반인반수의 모습 혹은 자연만물을 형상화한 모습을 취합니다.[139]

고대이집트 엔네아드 아홉주신

그런데 메소포타미아 경우, 이집트와 달리 신들은 남신 혹은 여신 같은 인간의 모습을 하고 있었습니다. 따라서 별도로 자연물들을 신상에 추가하거나 신적인 권능을 상징하는 황소 뿔을 가진 모자 같은 물건을 추가하고는 했죠.[140] 물론 시리아 팔레스타인과 이스라엘 경우도 마찬가지였습니다.

신상들은 보통 신전 중에서도 가장 거룩하게 여기던 안쪽 성소라고 불리는 '지성소'에 안치되었습니다. 신전을 관리하는 제사장들은 매일 아침부터 저녁까지 신상을 돌보고 먹이고 입히는 등, 그것들을 경배하며 하루를 보냈지요.[141] 이들은 하늘이나 자연 만물에 깃들어 있는 신들 혹은 신적인 요소들이 인간 세계인 땅에 거주하거나 인간과 서로 소통하기 위해 존재하나 인간보다 고귀하고, 신성한 존재라고 생각했기 때문이죠. 하지만 고대 사람들은 신상이 인간이 이해할 수 있는 오감 혹은 육감과 접할 수 있는 물건이어야 한다고 생각했습니다. 사람들은 신상이 자신들이 생각하고 상상한 신의 형상과 유사하기를 원했습니다. 그래서 자연 만물을 조합하여 형상화한 신상을 금은보화로 만들어 가장 거룩한 곳에 보관했던 겁니다. 고대 사람들에게 귀금속의 집대성이자 지성소의 주인이 된 신상은 매우 중요했던 것은 분명해 보입니다.[142]

고대 근동의 신들

가나안 엘신
최고신

마르두크(Marduk)
창조와 질서의 신
바빌로니아의 신

엔릴(Enlil)
공기, 바람, 대기, 왕권의 신
메소포타미아 신

이난나, 우투, 엔키, 이시무드(Inanna, Utu, Enki, Isimud)
사랑신, 태양신, 땅과 창조신, 전령신

하다드(Hadad)
폭풍과 비의 신

나부(Nabu)
문학, 예술, 지혜의 신
바빌로니아의 신

네르갈(Nergal)
지하세계의 신

아슈르(Ashur)
전쟁과 제국의 신 / 앗시리아의 신

닌우르타(Ninurta)
전쟁, 폭풍 농경의 신

지구라트(Ziggurat)의 맨꼭대기 지성소 지구누(zigunu)

람세스 3세 장례신전의 3단구조

고대 사람들은 모든 신상을 신전과 지성소에 모시지 않았습니다. 이곳에 모시는 신들은 보통 국가 신이었기 때문이죠. 일반 사람들은 자신들이 섬기는 지방신이나 가정신을 도시/마을 성문 옆 높은 지대인 산당(High place)에 모시거나 집에 안치했고, 심지어 휴대하며 다니기도 했습니다. 이러한 신상들은 손가락 크기의 작은 형태에서부터 손바닥 크기 혹은 손가락에서 팔꿈치에 이르는 정도의 비교적 큰 크기까지 다양했습니다. 고대 근동 사람들은 신이 신상을 통해서 늘 자신과 함께하고 있다고 현존하고 있다고 믿었기 때문에 가까운 곳에 모시거나 늘 품고 다니려고 했던 것입니다.[143]

손가락만한 가나안 드라빔 신상

이집트 신전 지성소

메소포타미아 제사장(수메르)　이집트 제사장(여사제)　　　이집트 제사장(여사제)

이와 관련해서 재미있는 기록이 성경에 있습니다. 야곱의 아내이자 라반의 둘째 딸인 라헬은 남편이 아버지의 집을 떠나 약속의 땅으로 돌아가려고 하자 함께 떠나죠. 이때 라헬은 라반의 집에서 모시던 드라빔(Teraphim)을 도적질합니다(창 31:19). 이러한 행동은 당시 고대 근동과 이스라엘 사람들이 집안의 작은 수호신을 보관하던 관습에서 이해할 수 있습니다. 집안의 수호신이 없어진 것을 안 라반은 야곱을 쫓아가 그에게 왜 자신의 신을 도둑질하였냐고 캐묻습니다(31:30). 라헬의 행위를 알지 못한 야곱은 당시 집안의 수호신 개념과 그 중요성을 잘 알고 있었기 때문에 외삼촌의 신을 훔친 사람은 죽을 것이라고 말합니다(31:32). 그러자 라반은 조카 야곱과 그의 아내들이자 자신의 딸들의 장막에 들어가서 드라빔을 찾기 시작합니다. 이때 라헬은 낙타 안장 아래에 드라빔을 숨긴 채, 생리 중이어서 일어설 수 없다고 라반에게 말합니다. 결국 라반은 드라빔을 찾지 못하고 고향으로 돌아갑니다.

이스라엘 사람들 역시 우상을 제작하는 관행에서 예외가 아니었습니다. 이집트나 메소포타미아 문명권의 사람들처럼 귀한 목재, 금, 은, 보석류 등을 활용해서 제작했지요.[144] 성경 이사야와 예레미야는 신상 제작 과정을 구체적으로 설명합니다(사 40:19; 41:7).

> "여러 나라의 풍습은 헛된 것이니 삼림에서 벤 나무요 기술공의 두 손이 도끼로 만든 것이라 그들이 은과 금으로 그것에 꾸미고 못과 장도리로 그것을 든든히 하여 흔들리지 않게 하나니 그것이 둥근 기둥 같아서 말도 못하며 걸어다니지도 못하므로 사람이 메어야 하느니라…… 다시스

에서 가져온 은박과 우바스에서 가져온 금으로 꾸미되 기술공과 은장색의 손으로 만들었고 청색 자색 옷을 입었나니 이는 정교한 솜씨로 만든 것이거니와"(렘 10:3-5, 9).

그렇다면 이스라엘 사람들은 어떤 신상을 만들었을까요?

"¹⁰내 손이 이미 우상을 섬기는 나라들에 미쳤나니 그들이 조각한 신상들이 **예루살렘과 사마리아의 신상들**보다 뛰어났느니라 ¹¹내가 사마리아와 그의 우상들에게 행함 같이 예루살렘과 그의 우상들에게 행하지 못하겠느냐 하는도다"(사 10:10-11).

이는 예언자 이사야가 기록한 앗시리아 왕의 남유다와 북이스라엘에 대한 견해로서, 당시 이방인이 고대 이스라엘의 신상들에 대해 품고 있던 인식을 잘 보여줍니다. '예루살렘과 사마리아의 신상들'이라는 표현에서 보듯 당시 예루살렘은 남유다 왕국의 수도였고, 사마리아는 북이스라엘 왕국의 수도였습니다. 두 왕국의 수도에 안치된 신상들은 일반 마을에서 흔히 발견되는 도시신이나 마을신, 가정의 수호신과는 성격이 달랐을 겁니다. 아마도 국가에서 관장하는 국가종교의례에서 사용되었던 신상들이었겠죠. 북이스라엘의 수도 사마리아를 정복한 앗시리아 사르곤 2세의 '니므룻 프리즘'(Nimrud Prism)도 사마리아의 신상들에 대해 비슷한 보고를 합니다.

사르곤 2세의 니므롯
프리즘 D("Prism D")[154]

"나에게 맞선 왕에게 동의하여 나를 섬기지 아니하고 아슈르에게 조공을 바치지 않고 전쟁을 하기로 모의한 사메리나의 거민들, 내가 나의 주들, 위대한 신들의 힘으로 그들과 싸워서 27,280명의 사람과 그들의 전차들, 그들이 신뢰하던 신들을 전리품으로 챙겼다."[145]

사르곤은 사마리아 사람들이 신뢰하던 신상들, 왕실의 중앙 성소 제의와 연관된 신상들을 전리품으로 삼은 것을 자랑스러워합니다. 이 신상들은 도대체 어떤 신상들이었을까요?

성경의 많은 구절은 북이스라엘의 경우, 사마리아에 설치된 금송아지신, 황소신, 바알과 아세라 신상, 심지어 일월성신까지 섬겼다고 보고합니다.

"이에 계획하고 두 금송아지를 만들고 무리에게 말하기를"(왕상 12:28).

"이는 그들도 산 위에와 모든 푸른 나무 아래에 산당과 우상과 아세라 상을 세웠음이라"(왕상 14:23).

"또 그의 어머니 마아가가 혐오스러운 아세라 상을 만들었으므로 태후의 위를 폐하고 그 우상을 찍어 기드론 시냇가에서 불살랐으나"(왕상 15:13).

"사마리아에 건축한 바알의 신전 안에 바알을 위하여 제단을 쌓으며"(왕상 16:32).

"사마리아여 네 송아지는 버려졌느니라 내 진노가 무리를 향하여 타오르나니 그들이 어느 때에야 무죄하겠느냐 이것은 이스라엘에서 나고 장인이 만든 것이라 참 신이 아니니 사마리아의 송아지가 산산조각이 나리라"(호세아 8:5-6)

남유다에도 북이스라엘과 유사하게 여러 우상들, 이방신들, 바알과 아세라와 일월성신을 위한 신상들과 제단들이 있었습니다(왕하 17:10, 16; 21:3; 23:4; 대하 33:3-4). 페니키아 혹은 우가리트 혹은 시리아-팔레스타인 지역에서 나무와 돌, 금속으로 조각되거나 부조로 떠진 아스다롯(Astrate)과 아나트(Anat)와 아세라(Asherah) 신상, 황소 신상, 바알 신상들이 다수 발견됩니다.[146]

당시 사람들은 이방 신상들이 다산, 생명력, 모성애, 사랑, 풍요와 재물을 상징한다고 믿었기에 이를 열렬히 섬겼습니다.

아스다롯 여신   아나트(Anath) 신상   아세라 신상

황소모자신　　　　　　　　황소상　　　　　　　　송아지상

그렇다면 도발적인 질문을 던져봅시다. 고대 근동과 레반트 지역 사람들이 신상을 만들듯, 이스라엘 백성들은 야훼-엘신 하나님의 신상도 만들었을까요? 실제로 일부 성경 구절은 '하나님의 형상을 접한다', '하나님의 얼굴을 본다'는 표현을 언급합니다(민 12:8; 시 17:15, 42:3). 그렇다면 이 표현은 보이지 않는 하나님이 아닌 보이는 신으로서 하나님의 신상을 언급하는 것일까요? 아마 그렇지는 않았을 겁니다. 앞서 언급한 '얼굴'과 '형상'이라는 표현은 메타포(Metaphor)로 충분히 해석 가능하기 때문입니다.

다른 성경 구절들은 하나님, 야훼-엘신에 대한 신상의 존재를 반박합니다. "주께서 높이 들린 보좌에 앉으셨는데 그의 옷자락은 성전에 가득하였다"(사 6:1). 만일 실제로 법궤 위에 신상이 존재했다면 그 옷자락이 성전 전체를 가득 채운다는 표현은 가능하지 않을 겁니다. 여기서 옷자락은 휘장을 가리키는 상징적 표현인 메타포이지요. 또한 앞서 말했듯이 십계명(출 20:3-4; 신 5:8-9)도 어떤 형태로든 신상을 엄격하게 금기합니다. 더욱이 신명기 4장 28절은 이방신들을 "보지도 못하며 듣지도 못하며 먹지도 못하며 냄새도 맡지 못하는 목석의 신들"이라고 언급합니다. 이것은 이스라엘 하나님 야훼-엘신은 이러한 신들과는 다르게 유형화된 신상이라는 틀에 갇혀 있는 신이 아니라는 것을 명시하지요.[147] 그러니 고대 이스라엘 사람들은 하나님의 현현을 신상으로 표현하기는 더더욱 어려웠겠지요.[148]

게다가 야훼-엘신의 신상이 실제로 존재했는지 여부를 증명할 수 있는 어떠한 고고학적 증거나 성서 외적인 사료도 없는 실정입니다.

성경에서 느부갓네살로 언급하는 신바빌로니아 제국의 네부카드네자르 2세(Nebuchadnezzar II)는 유다 왕국을 기원전 597년과 586년, 두 차례 침략하여 결국 예루살렘을 멸망시키고 성전을 불태우며 왕궁과 성전에 남아 있는 모든 기물들을 약탈했습니다(왕하 24:13; 25:13-17). 그런데 신바빌로니아 제국의 그 어느 문서에도 야훼-엘신의 신상이 존재했다는 언급은 없습니다.

이것은 신앗시리아 제국의 사르곤이 북이스라엘 수도 사마리아를 정복하면서 신전에 안치되었던 신상들을 약탈했다는 내용을 왕실 비문에 의기양양하게 기술한 것과는 대조됩니다. 만약 신바빌로니아 군사들도 예루살렘 성전에서 야훼-엘신의 신상을 탈취했다면 당연히 기록으로 남겼을 것입니다. 이러한 맥락을 고려하면 이스라엘 백성이 하나님 야훼-엘신을 '신상의 형태'로 숭배하고 섬겼다는 가설은 받아들이기 어렵습니다.

그렇다면 이스라엘 백성들의 하나님, 야훼-엘신의 이해는 어떠했을까요? 고대 이스라엘 백성 중에는 성경에 기록된 대로 배타적 야훼-엘신 유일신앙관을 가진 종교적 집단이 있었던 반면, 타 민족의 종교적 영향을 받아 야훼-엘신을 해석한 사람들도 존재했습니다. 기원전 9-8세기 북이스라엘이 아람-다메섹, 시리아, 두로와 시돈과 활발한 외교 관계를 맺었을 때 당연히 이들 나라들의 종교도 북이스라엘에 영향을 미쳤겠지요? 즉, 북이스라엘이 정치적·경제적으로 강성했던 시기에는 고대 레반트의 관점으로 야훼-엘신을 이해하여, 페니키아의 바알 신앙과 우가리트의 엘 신앙과 이스라엘과 유다의 야훼-엘 신앙을 서로 혼동하는 사람들이 있었습니다.

이를 잘 보여주는 고고학 자료가 있습니다. 20세기 말 레반트 고고학 분야에서 주목받은 발굴 유적지 중 하나인 바로 '쿤틸렛 아즈룻'(Kuntillet Ajrud)입니다. 쿤틸렛 아즈룻은 호르밧 테만(Horvat Teman)이라는 지역에 위치해 있으며, 이곳은 이스라엘 남부 네게브(Negev) 사막에 있는 현재 이집트와 이스라엘 국경 지역 남서쪽에 위치한 유적지입니다.[149] 이 유적지는 1975년과 1976년에 이스라엘의 고고학자 제에브 메셀(Ze'ev Meshel)에 의해 발굴되었죠. 이스라엘 백성들이 출애굽 이후 광야에서 오랜 기간 머물렀다고 알려져 있는 가데스 바네아, 텔 엘 쿠데이라트(Kadesh Barnea: Tell el-Qudeirat)에서 그리 멀리 떨어지지 않은 곳입니다. 이곳은 당시 아라비아와 근동 지역을 왕래하는 무역 상인들의 중간 기착지로 사용되었습니다.

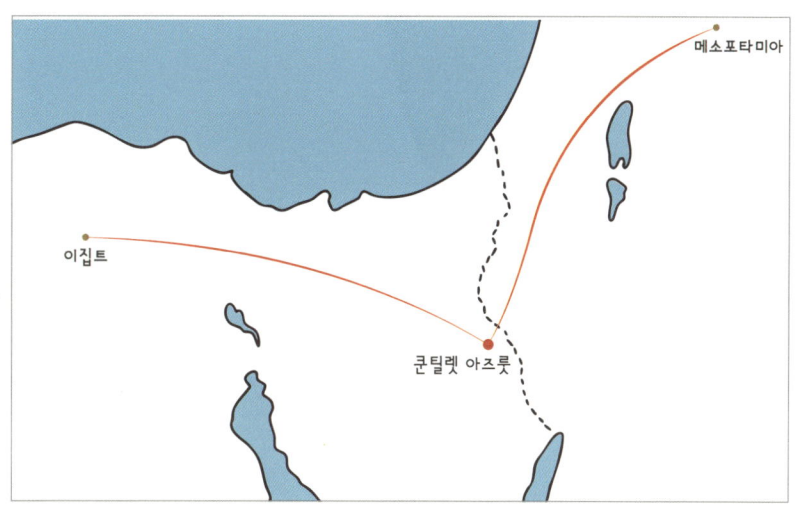

쿤틸렛 아즈룻 위치

제에브 메셀과 손녀(쿤틸렛 아즈룻 발굴자)

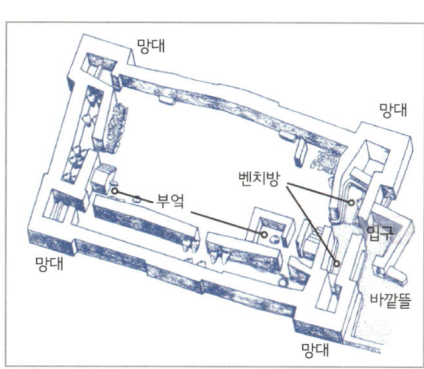

쿤틸렛 아즈룻의 요새화된 신전 구조[155]

쿤틸렛 아즈룻 피토이 수수께기 행진

항아리B 우측

히브리어 11줄 중 6-8줄

내가 너를 축복할 것이다. 데만의 야훼와 그의 아세라에게. 그가 네게 복을 주시고 보호하실 것이다.

항아리B 상단

윗줄

... 데만의 야훼와
  그의 아세라에게

아랫줄

그가 어느 한 사람으로부터 요청하는 모든 것을, 그가 자비롭게 해주시기를, 만약 그가 요청하면, 야훼께서 그에게 그의 마음에 따라 주시길

쿤틸렛 아즈룻 피토이(Pithoi)B 수수께끼 행진 탁본

시내반도 북동부에 위치한, 북이스라엘에서 거리가 멀리 떨어진 이곳에서 기원전 8세기 북이스라엘에서 나타나는 다양한 유형의 토기가 다량으로 발굴되었습니다. 발굴 자료 중 학자들의 시선을 끄는 것은 기원전 8세기 초 히브리어 알파벳 자음들과 종교적 내용의 그림이 그려진 다수의 '오스트라카'(Ostraca, 글과 그림이 있는 토기)입니다.

첫 번째 항아리 파편 오스트라카(항아리A) 앞면에는 이집트 난쟁이 신(dwarf-god) 베스를 닮은 반인반수 모습의 두 황소와 그 뒤에 사람 형상의 여성 동물이 하프를 타고 있는 그림이 그려져 있습니다. 그 그림 상단에는 다음과 같은 문장이 적혀 있습니다. "…너희들 모두에게 복이 있을 것이다, 사마리아의 야훼와 그의 아세라에게('를 위해' 혹은 '앞에'로도 해석이 가능)." 두 번째 항아리 파편(항아리B)에 그려진 행렬 그림에는 "데만의 야훼와 그의 아세라에게('를 위해' 혹은 '앞에'로도 해석이 가능)"라는 문구도 적혀 있습니다.[150]

쿤틸렛 아즈룻 피토이(Pithoi)A에 그려진 동물들과 히브리어 글귀

두마리 베스 위에 쓰여진 히브리어 문구 중 일부 사마리아의 야훼와 그의 아세라에게

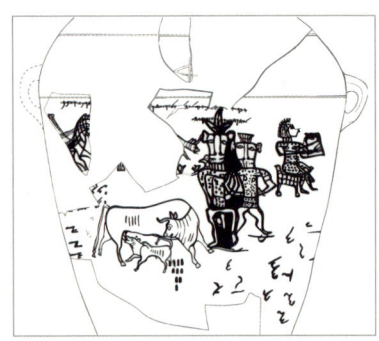

쿤틸렛 아즈룻 피토이(Pithoi) 베스들과 글귀 원본

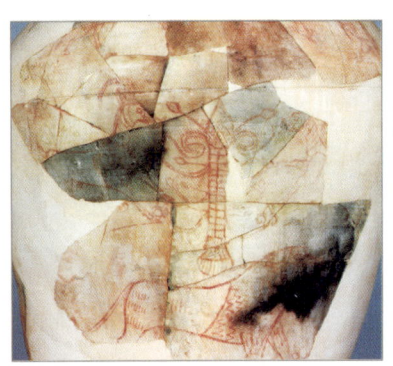

쿤틸렛 아즈룻 생명나무 그림 Pithoi A 뒷면

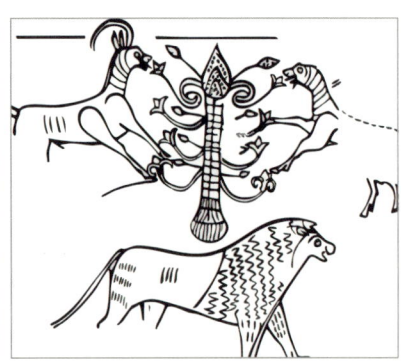

쿤틸렛 아즈룻 생명나무 그림 뒷면 탁본

아세라는 앞서 언급했듯이 고대 근동 지역의 대표 여신으로 비옥함과 모성을 상징하는 신입니다. 오스트라카에 기록된 '야훼와 그의 아세라'라는 문구는 당시 북이스라엘 무역상들이 아세라를 야훼의 아내로 오해했다는 것을 시사할 수 있을까요?

성경은 기원전 9~8세기 북이스라엘 사람들이 바알이나 가나안의 엘신을 야훼-엘신과 동일시하여 섬겼고 아세라 역시 바알 혹은 엘의 배우자인 여신으로 섬겼다고 기록하고 있습니다.¹⁵¹⁾
따라서 쿤틸렛 아즈룻의 오스트라카의 그림과 히브리어 문구들은 성경의 기록을 뒷받침하는 고고학적 근거로 해석할 수 있을 겁니다. 쿤틸렛 아즈룻의 그림은 북이스라엘 사람들이 야훼-엘신을 이스라엘 주변의 페니키아와 가나안의 바알과 엘신들과 혼동했다는 것을 잘 보여줍니다.¹⁵²⁾

물론 쿤틸렛 아즈룻 오스트라카 그림들과 문구들에 등장하는 동물들이나 아세라의 정체성에 대해서 학자들은 다양한 의견을 제안해 왔습니다. 아세라가 야훼-엘신의 아내인 아세라 여신이 아니라, 작은 나무 혹은 기둥이라는 의미도 있기에 오스트라카에 다른 면에 그려진 생명나무일 수도 있습니다. 그리고 이집트 베스 황소 옆에 있는 또 다른 베스 소가 아세라인지, 하프를 타는 또 다른 동물이 아세라인지도 분명하지 않습니다. 또한 이집트 베스 황소가 우가리트 엘신으로서 황소와 유사하기에 야훼-엘신으로 반드시 이해해야 할 이유도 없습니다. 더욱이 여기서 언급된 '야훼'가 성경이 언급하는 야훼-엘신을 반드시 지칭하는 것인지도 불분명합니다.

게다가 아세라가 여신, 나무, 기둥 혹은 종교의 대상도 아닌 '신전' 그 자체로 해석될 수도 있을 겁니다. 그럼에도 불구하고 다수의 학자들은 쿤틸렛 아즈룻 유적을 통해 당시 이스라엘의 일반 백성들이 모세의 율법을 제대로 준수하지 않고 야훼-엘신에 대한 종교혼합적 신앙을 행했음을 주장합니다.

이와 같이 이스라엘 백성은 페니키아의 바알신, 우가리트의 엘과 야훼와 혼동했습니다. 게다가 아람-다메섹의 하닷신과도 혼동해서 금송아지, 금황소를 야훼-엘신으로 섬기기도 했지요.[153] 그래서 성경은 끊임없이 종교혼합주의를 비판하며 여호와께 돌아갈 것을 촉구합니다.

> "오라 우리가 여호와께로 돌아가자 여호와께서 우리를 찢으셨으나 도로 낫게 하실 것이요 우리를 치셨으나 싸매어 주실 것임이라"(호 6:1).

고대 근동의 신상 문화는 우리의 신앙을 되돌아보는 성찰의 빛을 던져줍니다. 이방의 신들은 모두 고대 근동의 농업, 비와 번영, 풍요와 다산과 관련되어 있었습니다. 그런데 오늘을 사는 우리 또한 과거 이스라엘 백성처럼 눈에 보이는 물질과 돈, 풍요로움으로 또다른 보이는 신을 만들고 있지 않나요?

10. 베드로는 부자였다?
   : 갈릴리 어부의 삶

갈릴리 호수는 신약성경에서 가장 자주 언급되는 장소이자 예수의 3년 반 공생애가 이루어진 역사적 배경입니다. 신약성경에서 가장 많이 언급되는 장소인 갈릴리 호수, 이곳은 예수의 3년 반 공생애 활동의 시공간적 배경입니다. 예수의 수제자 베드로뿐만 아니라 다른 제자들도 갈릴리 호수 어부였기 때문에 이곳의 생활상과 경제 활동을 이해하는 것은 매우 중요합니다. 기원전 1세기부터 기원후 1세기 무렵 갈릴리 호수는 16개의 인공항구가 있는 어업의 '보물창고'였습니다. 그곳을 삶의 터전으로 살아갔던 어부 베드로를 중심으로 당시 어부들의 일상생활과 경제활동을 들여다보고자 합니다. [156]

갈릴리 호수의 경제 시스템

요세푸스『유대 전쟁사』3권. 10장 8절에 따르면 갈릴리 호수에는 기원후 1세기 당시 약 230척의 어선이 정기적으로 이 호수에서 운항했다고 알려져 있습니다. 고대 갈릴리에서 특히 로마 시대 때 어업은 단순한 생계유지를 넘어 상업적으로 확장된 사업이었습니다. 갈릴리 호수 주변은 당시 갈릴리 지역과 이집트와 시리아-팔레스타인 그리고 메소포타미아 사이 큰 지역 경제 시스템의 일부였지요.[157] 기원후 1세기 갈릴리 호수의 어업은 당시 지역 관습과 로마 법에 의해 규제되었습니다. 로마 당국이 파견한 어업 감독관들이 불법 어업과 무허가 중개무역을 감시하곤 했지요.[158]

갈릴리 지역에 극한 반감을 갖고 있던 헤롯 가문과 헤롯 가문의 유대 지역 통치를 지지한 로마 제국은 갈릴리 어부들에게, 특히 선주들에게 조업권에 면허를 부여하는 대신 어획량과 어업 장비 사용에 막대한 세금을 부과하였습니다.[159] 선주는 어부들에게 낚시에 필요한 배와 장비를 제공하고, 일꾼들에게 임금을 지불하며 물고기를 판매하고, 그물을 수리하는 등의 일을 했습니다. 어업허가권을 획득한 선주들은 경제적 부담으로 인해 일반 어부들에게 다시 하청을 주었습니다. 예수 시대와 동일한 헤롯 안티파스 통치 시절에는 어업의 상업화가 급증하여 하청받은 어부들은 경제적으로 더 많은 착취를 당했던 것으로 보입니다.[160] 그래서 선주가 아닌 일반 갈릴리 어부들은 경제적 부담이 상당히 컸습니다.

갈릴리 호수는 소규모 어업 협동조합들이 최적화된 곳이었습니다.[161] 많은 양의 물고기를 하나의 배로 낚기는 어려웠기 때문입니

로마시대 세금 징수 사진

다. 누가복음에 따르면 예수의 제자들인 시몬, 야고보와 요한은 협동조합원들로, 다른 배의 동업자들(μετάχοι/metachoi, 메타코이)과 조업한 것 같습니다. 당시 로마시대 문서들도 다양한 어업 협동조합의 존재를 보고합니다.[162]

> "이에 다른 배에 있는 동무들에게 손짓하여 와서 도와 달라 하니 그들이 와서 두 배에 채우매 잠기게 되었더라"(눅 5:7).
>
> "이는 자기 및 자기와 함께 있는 모든 사람이 고기 잡힌 것으로 말미암아 놀라고 세베대의 아들로서 시몬의 동업자인 야고보와 요한도 놀랐음이라"(눅 5:9-10).

예수의 제자 중에 레위라고도 불린 마태(막 2:14; 눅 5:27, 29)는 '가버나움 세관'에서 일하는 세리였습니다(마 9:9-10; 10:3). 당시 가버나움의 세관은 로마 시대와 헤롯 가문 시대에 갈릴리 바다 북부지역의 세금을 관장하던 기관이었습니다. 마태는 갈릴리 바다 어업권과 관리와 세금 징수를 맡은 관원이었을 가능성이 큽니다.[163]

동시대 에베소에서 발굴된 어업 관련 1세기 비문은 로마시대 유명한 항구도시나 마을에 어업 세관이 운영된 사실을 증명합니다. 이 세관 터에서 발견된 로마 제국 시대 문서는 어업계약자들이 여신 홀루다나(Hludana)에게 세금을 헌정한 것을 언급합니다.[164] 세리들의 세금 징수권 남용과 무거운 세금 부과로 인해 갈릴리 어부들은 포획량을 축소하거나 물고기를 은닉하는 방식으로 세금 징수를 회피하며 조세 저항을 하기도 하였습니다.[165]

어패류 가공산업

갈릴리 호수산 생선은 당시 지중해 전역 식단에서 단백질을 공급하는 주요 공급원이었습니다. 그런데 어패류는 쉽게 부패하므로 가공 처리는 필수였지요(요 6:9, 11, 토 2:2). 당시 가공된 민물고기 상품들은 예루살렘으로 거래되었을 뿐만 아니라 로마 제국의 중심부인 그리스-이탈리아와 이집트 지역에 수출되었습니다. 당시 어류의 높은 수요는 갈릴리 호수 주변 지역을 로마제국의 인기 있는 무역로의 일부로 끌어들인 핵심적인 이유였습니다.

갈릴리 어부들은 사해와 팔미라에서 난 소금에 절인 생선과 건조하여 가공한 생선을 현지 시장에서 판매하거나 유통했습니다. 따라서 어획, 가공, 판매를 담당하는 사람들이 각각 독립적으로 무역을 하였습니다. 어획물의 운송과 분배는 헤롯 정부와 로마 제국의 승인을 받은 도매업자들에 의해 통제되었습니다. 갈릴리 지역의 주요 어업 중심지는 벳세다(Bethsaida), 가버나움(Capernaum)과 막달라(Magdala)였습니다. 특히 가버나움에서 남쪽으로 5km 정도 떨어진 막달라는 물고기 가공과 유통의 중심지 역할을 감당했지요.[166]

막달라는 당시에 그리스어로 '타리카에아'(Τάριχαιαι: Tarichaea)로 알려져 있는데, '생선절임가공마을'을 뜻합니다. 성경과 미슈나에서도 다양한 방식으로 생선 먹는 방법을 언급합니다. 특히 진미로 알려진 이곳에서 건조 가공된 생선은 로마 제국의 여러 지역으로 수출되었습니다. 아마도 벳세다나 가버나움에서 잡힌 일일 어획물의 일부가 타리카에아로 신속히 운반되어 이 시설에서 가공되었을 것으로 추정됩니다.

막달라 발굴터 · 막달라 항공사진

막달라와 가버나움, 벳세다 위치

생선은 보존과 운송을 위해 염장되거나 절여졌으며 건조되었습니다(Mishna Nedarim 6.4). 사람들은 소금물에 절인 생선을 포도주와 혼합하여 섭취했습니다(Mishnah Terumot 11.1). 또한 사람들은 생선(눅 24:42; 요 21:9; 토비트서 6:5), 다진 생선(Mishnah. Avodah Zarah 2.6), 부추와 함께 조리한 생선을 섭취했습니다(Mishnah Shabbat 2.1). 혹은 달걀과 함께(Mishnah Beitzah. 2.1) 또는 우유와 함께 먹기도 했습니다(Mishnah Hullin 8.1). 또한 사람들은 생선 기름을 등유로도 사용했습니다(Mishnah Shabbat 2.2).

특히 "게오포니카"(*Geoponica*, 농업지식모음집)라는 문서는 '가룸'(garum)과 '리쿠아멘'(liquamen)으로 알려진 가공생선소스 레시피를 소개합니다.

> "먼저 생선의 내장을 통에 넣고 소금을 뿌립니다. 작은 생선, 특히 뱅어, 작은 멀릿, 작은 전갱이, 멸치 또는 작은 생선도 모두 가룸의 재료로 사용됩니다. 이 모든 혼합물에 소금을 뿌리고 생선과 소금이 잘 섞이도록 저어준 다음에 하룻밤 동안 재워 둡니다. 그리고 혼합물을 모두 암포라(Amphora) 항아리에 옮겨 담아 햇볕에 2~3개월 정도 두면서 가끔씩 막대로 적어줍니다. 이렇게 만든 제품을 가룸이라고 합니다. 이 가룸을 채로 쳐 알렉이라는 남은 침전물만 걸러내면 맑은 리쿠아멘을 생산할 수 있습니다. 이 리쿠아멘을 병에 담고 올리브 기름이나 와인을 부어 섞은 후 밀봉하고 보관합니다."

당시 가공생선소스는 판매하자마자 바로 동이 나는, 없어서 못 먹는 로마 시대 지중해 연안 젓갈이었습니다. 특유의 비릿하지만 풍미 있

가룸 (Fish Sauce)용 암포라(Amphora) 장담근 사진

리쿠아멘

가룸알렉 가공생선(말린 것)

는 냄새 때문에 인기 있었던 가공생선소스에 대해 당시 솔리(Soli)의 클레아르쿠스(Clearchus)는 다음과 같이 말했다고 합니다.

> "사람들은 마조람(Marjoram, 지중해 연안에서 자라나는 꿀풀과 여러해 살이 풀로 꽃과 잎파리를 향신료로 사용)과 소금에 절인 생선을 좋아한다"(Athenaeus, *Deipnosophists*, 3:116에서 인용).

베드로의 집

이 모든 것을 뒷바침해 주는 가버나움에 있는 유적이 바로 선주이자 어부, 예수님의 수제자로 알려진 베드로(Petrus, Peter)의 집입니다. 가버나움은 화산활동으로 생성된 현무암 지대로 가버나움 전 지역의 집들은 현무암으로 건축되었습니다. 현재 성지순례객들은 가버나움에 위치한 프란체스코 수도회의 소위 '팔각형 우주선 모양'의 교회 밑에 발굴된 베드로의 집을 볼 수 있습니다.

그의 집은 갈릴리 마을에서 흔히 볼 수 있는 안뜰이 있는 현무암으로 만든 집입니다. 하지만 벳세다와 가버나움에서 발굴된 다른 현무암 집들과는 다른 독특한 구조를 지닙니다. 일반적으로 갈릴리 호숫가의 집들은 한두 개의 방이나 작은 건물들이 안뜰과 인접해 구성되어 있지만 베드로의 집은 중앙 안뜰을 여러 개의 작은 방들이 둘러싼 형태입니다. 그의 집은 선주답게 주변의 집보다 큰 규모를 자랑합니다. 베드로가 장모를 모시고 살았다는 성경의 기록을 이 사실이 뒷받침합니다(마 8:14-15; 막 1:29-31; 눅 4:38-39). 또한 베드로의 집은 가버나움 해안가와는 불과 20여 미터 정도 떨어져 해안선과 무척 가까운 위치에 있습니다. 어부이자 선주인 베드로가 배를 정박하고 수리하고, 갓 잡은 생선을 내리거나, 가공한 생선을 싣는 데 안성맞춤인 장소였습니다.

갈릴리 일반 어부의 집[167)

베드로 집터 사진[168)

가버나움 집터들

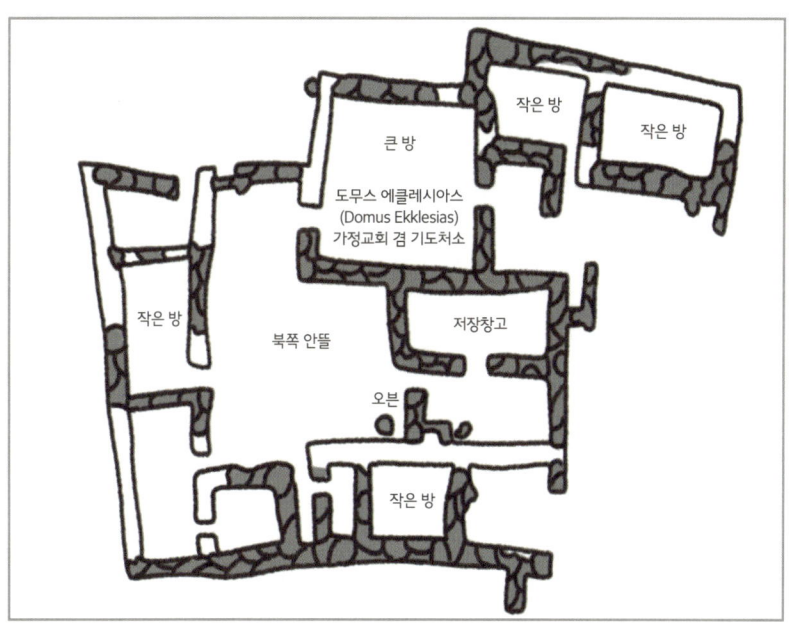
베드로의 집

신약시대 가버나움(갈릴리 해변가)의 현무암 집들

베드로의 집에서는 청동과 철로 만들어진 수많은 낚시 바늘과 그물을 물속에 가라앉히기 위해 사용된 돌과 납으로 된 그물추들, 그리고 어망 수리에 사용되었던 뼈 바늘 등이 발견되었습니다. 특히 다른 일반 갈릴리 호수 어부들의 집들의 안뜰보다 규모가 큰 안뜰에서 발견된 다수의 다양한 무게의 이중 그물추와 그물 수리 바늘은 시사하는 바가 많은데요. 밤에 물고기를 잡을 때에, 배에 물고기를 싣고 사용되었던 그물의 종류와 크기가 다양했던 것을 증명하기 때문입니다. 아마도 여러 척의 배가 협동으로 조업할 시 대형 그물도 사용했던 것 같습니다. 이 집의 주인은 많은 수의 배를 운용할 수 있는 경제적 여력을 갖췄던 것이 분명합니다.

또한 베드로의 집에서는 주변의 다른 소규모 집에서 거의 발견되지 않는 어류 가공, 염장 시설과 물고기를 세척하고 가공하는 데 사용된 분지와 풀, 염장한 물고기를 저장하는 데 사용했던 '암포라'(amphora)와 큰 저장 '항아리'들이 발견되었습니다. 더욱이 염장에 사용한 물고기들의 잔해와 뼈들이 많이 발견됩니다. 뿐만 아니라 어업과 어류 가공을 통해 얻은 동전들과 다른 무역품들이 발견되었지요.

이 모든 고고학적인 유물들은 베드로가 당시 잔뼈가 굵은 갈릴리 어부들 중에서도 꽤나 입지가 탄탄한 인물로서, 경제적 기반이 탄탄한 부유층이었음을 입증합니다. 하지만 베드로 역시 어부라는 직업의 굴레에서 벗어날 수 없는 사람이었습니다.

물고기잡이 도구들 (추들, 낚시바늘)

염장용 큰 항아리, 알렉(Alec) 생산

가룸 (Fish Sauce)용 암포라, 올리브기름, 와인

갈릴리 해안가 가룸, 리쿠아멘 생산터

사람을 낚는 어부

오랜 시간 동안 물 위에서 무거운 그물과 장비를 다루며, 때로는 악천후와 씨름했기 때문에 그들은 옷과 피부에서 비린내가 날 수밖에 없는 육체노동자들이었지요.

> 가장 부끄러운 직업은 우리의 감각적 즐거움을 위해 봉사하는 직업들인, '생선 장수, 도축업자, 요리사, 가금류 사육자, 그리고 어부'들이라고 테렌티우스(Terentius)가 말했다. - 키케로(Cicero)의 의무론(On duties) 1장 42절

로마 시대에 어부는 천대받는 직업이었으며, 배 여러 척을 소유한 선주로서 일정한 성공을 거둔 베드로조차 그러한 평가에서 벗어날 수 없었습니다. 예수 시대에 갈릴리 호수에서의 어업활동은 극한의 상황 자체였습니다. 삶의 고단한 현장 가운데서 무시, 경시, 천시, 괄시, 멸시, 등한시 받았던 베드로는 예수를 만난 이후 점차 '사람을 낚는 어부'로 변모해 갔습니다. 만남과 헤어짐이라는 인생살이 가운데 빛으로 찾아온 그분을 만난 베드로의 인생은 큰 변화를 겪었지요. 그리고 이러한 변화는 베드로에게서만 그치지 않았습니다. 그 변화는 그와 함께 했던 예수의 다른 제자들, 제자들의 제자들을 거쳐 오늘날 우리에게까지 계속 이어지고 있지요.

기원후 4세기경, 순례자 에게리아(Egeria), 초대교부인 제롬(Jerome)과 어거스틴(Augustine)은 가버나움의 베드로의 집터가 교회이자 기도 처소로 활용되었다고 보고하고 있습니다. 그리고 그 교회와 기도

처소는 우리가 가는 성지순례 현장에 새롭게 세워진 베드로 기념교회 아래 유적터로 남아 있습니다. 지금도 이곳을 방문하는 사람들은 베드로의 제자도를 묵상하고 성찰하며 그와 같은 삶을 닮고자 기도합니다.

> "카파르나움에서 사도들의 수장인 베드로의 집은 교회로 변모되었으나, 그 집의 벽은 여전히 그대로 서 있다. 주님께서 그의 장모를 치유하신 곳이다." -『에게리아의 순례기』(Itinerarium Egeriae), 19장.
>
> "갈릴리의 도시 가버나움은 사도 베드로와 안드레의 집이 있었던 곳으로 전해지며 현재 기도처로 사용되고 있다." -제롬(Jerome), 에우스토키움에게 보낸 편지(Epistle to Eustochium) 108번 9.
>
> "사도들의 수장인 베드로의 집은 바실리카 교회로 변모되었으며, 옛 집의 벽들이 여전히 서 있다." -어거스틴 설교집 83, 『신약성서의 가르침에 대하여』(On the New Testament Lessons)

베드로 집터 위에 세워진 베드로 기념 교회

>> 덧하여
예수의 제자들이 밤에 물고기를 잡은 특별한 이유?

갈릴리 호수와 게네사렛 호수라는 명칭은 히브리어로 '비파'를 의미하는 명사 키노르(כנור)에서 유래하였다. 상하 길이 21km, 좌우 너비 12km, 최대 깊이 46m에 달하여 종종 '갈릴리 바다'라고 불릴 만큼 큰 호수이다. 갈릴리 호수는 헐몬산의 눈이 녹아 형성된 요르단강의 상류의 물과 다른 성질의 민물이 섞여 풍부한 유기물과 플랑크톤이 서식하는 어장을 이룬다. 이곳 북부 해안가에 어촌이 자연스럽게 형성되었다. 호수에서 수확되는 22종의 물고기 중 10종만 상업적으로 쓰인다.[169] 기원후 1세기(예수 시대)부터 지금까지 가장 많이 잡히는 생선은 '정어리'(Acanthobrama terrae sanctae)이다. 크기는 가장 작지만 연간 어획량의 절반 이상을 차지한다. 로마 시대 인기있었던 가공젓갈인 가룸(Garum)도 정어리가 주재료이다. 오병이어 기적 때 사용된 물고기도 정어리(마 14:17)일 것이다. 다른 인기 생선으로 키슈리(Kishuri)라고 불리는 잉어과 '바르부스 카니스'(Barbus canis)가 있다. 키슈리는 정어리 포식자로 정어리 떼와 함께 발견된다. 마지막으로 소개할 생선은 틸라피아 갈릴레아(Tilapia Galilea)로, 현지에서 무슈트(Mushut)로 불리며 소위 베드로 물고기로 알려져 있다.[170] 맛이 좋고 식감도 풍부해 갈릴리에 방문하면 한 번쯤은 꼭 맛보게 되는 생선이다.

왜 갈릴리 어부들은 낮이 아닌, 밤에 조업을 했을까? 과거나 지금이나 이 지역 어부들은 주로 밤에 어업활동을 한다. 어부생활에 능숙했던 예수의 제자들도 밤새도록 조업하였다.

"선생님, 우리들이 밤이 새도록 수고하였으되 잡은 것이 없지만 말씀에 의지하여 내가 그물을 내리리이다"(눅 5:5). "시몬 베드로가 말하되 …… 그 밤에 아무것도 잡지 못하였더니"(요 21:3).

첫째, 갈릴리 호수의 민물고기들의 활동 시간이 밤이었기 때문이다. 분지에 위치한 호수 특성상 낮동안 수온이 상승하면 물고기들은 깊은 곳으로 내려가고 수온이 다시 하강하는 밤에 활발하게 움직였다. 갈릴리 호수 물고기 삼대장인 '정어리'와 '키슈리' '무슈트'가 겨울철 우기에 잘 잡히는 이유이기도 하다.[171] 둘째, 낮에 어구를 수리하는 것이 용이했기 때문이다. 어부들은 물에 불어서 무거워진 그물을 햇볕에 잘 말려야 했고, 손상된 배를 수리했다. 또한 밤중에 잡은 물고기를 새벽 시장에 출하해 신선도를 유지하였기에 높은 가격으로 판매할 수 있었다.[172] 셋째, 아마(flax)나 마(linen)로 만든 그물은 밤에 사용해야 했기 때문이다. 낮에는 물고기들이 그물을 보고 피했으나 밤에는 그물이 보이지 않으니 상대적으로 많이 잡혔다.[173]

무슈트　　　　　　바벨　　　　　　바르부스 카니스(키슈리)

① 길쭉한 머리를 가진 바벨 ② 카니스 ③ 정어리　　　베드로의 물고기라 불린 무슈트

>> 덧하여
베드로는 물고기를 어떻게 잡았을까?

갈릴리 호수에서 주로 활용된 그물은 세 가지로 알려져 있다.[174]

1. 끌그물(Sagina, Dragnet), 가장 오래된 형태의 그물로 예수께서 하나님 나라를 설명할 때 비유로 들었던 그물이다(마 13:47-48).

2. 투망(Amphiblestron, Castnet), 어부들이 주로 해변에서 사용한 원형 모양의 '던지는' 그물이다. 예수께서 갈릴리 호수변을 걷다가 시몬과 안드레에게 "나를 따르라 내가 너희를 사람을 낚는 어부가 되게 하리라" 할 때 그들이 버렸던 그물이다(막 1:16-18, 마 4:19-20).

3. 트라멜 그물(Periplema, Trammelnet), 대량의 물고기 '떼'를 잡을 때, 깊은 바다에서 사용하는 삼중 그물이다. 가장 바깥쪽의 그물망 내부에 두 개의 미세한 망이 서로 엇갈리게 설치되어, 이를 통과한 물고기를 포획하는 구조를 갖추고 있다.

Miriam F. Vamosh, *Daily Life at the Time of Jesus* (Concordia, 2001)

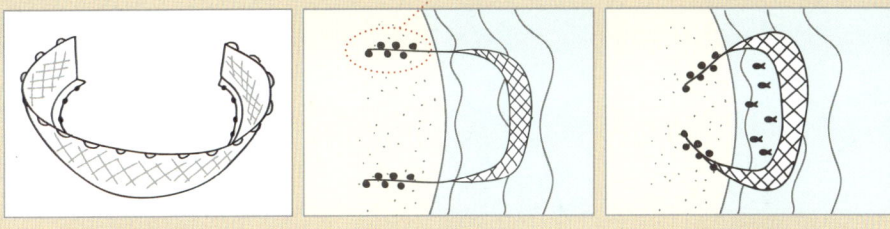

끌그물 (U자 모양의 그물) : 해안 양쪽에서 끌그물을 U자형으로 펼친 후, 해안선 쪽으로 끌어당겨 물고기를 가둬 잡는다.

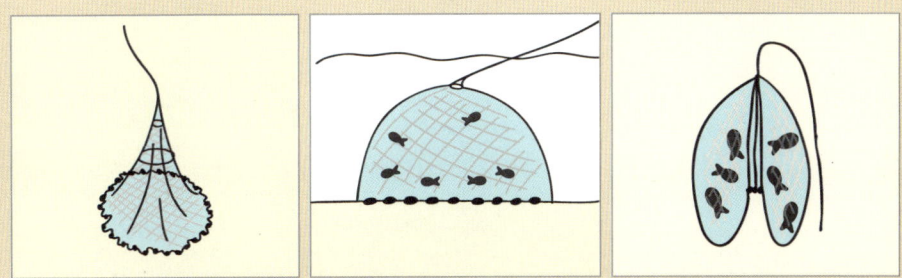

투망 : 투망 가장자리에 달린 추 무게를 이용해 그물이 바닥에 떨어지는 순간 물고기를 가둬 잡는다.

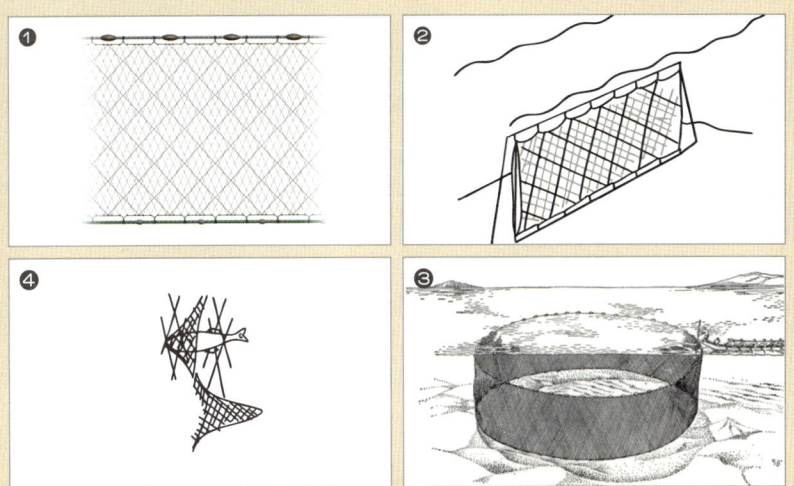

트라멜 그물 : 코르크 머리 줄과 납추 바닥줄이 설치된 대형 그물로 호수 바닥까지 내려 물고기를 잡는다.

11. 고대 이스라엘의 가옥은 어땠을까?
: 지형에 따른 주거와 생활방식

가옥이나 주택의 형태와 모양은 나라, 지역, 기후, 시대, 문화, 계층에 따라 다양하게 변해왔습니다. 유럽, 서아시아, 중앙아시아, 동아시아, 남아시아, 아프리카, 북미, 남미, 오세아니아 등 각 지역마다 독특한 형태의 가옥들이 존재합니다. 이러한 가옥의 구조는 현지인들이 강수량과 기온, 자연환경에 잘 적응할 수 있도록 설계되었지요. 또한 시대와 문화에 따라 변하기도 했습니다. 유럽의 경우, 헬레니즘과 헤브라이즘의 결합에 따라 시대순으로 그리스, 로마, 비잔틴, 로마네스크, 고딕, 르네상스, 바로크 건축물들이 세워졌습니다. 사회적 신분이나 재정적 여건에 따라 건축물의 크기, 구조, 기능이 다양하게 나타났지요. 그렇다면 성경에 등장하는 이스라엘 사람들의 집은 어땠을까요? 이 건축물들은 이스라엘 각 지역과 구약 시대와 신약 시대, 소유주의 계층과 지위에 따라 어떻게 형성되고 변화했을까요?

레반트 고고학자들은 1900년대 초부터 '이스라엘 사람들의 집'이라고 부를 수 있는 '특정' 가옥 구조를 발견했습니다. 소위 '네 방 구조의 집'으로 알려진 가옥으로 철기 시대(기원전 1200년부터 586년까지)에 고대 이스라엘에서 가장 일반적으로 사용된 구조입니다.[175] 이 가옥 구조는 수 세기에 걸쳐 고대 이스라엘 전역에서 유지되었습니다. 이는 해당 구조가 매우 실용적이었으며, 거주자들에게 공유된 하나의 정체성을 알려주는 근거입니다.

네 방 구조의 집은 기원전 14~13세기 이스라엘 사람들이 이집트 노예 생활을 할 때, 그들이 거주한 나일강 델타 하구 지역의 지층에서 많이 발견되었습니다. 이 집들이 기원전 12세기 가나안 지역 지층에서도 다수 발견됩니다.[177] 특히 철기 시대에 접어들면서 이스라엘 백성들이 정착했던 중앙 산지 지역을 중심으로 네 방 구조의 집들이 우후죽순 생겨났지요.[178] 그래서 다수의 학자들은 이 현상을 고대 이스라엘 민족의 정착의 증거로 이해합니다.

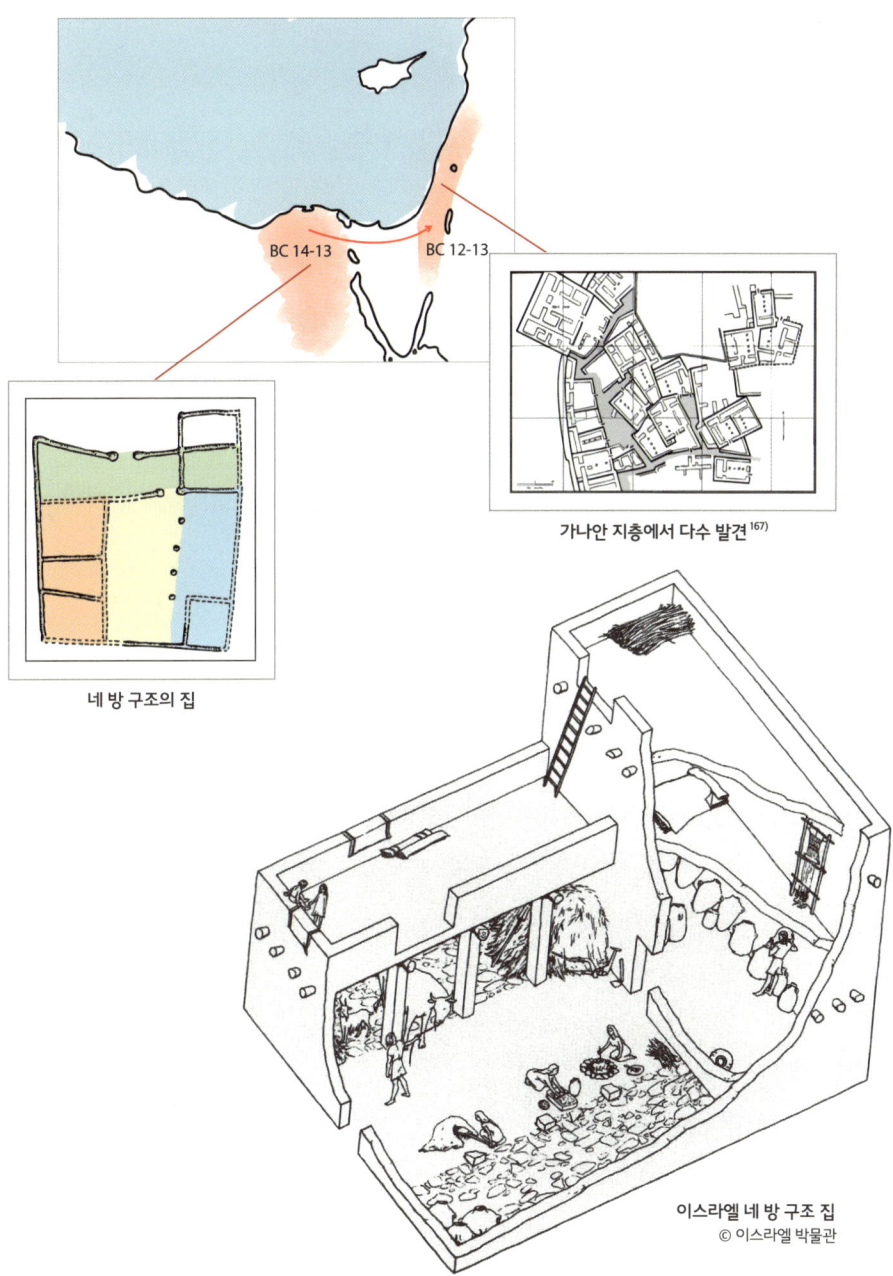

네 방 구조의 집

가나안 지층에서 다수 발견[167]

이스라엘 네 방 구조 집
ⓒ 이스라엘 박물관

11. 고대 이스라엘의 가옥은 어땠을까? **223**

네 방 구조의 집 내부

고대 이스라엘 민족의 네 방 구조의 내부를 좀 더 자세히 살펴보겠습니다. 이스라엘 사람들의 일반 집은 기본적으로 단층 구조로 세 개의 기다란 방이 나란히 배열돼 있고, 그 사이를 기둥으로 구분했습니다. 그리고 이 방들을 가로지르는 보다 넓고 긴 네 번째 공간이 안쪽에 있었지요.[179] 독립된 네 개의 공간은 각각 ① 가축사육 공간 ② 중앙홀 ③ 저장창고 ④ 침실로 이루어졌습니다.

중앙홀 한쪽에는 요리를 할 수 있는 화로가 있었습니다. 발굴 시 확인된 흩어져 있던 토기들이나 도구 제작에 사용될 법한 공예품이나 직조품들은 중앙홀이 가사 노동의 공간으로 사용되었음을 증명합니다. 좌우 두 개의 방은 가지런히 정리된 토기들과 흩어진 동물의 뼈 등이 증명하듯이, 음식을 저장하는 저장 창고와 소, 양, 염소나 가금류를 치는 축사로 사용되었습니다.

현대적 관점에서 생활공간과 축사가 한 건물에 있는 것은 다소 이해하기 어려울 수 있습니다. 그러나 당시 사람들은 귀중한 자산인 가축을 보호하기 위해 집안에서 사육했지요. 또한 우기처럼 추운 시기 동물들의 체온이 실내 온도를 유지하는 데 도움을 줬을 겁니다.

네 방 구조의 집

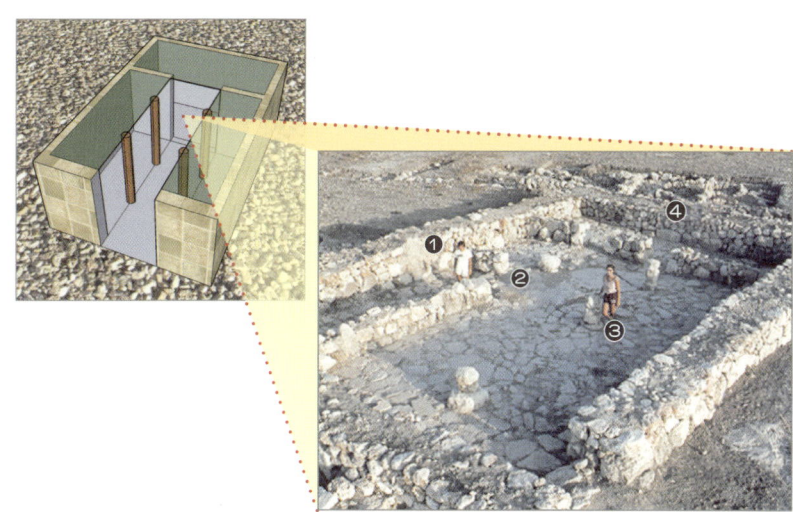

네 방 구조의 집 내부

고대 이스라엘 민족은 한정된 재료로 건축의 효율성을 극대화하며, 외부인들의 위협이나 공격에 대비했습니다. 이들은 집을 짓되 집과 집을 포개어 계란 모양의 큰 타원 형태인 '둘러 에워싸인 마을'(enclosed village)을 건설했습니다.[180]

해당 주거 형태는 여러모로 효과적이었습니다. 집들을 서로 연결하여 건축하면 맞닿는 부분의 건축 자재를 절약할 수 있었습니다. 또한 비바람이 심한 우기에 중앙 산지의 습기를 일부 차단할 수 있어서 열손실을 줄일 수 있었죠. 그리고 건축 과정 중 마을 가운데에 넓은 마당을 조성할 수 있었기 때문에, 이스라엘 사람들은 해당 마당을 마을 공동체를 위한 생산물 가공, 저장하는 용도로 활용할 수 있었습니다. 이것은 공동체 구성원들의 유대감과 협력을 증진시킬 수 있는 요인이 되었죠. 따라서 구약시대 '둘러 에워싸인 마을'들은 씨족/친족 단위로 많이 이루어졌습니다.[181]

이스라엘의 주거 형태는 신구약 중간기를 지나 신약 시대에 이르러 변화가 생기기 시작합니다. 신약 주거 형태를 지역별로, 즉 이스라엘 북부 갈릴리 내륙 지역과 갈릴리 해변 지역, 예루살렘 지역과 중앙 산지, 그리고 남부 유대 산지로 나눠 살펴보려고 합니다.

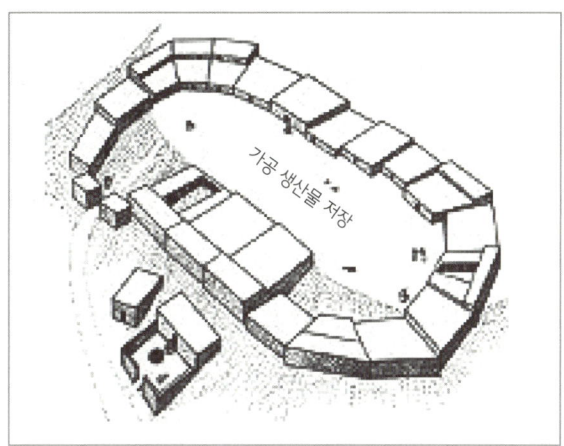

둘러 에워싸인 마을

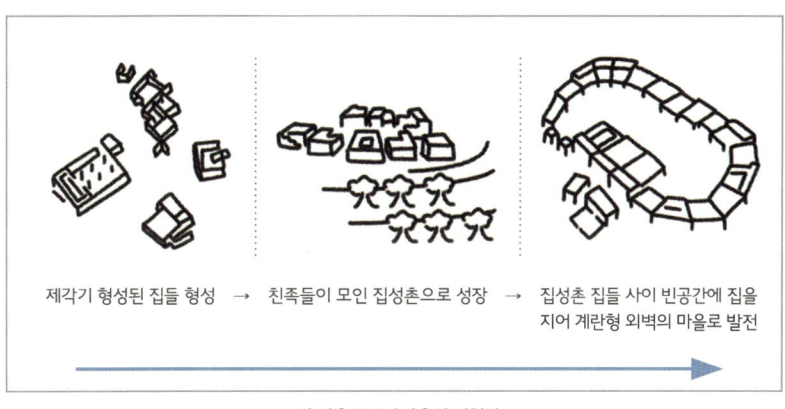

| 제각기 형성된 집들 형성 → | 친족들이 모인 집성촌으로 성장 → | 집성촌 집들 사이 빈공간에 집을 지어 계란형 외벽의 마을로 발전 |

4방 가옥 구조 / 가옥의 변천사

신약 시대 가버나움(갈릴리 바닷가) 현무암 일반집

신약 시대 이스라엘 북부, 갈릴리 지역의 집

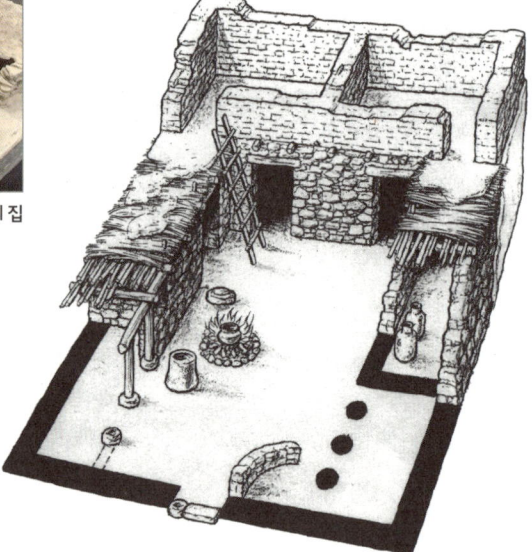

신구약 중간기, 북부, 갈릴리 내륙 지역 집

갈릴리 내륙 가옥 구조

나사렛, 가나 그리고 세포리스 같은 이스라엘 북부 산지와 갈릴리 내륙 지역에는 직사각형 혹은 정사각형 모양으로 구성된 집이 많이 있었습니다.[182] 이 집들은 군락 형태의 마을을 이루었으나, 집들이 서로 맞닿아 있던 구약 시대의 마을과는 달리 떨어져 분산되어 있었습니다. 그리고 구약의 네 방 구조의 가옥과 달리 중앙홀은 지붕이 없는 형태의 안뜰로 변모했습니다.[183]

안뜰은 음식 준비나 직물수공업 같은 다양한 가사 활동을 할 수 있는 장소였습니다. 안뜰의 안쪽 방과 별도의 좁은 공간은 지붕으로 덮어 뜨거운 태양을 피해 잠을 청하거나 물건을 보관하는 용도로 사용했습니다. 안뜰의 좌우의 방에는 2층으로 올라갈 수 있는 계단이나 사다리가 있었지요. 2층의 바닥 역할을 한 지붕은 서까래 위에 진흙과 짚 혼합물과 석고 반죽을 바른 가죽으로 덮어 방수처리를 한 공간이었습니다. 사람들은 롤러로 매끄럽게 다듬은 지붕 위 2층 공간에 천막을 설치하여 휴식 공간으로 사용할 수 있었지요.

당시 가옥 구조를 살펴보면, 중풍병(마비 증세)에 걸린 한 사람을 네 명의 친구가 들것에 실어 어떻게 2층 옥상으로 올라갔으며, 어떤 방식으로 지붕을 뜯고 그 들것을 아래로 달아 예수 앞에 내렸는지를 이해하는 데 도움이 됩니다(막 2:1-12).

한편, 어떤 사람들은 곡물, 올리브유와 포도주를 보관하기 위해 별도의 지하창고를 만들기도 했습니다. 특히 갈릴리 내륙 지역에 있는 가나와 나사렛은 와인이나 올리브유 생산으로 잘 알려진 동네였으니 이런 저장공간을 제작하는 것은 필수였겠죠.

갈릴리 해변가 가옥 구조

갈릴리 지역이라고 해서 가옥 구조가 모두 동일했던 것은 아니었습니다. 예수와 그의 제자들이 주로 활동했던 갈릴리 해변 지역의 거라사, 가버나움, 벳세다, 고라신 등 각 마을의 가옥 구조는 조금씩 차이를 보였습니다.[184] 이 지역 가옥은 기본적으로 검은색을 띠고 있었지요. 왜냐하면 골란고원과 갈릴리 호수 북부, 동부, 그리고 남부 지역은 화산활동으로 생긴 현무암 지대였기 때문입니다. 우리나라 제주도에 있는 현무암 가옥을 생각하면 됩니다.[185]

갈릴리 호숫가 지역은 여타 이스라엘 중앙 산지와 달리 고온다습하고 강수량이 많았습니다. 풍향과 강수량의 변동이 심한 호숫가의 특성상 여러 방향으로 비가 내리는 경우가 많아, 침수 피해 예방이 필수적이었습니다. 그러나 현무암은 투수성이 높아, 집을 지을 경우 물이 쉽게 새는 문제가 자주 발생했지요. 그래서 가옥을 건축할 때 방수처리를 하는 것이 필수적이었습니다.

갈릴리 해변 지역 주민들은 방수를 위해 가옥의 벽면에 석고와 석회를 바르는 처리를 했으나 비용상의 이유로 모든 벽면에 완벽하게 방수 처리를 시행하지는 못했습니다. 따라서 가옥들을 구약 시대처럼 다닥다닥 붙여 밀착시키거나, 한 사람 빠져 나갈 정도의 좁은 통로를 만들어 집과 집을 가깝게 배치하였습니다. 이 경우, 서까래 나무 빔에 나뭇가지와 진흙으로 덮은 지붕과 2층 현무암 외벽 회칠만 하면 되었습니다. 흩날리며 내리는 빗물이 집과 집 사이 1층 외벽을 타고 흘러내려 집 내부로 들어가게 하지 않기 위한 조치였지요. 이렇게 밀집된 가옥 구조는 이웃 간의 긴밀한 유대관계를 형성하는 데 기여하였습니다. 그래서 구약 시대처럼 친인척들이 무리를 지어 거주하기도 했습니다.

신약 시대 갈릴리 해변가의 집(가버나움)[194]

신약 시대 갈릴리 집의 실제 모습(Nazareth Village 제공)

신구약 중간기, 신약 시대 부자의 집 바닥 모자이크

신구약 중간기, 신약 시대 부자의 집 바닥 모자이크 장식

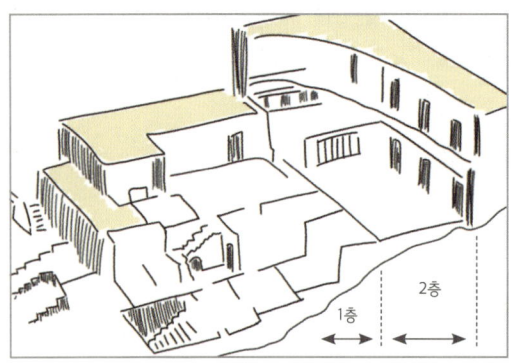

신약 시대 상부 예루살렘 사회상층부의 집 단면도

신약 시대 상부 예루살렘 사회상층부의 집

갈릴리 호숫가의 집들은 앞마당이 발달하였습니다. 티베리아스, 세포리스, 가이사랴 빌립보 같은 도시들과는 달리 단위 면적당 건축물 밀도가 높지 않았기 때문에 공간 활용이 가능했던 겁니다.

가옥 내 넓은 앞 마당은 이들의 경제 활동과도 관련되어 있습니다. 주민 대부분이 어업에 종사했기 때문에 밤새 조업 후 낮 동안 조업으로 인해 물에 불은 그물을 말리고 배를 수리할 공간이 필요했습니다.[186] 따라서 넓은 마당을 조성하다 보니 네 방 가옥 구조의 전형적인 요소인 중앙 안뜰을 별도로 만들 필요가 없었지요. 따라서 갈릴리 해변 지역에서는 앞마당과 한두 개의 방으로 이루어진 ㄱ 혹은 ㄴ자 가옥 구조가 보편적이었습니다.

예루살렘 가옥 구조

이스라엘의 수도 예루살렘 지역 가옥 구조를 살펴보겠습니다. 요세푸스의 기록에 따르면 당시 상부 예루살렘(Upper Jerusalem)은 고위 계급의 사람들의 주택이 있었던 지역이었습니다.[187] 유적지와 유물이 보여주듯이, 이 지역의 집들은 정교하게 재단된 석회암과 대리석으로 지어졌고 여러 개의 방이 안뜰을 둘러싼 형태였습니다. 안뜰에는 사적으로 사용되는 석고 마감 처리된 미크베(Mikveh), 즉 의식 목욕탕과 물저장고가 따로 배치되어 있었습니다. 가옥은 단층구조가 아니라 복층구조로 구성되어 있었고, 2-3층에 식사 및 접대 용도의 옥상 테라스나 다락방이 있었습니다.[188] 사도행전 2장이 언급하는 오순절 사건이 있었던 마가의 다락방 역시 상부 예루살렘에 위치했습니다.

가옥의 내부 벽과 바닥은 예루살렘 주변에서 많이 나는 석회석 점토나 석고로 마감하였습니다. 헤롯 정권의 고위직 관리나 종교 지도자들은 헬레니즘의 영향을 받아 집 벽이나 바닥을 유명한 인물이나 동식물 모자이크로 장식하곤 했습니다. 당시 상류층 또한 현재와 유사하게 카펫이나 러그 같은 직물을 사용했습니다.[189] 석회암 지대 바닥에서 올라오는 한기를 막기 위해서였지요.

반면 하부 예루살렘(Lower Jerusalem)에는 중하층 계급의 사람들이 거주하였습니다.[190] 고고학적 결과물에 의하면 이 지역 주민들은 비교적 쉽게 구할 수 있는 제대로 마름질되지 않은 돌과 진흙 벽돌로 집을 지었습니다. 작은 안뜰과 별도의 다른 방을 합쳐 2개 이하의 방으로 이루어져 있었고, 다목적실 자체가 말 그대로 거실이자 식사 공간, 침실의 기능을 담당하는 구조였지요. 가옥의 내부 장식은 거의 없었으며, 바닥은 간단하게 석회로 마감하였습니다.

미크베는 사적으로 사용하는 공간이기보다는 공용 공간으로 집 외부에 있었습니다. 당연히 개별 가옥에 부속된 저수조나 물탱크는 필요하지 않았죠. 헬라 시대, 하스몬 시대, 로마 시대를 거쳐 예루살렘은 지형에 따라 정치, 경제, 사회, 종교 계층이 나눠지는 건물의 배열로 도시의 구조가 형성되었습니다.

중앙 산지와 유대 산지 가옥 형태

중앙 산지와 유대 산지의 집 구조는 어땠을까요? 이 지역의 가장 도드라지는 특징은 계곡과 구릉이 많다는 것입니다. 지형에 경사가 많아 주거지를 조성하는 것이 어려웠습니다.[191] 따라서 가옥과 주택들을 짓고 그 주변에 밭을 일구기 위해 테라스 형식으로 땅을 개간해야 했지요. 문제는 이러한 테라스를 조성할 수 있는 주거 공간이 충분하지 않았다는 겁니다. 한정된 토지에 비해 인구는 지속적으로 증가하고 있었죠. 중앙 산지와 유대 산지 지역의 집들은 횡적 확장이 제한되었기 때문에 종적 확장을 통해 복층 구조로 발전하였습니다.

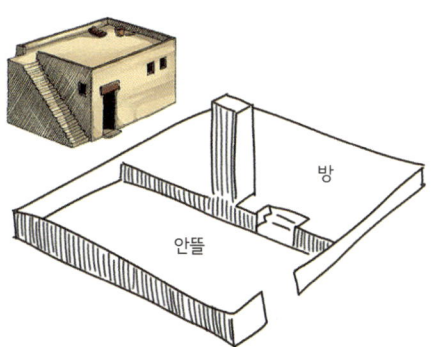

신구약 중간기, 신약 시대 하부 예루살렘 일반 가정집

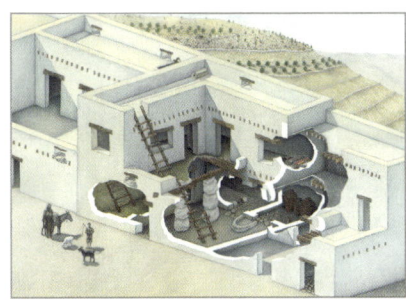

신구약시대, 신약 시대 중앙 산지 집들, 부자의 집

19세기 중앙 산지 테라스 비탈길에 새워진 집들, 저층부가 있음

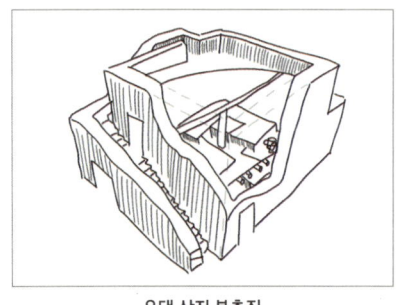
유대 산지 복층집
© Crazy-Frankenstein.com

유대 산지 집

그런데 중앙산지 지역에는 석회암 바위들이 풍화되거나 빗물에 녹아 만들어진 굴들이 많이 있었습니다. 이 지역 주민들은 노출된 석회 굴을 활용해 복층 집을 짓기도 했습니다.

석회굴을 활용한 가옥의 상층부는 구약 시대 가옥처럼 지붕으로 덮인 중앙홀과 방으로 이루어져 있었습니다. 우기 동안 산지에서 종횡으로 강하게 부는 비바람에 대응하기 위해 상층부의 창문들은 작게 설계 제작되었습니다. 가옥의 저층부나 석회굴은 창고나 마구간으로 활용하였고, 화재 위험이 낮은 안전한 공간이었기 때문에 눈과 비를 피해 방문한 외부 손님을 위한 임시 거처 공간으로 활용되었습니다.

강석회암 지대로 이루어진 베들레헴을 포함한 유대 산지 지역도 중앙산지 지역처럼 위 아래가 파인 굴들이 곳곳에 흩어져 있었습니다. 따라서 유대 산지에 주민들도 자연 동굴 위에 집을 만들곤 했습니다.[192] 자연 동굴 위의 기반암은 집을 지탱하는 기반이자 지지대 역할을 하였죠. 반면 하부 동굴은 창고나 마굿간, 혹은 평소에 잘 활용하지 않는 예비 공간으로 사용되었습니다.

기원전 1세기 베들레헴 집 (동굴 저층부; 마굿간)

석회동굴 내부

베들레헴 예수 탄생교회 외관

베들레헴 예수 탄생교회 (지하 그로토: 예수 탄생 장소)

베들레헴 예수 탄생 교회의 지하 동굴(예수 탄생 장소 바로 옆 동굴), 기원 후 1세기 베들레헴에서 발견되는 동굴 모양의 헛간 혹은 안뜰을 비잔틴 시대부터 사진과 같이 계속 예배 공간으로 여러 차례 리모델링하였다.

기원전 1세기 예수님의 구유

11. 고대 이스라엘의 가옥은 어땠을까? 237

베들레헴 예수탄생교회(The Church of Nativity)에 예수가 탄생하셨다고 알려진 구유가 있었던 곳, 기원후 3세기부터 숭배의 대상이 된 장소인 '그로토'(grotto)가 작은 동굴인 것도 바로 이런 이유입니다. 실제 베들레헴 지역의 석회굴에서 소나 말이 먹는 음식이 담겨 있는 구유, 즉 여물통이 빈번하게 발견됩니다.[193] 누가복음 2장에 따르면, 해산이 임박한 마리아와 요셉이 베들레헴의 여러 집들을 돌아다니며, 카탈루마(καταλυμα 통상 '여관'으로 번역됨)를 구했으나 빈방이 없어 결국 마구간에 머물렀다고 합니다(2:4-7, 12, 16). 아마도 이들은 하층부나 지하에 있었던 석회굴 내부에 머물렀을 겁니다.

기껏해야 20자 정도 넣을 수 있는 한 행의 시일 수도 있겠지만, 때로는 치열한 고뇌 속에서 창조한 복잡다단한 소설이 우리의 삶과 집일지도 모릅니다. 이스라엘 가옥의 다양한 형태는 시대의 흐름, 자연환경, 지역, 사회와 계층구조에 따라 다양하고 복잡하게 변화해 왔음을 보여줍니다. 이러한 건축 요소들은 현대에도 그대로 적용 가능합니다. 현대 사회 사람들도 삶의 다양한 층위를 품고 있는 다양한 형태의 집들을 만들고, 그 안에서 또 다른 삶을 만들어 가기 때문입니다. 집은 단순한 건축물이 아니라 삶의 이야기와 문화를 포괄하는 공간임을 인식할 필요가 있습니다. 신이 허락한 자연환경에 대한 인간의 적응력과 창의성이 집약된 총체가 바로 집이니까 말이죠.

예수 시대 예루살렘의 모습을 재현한 모형도
ⓒ 예루살렘 박물관

11. 고대 이스라엘의 가옥은 어땠을까? 239

12. 역사에 숨겨진 은밀한 이야기, 화장실!
: 이스라엘 상하수도 시스템

전세계 약 4,500만 명의 인구가 위생적인 가정용 화장실 없이 생활하고 있다는 것을 아시나요? UN은 2030년까지 지구에 사는 모든 사람들이 위생 시설을 이용할 수 있도록 하고, 처리되지 않은 폐수의 비율을 절반으로 줄이며, 재활용 비율을 증가시키는 것을 목표로 하고 있다고 합니다. 현대 사회에도 이렇게 위생적인 화장실과 하수처리 시설을 확보하는 것이 여전히 과제라면 고대 이스라엘 사회는 어떠했을까요? 다소 민감한 주제라 들추기 좀 그렇지만 삶과 밀접하게 연결된 이야기, 바로 고대 이스라엘 사람들의 화장실과 하수도 시설을 살펴보고자 합니다.

고대 이스라엘 종교개혁의 증거가 화장실?

성경에는 구약 시대 화장실과 관련한 몇가지 흥미로운 이야기가 있습니다. 먼저 살펴볼 이야기는 신을 위한 종교개혁 과정 중에 이방신 신전이 화장실이 된 이야기입니다. 바알을 열렬히 숭배했던 아합 가문을 쿠데타로 진멸하고 스스로 왕이 된 '예후'가 이 이야기의 주인공입니다. 열왕기하에 따르면 예후는 아합가문이 후원하던 바알 신전을 헐고 변소로 만듭니다.[195]

> "바알의 목상을 헐며 바알의 신당을 헐어서 변소를 만들었더니 오늘까지 이르니라"(왕하 10:27).

라기스 성문이 있는 신전에서 발견된 변기

라기스에서 발굴된 석회암 변기

라기스 변기와 네 모서리 뿔이 깎인 제단들²¹²⁾

 남유다에서도 이와 비슷한 사례가 있습니다. 히스기야왕과 요시야왕은 이방신 숭배가 번성하던 시기 야훼 신앙을 회복하기 위해 종교개혁 운동을 전개합니다. 이들 역시 이방 신전을 파괴하고 변소로 만들었다고 합니다. 고대 이스라엘에서 종교개혁의 일환으로 이방 신전을 화장실로 바꿔 사용했던 사례들을 실제로 증명할 수 있을까요?
 2016년 라기스 발굴 중에 고고학자들은 석회암으로 만들어진 변기를 신전으로 사용된, 성문에 설치된 특정 공간에서 발굴합니다.¹⁹⁶⁾ 발견된 변기 주변에는 작은 제단들이 있었는데 일반적으로 4개의 제단 모서리 위에 붙어 있는 4개의 뿔들이 인위적으로 부서지거나 깎인 흔적이 발견되었습니다. 이것은 종교개혁의 물적 증거로 학계의 주목을 받았습니다.

신약 시대 예루살렘 도로와 하수도 그림(1km 이상)

하수도 갱도

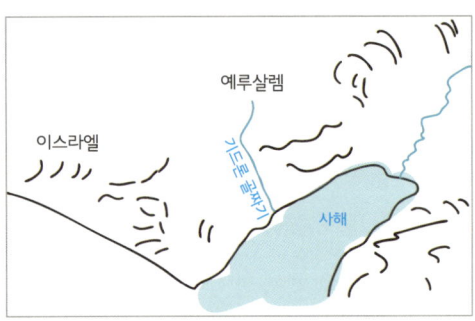

하수를 기드론 골짜기를 통해 사해로 흘려보냄

해당 장소는 개인용 화장실로 조성된 것으로 보이는데, 예상과 달리 변기에서 인분이 검출되지 않은 점으로 보아 실제로 사용된 적은 없었던 것으로 보입니다. 아무래도 신성한 장소가 변소로 변했기 때문에 고대 이스라엘 사람들은 이를 실제로 사용하지 않고 방치했다고 해석할 수 있겠지요?

개인용 화장실

그렇다면 고대 이스라엘 사람들은 용변을 어느 장소에서 어떻게 처리했을까요? 고대 사회에서 개인용 화장실은 매우 희귀했으며, 이를 소유한 사람은 극소수의 부유층에 한정되었습니다. 미쉬나 탈무드에도 화장실이 식탁에서 가까울수록 부유한 사람이라는 이야기가 나올 정도니까요. 일반 평민들은 건물 외부에 설치된 화장실을 이용했으며, 베두인들(천막생활을 하는 아랍 유목민)이나 일용직 노동자, 노예들은 들판이나 공중 화장실에서 용변을 해결해야 했겠죠.[197]

그럼 광야나 사막에서는요? 사무엘상 24장에 보면 용변이 급한 사울이 다윗이 숨어 있던 엔게디에 있는 한 동굴에 들어가 일을 보는 사건이 나오는데, 급박한 상황에서는 뭐 조용하고 어두운 곳을 찾는 건 만국공통의 본능이지 않나 싶습니다.

그러면 구약시대에 실내 화장실이 있었다면 어떻게 생겼는지 물어보실 수 있겠죠? 공교롭게도 현재까지 발굴된 구약 시대로 추정되는 화장실들은 모두 개인용 시설입니다. 아무래도 발굴자들이 손쉽게 발굴할 수 있는 것은 사회적으로 경제적으로 지위와 부를 갖고 있던 고대 사람들의 집에 설치된 화장실일테니까요. 예루살렘 기드론 계곡과 맞닿아 있는 다윗성 동쪽 비탈길 발굴지역 G와 아르몬 하나 트찌브(Armon Hanatziv)에서 몇 개의 화장실과 화장실 좌석이 발견 되었습니다.[198] 그중에서 높이 20미터에 이르는 거대한 돌계단 구조물(Stepped Stone Structure) 위에 지어진 '아히엘의 집'에서 발견된 화장실이 가장 잘 알려져 있습니다. 이 집은 기원전 8~7세기에 건축된 전형적인 네 방 구조로, 바빌로니아 제국에 의한 예루살렘 멸망 이전 시대의 가옥 양식을 반영하고 있습니다.

이층집으로 알려진 이 집의 1층 안쪽에 2평 남짓한 작은 방에 석회암으로 만든 가운데 구멍이 뚫린 정사각형 모양의 변기 좌석이 발견됐습니다.[199] 환기구 역할을 하는 창문 옆에 설치된 이 좌석은 석회로 둘러싸인 정화조 위의 석고 바닥에 박혀 있었으며, 2.5미터 아래 바닥까지 이어져 있었죠. 흥미로운 것은 정화조에서 발견된 배설물입니다. 고고학자들은 정화조 내 배설물에 있는 유기물 분석을 통해 당시 다윗성 주민들의 식단을 재구성하였습니다. 배설물에는 육안으로 보이는 씨앗이나 꽃가루, 겨자, 당근, 박하, 상추 등의 다양한 식물 흔적과 깃털, 머리카락 및 뼈 조각들 심지어, 촌충(taenia)과 편충(trichuris trichiura)의 알 등이 발견되었죠. 이것은 덜 익힌 소고기나 돼지고기에서 발견되기 때문에, 당시 고대 이스라엘 사람들이 고기를 덜 익혀 먹는 경향이 있던 것이 밝혀진 셈입니다.[200] 실내 개인용 화장실의 존재는 분명 예루살렘 일부 주민들의 비교적 높은 수준의 생활수준을 시사하지만, 기생충의 감염은 위생 수준이 열악했음을 보여줍니다.[201]

이처럼 개인용 화장실이 존재했다면, 사생활 개념이 오늘날과 달랐던 고대 사회에서도 사생활 보호를 위한 개인용 화장실의 문과 잠금 장치가 설치되었을까요? 사사기 3장은 이에 대한 단서를 제공합니다.

아히엘의 집 생김새

아히엘의 집, 화장실 발굴터

아히엘 집 생김새 재복원[213]

에훗 이야기와 화장실 문의 원리

이스라엘 지도자 사사 에훗은 당시 이스라엘이 섬기던 모압 왕 에글론에게 조공을 전달합니다. 매우 비만했던 에글론은 에훗이 비밀대화를 요청하자 화장실이 부속으로 딸린 '시원한 윗방'으로 함께 올라갔습니다. 여기서 에훗은 일격에 에글론의 배에 단검을 찔렀고, 에글론의 죽음을 확인한 에훗은 방문을 잠그고 탈출했다고 합니다.[202]

"에훗이 현관에 나와서 다락문들을 뒤에서 닫아 잠그니라"(삿 3:23)

제법 시간이 지났을 테지만 신하들은 왕이 화장실에서 용변을 보고 있는 줄 알고 문을 열지 않고 기다렸지요. 한참 시간이 지나도 아무런 인기척이 없자 신하들은 그제서야 문을 열고 윗방에 들어가서 싸늘한 주검으로 변한 왕의 시신을 발견하였습니다.
성경의 묘사에 따르면, 이 화장실이 부속된 '시원한 윗방'의 문은 내부와 외부 모두에서 잠글 수 있도록 설계된 것 같습니다. 그렇다면 사생활 보호를 위해서는 내부에서 문을 열고 잠그는 것이 당연한데, 외부에서도 문을 열고 잠가 출입이 가능하도록 설계된 점은 어떻게 이해해야 할까요? 고대 이스라엘 화장실 열쇠, 혹은 자물쇠 구조가 특이했던 것일까요? 이에 대한 단서는 바로 시리아 팔레스타인 지역에서 널리 보급되었던 이집트식 자물쇠입니다.[203]
이 자물쇠는 일반적으로 문 바깥쪽에 설치되지만 종종 내부 문에도 설치되었습니다. 또한 사용자들이 팔을 넣어 열쇠를 삽입할 수 있도록 문의 특정 지점에 구멍을 뚫어두었습니다. 열쇠는 한쪽 끝에 못이 박힌 나무 막대 형태로, 자물쇠의 구조에 맞게 만들어졌습니다. 그러나 내부 잠금 장치는 외부에서 잠글 수 없죠. 그렇다면 이 문을 열고 닫는 원리를 어떻게 이해해야 할까요?

본문에서 사용된 히브리어 נעל은 '잠그다'라는 뜻의 동사로 이 화장실 문

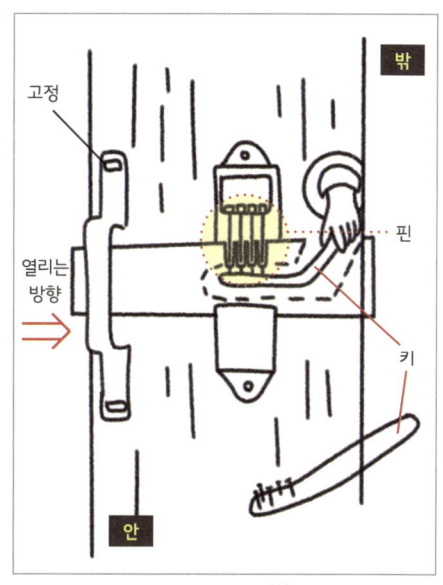

이집트식 자물쇠[214]

을 열고 닫는 방법에 대한 단서를 제공합니다. 이 히브리어 동사는 끈을 '당겨' 발을 고정하는 샌들과 어원이 같습니다. 당시 에훗은 주검으로 변한 에글론을 그의 신하들에게 들키지 않기 위해서 화장실 안쪽에 넣어두었던 것 같습니다. 그리고 에훗은 화장실 외부에서 문을 힘껏 닫으며 끈을 당겨 잠금장치를 작동시킨 후 도망갔을 겁니다. 실제로 이집트 자물쇠에는 닫힌 문 외부의 왼쪽 날개에 있는 작은 구멍을 통해 확장된 고리가 있으며 이 고리를 당겨서 문의 내부 빗장을 잠글 수 있었습니다. 다시 외부에서 열기 위해서는 열쇠가 필요합니다. 끝이 날카롭게 구부러진 막대 열쇠를 오른쪽 상단 문 구멍을 통해 삽입해 빗장을 밀어내는 방식이지요. 에글론의 부하들은 아무리 기다려도 왕이 나오지 않자 결국 문을 열 때 이렇게 열었을 겁니다.

쿰란 공동체의 화장실 문제

그렇다면 예수가 활동했던 로마 시대 고대 이스라엘 사람들의 화장실과 하수도 시설은 어떠했을까요? 화장실과 관련된 위생 문제는 과거와 현재를 막론하고 물의 사용 방식과 밀접한 관련이 있습니다.

여기서 살펴볼 좋은 사례가 쿰란의 에세네파, 성경에 열심당원으로 등장하는 사람들의 화장실입니다.[204] 예수와 동시대, 혹은 조금 늦게 활동했던 유대-로마 역사가 플라비우스 요세푸스(Flavius Josephus)에 따르면, 쿰란 지역을 비롯하여 광야에서 분리 생활을 하던 에세네파 사람들은 배변을 종교 의식상 '정결하지 않은 것'으로 여겼다고 합니다.[205] 그런가 하면 요세푸스는 에세네파가 정결 문제로 안식일에는 배변 활동을 금하였고, 안식일 다른 날 구덩이를 파고 그 안에 배설했다고 기록합니다.[206]

1951년부터 1956년까지 쿰란 발굴을 이끈 도미니코 수도회 가톨릭 사제인 성서고고학자 롤랑 드 보(Roland de Vaux)는 쿰란 거주지에서 약 1km 정도 멀리 떨어진 곳에서 화장실을 발견했습니다.[207] 이 화장실은 당시 로마 제국 동편 지중해 지역에서 흔히 사용된 "굽지 않은 점토로 만든 바닥 없는 용기에 테라코타로 만든 파이프를 설치하고 거친 흙으로 둘러싼" 구조로 되어 있었습니다. 따라서 고고학자들은 쿰란 공동체원들이 개방된 파이프 위에 나무나 돌로 된 좌석을 설치하고, 용변을 본 후 배설물을 지하에 묻었을 것으로 추정합니다. 쿰란 공동체 사람들은 거주 지역에서 멀리 떨어진 곳에 별도의 화장실을 설치하는 게 좀 더 위생적이라고 믿었던 것 같습니다. 화장실 자체만 본다면 이런 방식이 당연히 위생적이었겠죠?

쿰란 공동 화장실

쿰란 전경

그런데 에세네파 사람들의 이러한 위생 조치는 오히려 역효과를 낳았습니다. 쿰란이 매우 더운 유대 광야 지역에 위치하기 때문인데요.[208] 차라리 베두인들처럼 야외에서 용변을 보았다면 기생충이나 유해한 박테리아가 광야의 뜨거운 햇볕 직사광선에 의해 죽었을텐데, 밀폐된 실내에서 용변을 봤으니 기생충이나 박테리아가 바로 제거되기는 어려웠을 겁니다. 당시에는 오늘날과 같은 휴지나 물티슈가 없었기 때문에 잔변을 제대로 닦지 못하고 몸에 남았겠죠.

문제는 이들은 적어도 하루 세번, 종교적 의례로 잘 알려진 '미크베'(Mikveh), 공중 목욕탕에서 몸을 씻는 정결례를 행했다는 점인데요. 이들 몸에 묻은 기생충이나 박테리아가 빗물 혹은 유대 중앙 산

쿰란 공동체 공중목욕탕

지에서 흘러 내려오는 물을 받아서 저장한 공중목욕탕의 물저장고에 감염 위험 문제를 야기했습니다. 아마도 여리고 지역처럼 물이 샘솟듯이 터져 나오는 곳에, 만약 물이 지속적으로 흘러 들어오고 나가는 미크베가 설치되었다면, 위생상의 문제는 발생하지 않았을 겁니다. 그러나 고인 물을 사용하는 미크베에서는 정기적인 정결예식이 오히려 감염을 유발하여 건강에 악영향 미쳤을 가능성이 제기되지요.

로마 시대 예루살렘 하수도

그렇다면 사막이 아닌 일반 도시들은 하수 시설을 어떻게 관리했을까요? 이에 대한 좋은 사례가 기원전 100년경의 하스모니안 시대와 기원후 50년경의 로마 시대의 예루살렘 하수 시설입니다. 2007년 이스라엘 고고학 당국은 예루살렘 성전산 아래부터 실로암 연못까지 길게 뻗어 있는 잘 보존된 지하 배수로를 발견합니다. 대규모 계획에 따라 체계적으로 건설된 시설이었지요.[209]

석회암 벽으로 만들어진 이 수로는 높이가 최대 3미터에 이르고 대부분의 구역은 사람들이 그 위를 지나 다닐 수 있도록 포장석이 깔려 있었지요. 총 길이가 1km에 달하는 이 거대한 시설은 상부와 하부로 나눠진 예루살렘의 많은 양의 하수를 기드론 골짜기를 통해 사해로 흘러보냈습니다.

로빈슨 아치 재건 - 예수님이 상을 뒤엎으신 곳

예루살렘 시장통 아래 하수도[215]

이 하수도 시설은 바로 성전으로 올라가는 문의 입구인 로빈슨 아치 바로 아래에도 설치되어 있었습니다. 여기가 예수께서 '너희들이 이 성전을 강도의 소굴로 만든다'고 일갈하며 상인들의 상을 뒤엎으신 성전 입구 시장통입니다. 제사장과 사두개파 등 종교지도자들이 제사 때 바칠 동물들을 비싸게 팔아 이윤을 챙겼던 그 장소, 석재 바닥 아래에 동물들의 똥 오줌을 처리하는 하수로가 있었던 셈이죠.

로마시대 공중 화장실

쿰란, 벧샨의 공중 화장실

요르단 계곡과 이스르엘 계곡 사이에 위치한 벧샨은 로마 시대 술의 신 디오니소스를 숭배했던 도시답게 번화하였습니다. 이러한 이유로 벧샨에는 사람들이 음주가무를 즐긴 후 배설해야 하는 오물들을 처리하는 최신식 공중 화장실이 있었습니다.

예수께서 말씀하신 "먹고 마시고 장가들고 시집가고"가 딱 들어맞는 곳이 바로 이곳 벧샨이었습니다. 기원전 4세기 헬라 시대 때 재건된 벧샨에 있는 고고학 공원에는 로마 시대 유적과 57개의 돌로 된 화장실 좌석이 남아 있습니다.

흥미롭게도 이 화장실 건물은 당시 벧샨 공중목욕탕 북쪽에 위치하며 모자이크로 포장된 안뜰과 기둥들로 둘러싸여 있습니다. 대리석으로 만들어진 앉기에 편안한 좌석 가운데에는 작은 구멍이 파져 있습니다. 사람들이 용변을 보면 배설물은 구멍 아래 있는 물이 흐르는 U자형 도랑에 들어가 목욕탕 배수 시스템에 의해 외부로 배출되었습니다.

벧샨 전경

벧샨 화장실

벧샨 목욕탕 온돌 바닥 내부(가운데)와 하수처리공간들(양쪽 끝 공간들)

쿰란이나 벧샨, 예루살렘에서 발견되는 화장실의 공통점은 바로 다인용 공중 화장실이라는 점입니다.[210] 기원전 2세기경 도시생활의 일부로 자리 잡은 다인용 화장실은 보통 공공 장소나 건물 근처 주요 하수도 위에 설치된 구멍이 있는 긴 벤치 형태였습니다. 사람들은 해당 벤치에 나란히 앉아 용변을 보면서 서로 인사를 나누며 안부를 묻고 담소를 나눴지요. 칸막이로 나눠져 배변 공간을 분리해 놓은 오늘날 화장실 문화에서는 상상할 수 없는 일이죠.

또한 로마 시대 사람들은 건물 내부 정원과 가까운 위치에 정화조 화장실을 설치하는 것을 중요시했습니다. 현대의 위생 개념으로는 식

로마시대 공중화장실, 만남의 광장　　　　용변 후 뒤처리 도구

당, 거실 혹은 부엌 근처에서 배설 활동을 하는 것을 더럽다고 생각하기 때문에 당시의 화장실 문화는 상당히 이질적으로 느껴져 충격적입니다. 더 기가 막힌 것은 용변을 마친 사람들이 몸에 묻은 잔변을 처리하는 방식입니다. 사람들은 변기 뒤 벽에 박혀 있는 긴 못에 꽂혀 있는 넓은 이파리를 사용하거나 그 못에 걸려 있는 막대에 스펀지를 교체해 닦아냈던 것 같습니다.[211] 그리고 대부분의 공중 화장실에는 좌석 앞에 길게 파인 고랑이 설치되어 있었는데, 이 고랑에는 늘 물이 흘러 사람들이 용변을 본 후 뒷처리 도구를 물로 닦곤 했습니다. 이런 로마 시대의 공중 화장실은 로마 전역에 걸쳐 널리 분포된 표준화된 위생 시설이었습니다. 사도 바울도 전도 여행 중에 이러한 공중 화장실을 사용했을 겁니다.

고대나 현대나 가릴 것 없이, 화장실 문화는 인류의 위생 및 생활 수준을 반영하는 중요한 지표로 간주됩니다. 성경에서도 화장실과 배변 처리와 관련된 이야기, 에글론과 에훗, 사울과 다윗, 그리고 예후 이야기에서 등장하지요. 고대 로마 시대 이스라엘에서는 공동 화장실, 혹은 개인 화장실을 통해 사회적 교류와 도시의 위생을 유지했습니다. 오늘날 예루살렘의 타이포에론 계곡 아래 묻혀 있는 배수로는 당시 로마 시대 예루살렘 도시의 필수 인프라였지요. 화장실은 단순한 기능적 공간을 넘어 사회적, 종교적, 문화적 의미를 내포한 복합적 장소임을 보여줍니다.

사생활 문화와 위생을 중시하는 현대 사회에서 화장실 이용은 기술의 발전에 따라 더욱 편리해지고 있습니다. 현대 사회의 위생 도구, 예컨대 화장지, 물티슈와 비데를 사용하는 문화는 인류 역사를 통틀어 비교적 최근에 형성되었죠. 깨끗한 화장실 문화를 누리는 것도 오늘날 우리가 누리는, 당연하지만 당연하지 않은 감사거리임을 다시금 상기하면 좋겠습니다.

13. 신이 주신 음료?
: 이스라엘산 올리브유와 포도주

체중관리, 비만 예방, 항염증 효과 그리고 심혈관 질환과 인지 기능 향상에 큰 도움을 주는 식단이 있습니다. 바로 지중해 식단인데요. 그 지중해 식단에서 빼놓지 않고 등장하는 올리브유와 포도주는 고대 지중해 문명 시대부터 지금까지 수천 년 동안 지중해 식단의 주춧돌이었습니다. 올리브유는 요리용 기름, 샐러드 드레싱과 다양한 음식의 보존제로 사용되었습니다.[216)]

사람들은 포도주를 매일 소비했고 종종 물과 혼합하여 마셨습니다. 이는 상수로 처리되지 않은 물이나 오염된 물 보다 더 안전한 선택이 었습니다.[217)] 또한 포도주에 함유된 알코올은 유해한 박테리아를 제거하여 사람들의 건강 증진에 기여했을 뿐 아니라 체온을 상승시켜 면역력 향상에도 도움을 줍니다. 올리브와 포도주는 방부제 역할과 의약품 그리고 화장품의 역할까지 감당하는 등 인류에게 많은 이로움을 주고 있습니다. 경제적, 종교적, 의학적, 심미적 그리고 미각적 효용성 때문에 고대 이스라엘 사람들이 애용할 수밖에 없었던 올리브유와 포도주를 좀더 자세히 알아보고자 합니다.

신의 열매 올리브, 올리브유의 특별한 이야기

성경은 하나님의 약속의 땅, 이스라엘을 올리브유가 흐르는 곳이라고 설명하죠(신 8:8). 실제로 에브라임, 베냐민, 유다 같은 중앙 산지 그리고 갈릴리 산지는 지중해성 기후, 테라스 지형, 그리고 배수가 잘 되는 토양을 두루 갖추고 있어 올리브 재배에 최적화된 환경입니다. 지중해성 기후는 올리브 재배에 가장 중요한 우기와 건기를 가리지 않는 풍부한 일조량을 자랑하지요. 계단식 테라스 농법은 주로 비탈면이 많은 중앙 산지나 갈릴리 산지 지역에서 최적화되어 있습니다. 그런데 테라스 농법은 단위 시간당 일조량을 극대화할 수 있도록 30~40도의 이상적인 기울기를 제공하지요.

원래 강석회암으로 구성된 바위와 자갈이 많은 중앙 산지는 그 특성상 배수는 우수하지만, 물을 머금기 어려운 지역입니다. 그러나 철기시대 이후부터 철기 농기구로 활용가능해진 계단식 테라스 농법은 토양 침식을 방지하고 토양의 수분 함량의 조절을 가능케 했습니다. 일반적으로 강석회암 토질을 지닌 지역은 대부분 식물들이 자라나기 어려운 환경입니다. 그러나 올리브 나무는 계단식 테라스 농법으로 개간된 강석회암 지역에서 잘 자라나는 독특한 식물입니다. 따라서 올리브 나무는 척박한 자연환경을 극복하는, 강인한 생명력을 지닌 식물로 알려져 있습니다.[218] 성경도 수천 년의 생명력을 자랑하는 올리브 나무를 평화와 번영, 역경을 이길 수 있는 능력을 상징하는 식물로 묘사합니다.

테라스 농법

오래된 올리브 나무

"그러나 나는 하나님의 집에 있는 푸른 감람나무 같음이여 하나님의 인자하심을 영원히 의지하리로다"(시 52:8).

"그의 가지는 퍼지며 그의 아름다움은 감람나무와 같고 그의 향기는 레바논 백향목 같으리니"(호 14:6).

올리브유는 이스라엘인들의 생명을 연장해 주는 의약품의 역할을 담당했습니다. 이스라엘 사람들은 주로 전체 주거 지역 면적의 60% 이상을 차지하는 강석회암 지대에서 거주했습니다. 따라서 강석회암 지대에서는 지하수나 빗물을 모아 식수로 활용할 수밖에 없었습니다. 많은 양의 석회가 물에 함유되어 있었죠. 따라서 몸에 자연스럽게 석회가 축적될 수밖에 없었습니다. 강석회암 토질에서도 생육 가능한 올리브 나무에서 추출한 기름은 체내의 석회를 녹여내어 체외로 배출하는 신비의 묘약이었습니다. 그래서 고대 이스라엘 사람들은 올리브유를 일상에서 '시도 때도 없이' 다량 섭취하였습니다.

올리브 수확

올리브 압착기 재구성

올리브 압착기 유적

올리브는 보통 10월에서 11월 사이에 수확하며, 수확 과정은 가족 전체 구성원 또는 마을 사람들과 함께 하는 축제 분위기 속에 이루어졌습니다. 손으로 수확하거나 막대를 이용해 가지에서 떨구는 방식으로 수확하는 올리브 열매는 신선도를 유지하기 위해 곧바로 밭 근처에 있는 올리브유 압착기로 옮겨집니다.[219] 이런 과정은 고대로부터 전수되었습니다. 언덕 경사면에 위치한 테라스 농장들 근처에서 발굴된, 시대별로 편년이 가능한 다수의 올리브 저장 구덩이와 항아리가 이러한 전통을 입증합니다.

텔 미크네 올리브 압착기 발굴터[230]

텔 미크네에서 발견된 항아리들

실제로 고고학자들은 중앙 산지 전역에서 빔 프레스와 돌 분지 프레스를 포함한 수많은 올리브유 압착기를 발견했습니다. 특히 텔 미크네(Tel Miqne), 즉 성경의 유적지 에그론에서도 올리브유 압착기가 잘 보존된 상태로 발견되었습니다.[220] 이것은 고대 이스라엘 사람들이 다양한 지역에서 사용한 오일 생산 방법의 정교함을 보여줍니다. 올리브유는 수차례 반복되는 분쇄와 압착 과정 가운데 생산되었습니

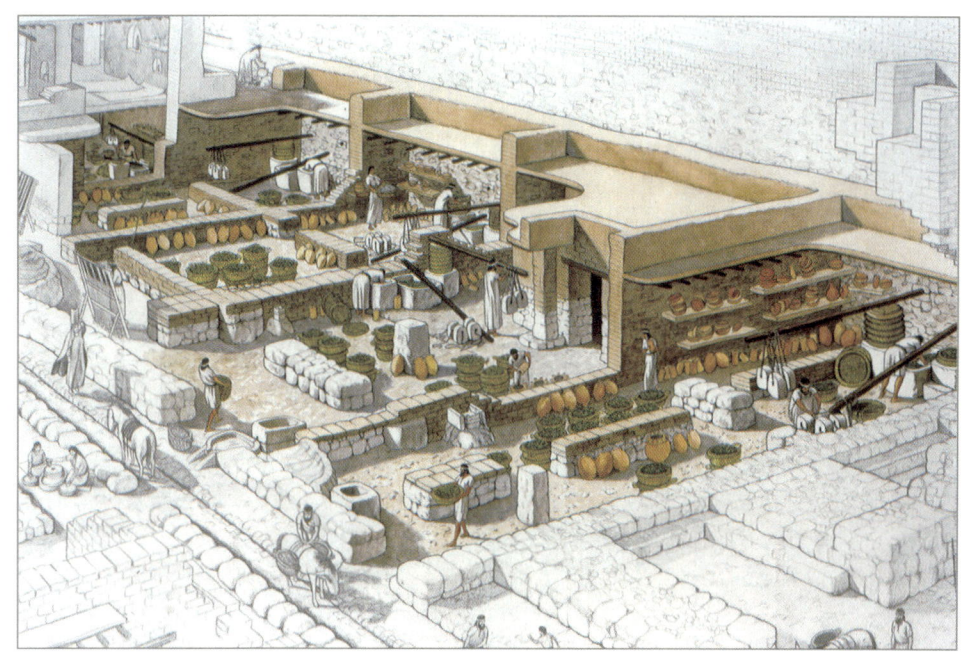

텔 미크네 올리브 압착기 시설 [231]

다. 고대 이스라엘의 전통적인 압착기는 빔 프레스(beam press)였습니다. 돌로 만든 무거운 추를 달아 압력을 가하는, 지렛대 원리를 응용한 긴 목재 빔 기구입니다. 압착기로 옮겨진 올리브는 바퀴 모양의 돌에 갈려 으깨집니다. 분쇄 과정에서 생성된 페이스트에 이제 기름 추출을 위해 압력을 가합니다.[221] 이렇게 첫 압착으로 추출된 '엑스트라 버진' 올리브유는 열매의 성분을 가장 잘 머금고 있어 천연 올리브의 맛과 향을 가장 잘 발산하죠.

13. 신이 주신 음료?

이렇게 초기에 추출된 올리브유는 기름, 물과 기타 불순물이 혼합된 상태인데, 기름은 '디켄팅'(Decanting) 과정을 통해 물과 불순물과 분리되었습니다. 사람들은 비중의 차이를 이용하여 불순물과 물이 가라앉은 상태에서, 기름만 위에서 분리하고 남은 찌꺼기를 채로 걸러 걷어내었죠. 이런 작업으로 생산한 기름만을 따로 추출해 큰 점토 항아리나 암포라에 저장했습니다. 사람들은 오일의 품질을 보존하기 위해 밀봉하여 지하에 묻거나 서늘하고 어두운 저장실에 보관하였습니다.

유다왕국의 왕실 저장 항아리들

유다왕국의 왕실 저장 항아리 손잡이 인장들[232]

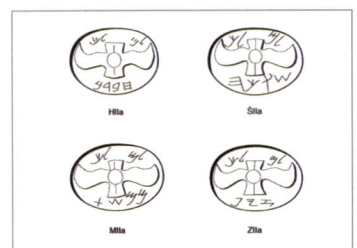

유다왕국의 왕실 저장 항아리 손잡이에 찍혀 있는 lmlk 2날개 풍뎅이 인장

두 번째 압착으로 추출된 올리브유는 요리나 램프 오일로, 세 번째 압착유는 비누나 향수, 화장품의 기초 재료로 사용되었습니다. 이 두 번째 압착 과정에서 추출된 올리브유가 마태복음 25장의 열 처녀 비유에서 등장하는 바로 그 등잔용 기름입니다.

식용으로 사용된 첫 번째 압착유 중에서도 기름의 향이나 맛을 강화하기 위해 특별한 공정을 거친 기름들은 지역 특산물로 활용되기도 했습니다. 이들은 왕실에 별도로 진상되기도 했습니다. 특히 기원전 9세기 후반, 바알을 신봉하던 아합 가문을 멸절시키고 쿠데타로 정권을 잡은 예후 왕조는 이 올리브유를 왕실 특산품으로 공물로 받았던 것으로 알려져 있지요. 1910년에 발견된 사마리아 오스트라카가 이를 증명합니다. 이들 도기 파편에는 사마리아 주변 지역의 호족들이 생산한 새로운 혹은 오래된 올리브유를 구분하여 왕실 고위 관리에게 진상한 내용이 기록되어 있습니다.[222]

유다 왕국에서도 특급 올리브유가 항아리에 저장되어 왕실에 바쳐졌지요. 쉐펠라와 베냐민 산지 고고학 유적지에서 발견되는 왕실 인장이 손잡이에 찍힌 수많은 대형 점토 항아리가 이를 입증합니다.

특히 유다 왕국 히스기야 시대, 므낫세 시대에 사용된 올리브유 항아리 손잡이에 찍힌 '라멜렉'(히브리어로 '왕에게'라는 뜻) 인장은 매우 유명합니다. 그밖에도 인장에는 라멜렉이라는 표식 외에 특급 올리브유를 별도로 저장한 지역들인 헤브론(Hebron), 소고(Socoh), 지프(Ziph), 멤쉐트(Memshet)를 표기하고 있습니다. 봉신국(封臣國) 유다의 왕인 히스기야와 므낫세는 왕실 저장 창고에 특급 올리브유를 항아리에 보관하였다가, 당시 자신을 속국으로 삼은 신앗시리아 제국에 공물로 바쳤습니다.[223] 요시야 시대 이후의 유다 왕들도 손잡이에 로제타(rosetta, 연꽃) 문양 인장이 새겨진 항아리에 올리브유를 담아 당시 고대 근동의 새로운 패자인 신바빌로니아 제국에 바쳤습니다.[224] 이는 고대 이스라엘 왕국과 유다 왕국에서 생산된 식용 올리브유가 고대 근동의 주요 특산품이었음을 시사합니다. 특히 앗시리아 제국은 봉신국의 조공물 진상을 중요하게 여겨 올리브유를 조공하지 않은 것을 침략의 구실로 삼기도 했습니다(왕상 18장).

에스골 골짜기 전경

히브리어로 '에스골'(에쉬콜리요트)은 포도를 의미한다.

신의 물방울, 포도주의 숨은 이야기

그렇다면 고대 이스라엘 사람들이 올리브유보다 훨씬 더 자주 섭취했던 포도주는 어떤 특성을 지녔을까요? 현대에 들어서 프랑스와 이탈리아 포도주가 널리 알려졌지만, 고대 근동 세계에서 유명했던 포도주는 바로 북이스라엘 왕국산, 남유다 왕국산 포도주였습니다.[225] 포도 역시 계단식 테라스 농법으로 개간된 산지에서 주로 재배되었습니다. 성경에서 언급된 헤브론의 '에스골 골짜기'(히브리어로 포도 골짜기라는 뜻)는 대표적인 포도 생산지 중 하나입니다. 이집트에서 탈출한 후 광야에서 방랑생활을 하던 이스라엘 백성이 보낸 열두 정탐꾼들이 가나안 땅 정탐을 마치고 포도를 다발로 베어 온 곳 역시 이곳 에스골 골짜기였습니다.

고대 이스라엘 중앙 산지와 갈릴리 산지는 고품질의 포도주를 생산하기에 매우 좋은 자연환경을 갖추고 있었습니다. 고품질의 포도주를 생산하기 위해서는 우선 포도의 품질 자체가 중요합니다. 그런데 올리브 나무와 마찬가지로 포도나무도 배수가 양호하면서도 적당량의 수분을 머금은 강석회암 지대의 테라스 농경지에서 잘 자라는 대표적인 식물입니다.[226] 고고학 유물들은 약 4500년 전, 후기 청동기 시대부터 이 지역에서 포도 재배와 포도주 생산 및 거래가 시작되고, 철기 시대에 활발히 이루어졌음을 잘 보여줍니다. 포도원으로 추정되는 지역에 분포하는 포도즙틀들이 이스라엘 전역에서 다수 발견됩니다.

포도즙틀은 강석회암 암석을 깎아 만든 '평평한 바닥'으로 구성된 틀과 포도즙을 모으는 둥그런 1차 포도주 저장 구덩이들로 구성되어 있습니다. 사람들은 보통 늦여름인 8~9월에 포도를 수확한 뒤 풍요를 알리는 축제와 함께 포도를 포도즙틀로 옮겨왔습니다. 그 후 평평한 바닥틀에 포도를 깔아놓은 뒤, 여성과 아이들을 포함하여 춤을 추며 포도를 발로 으깨는 작업을 수행하였습니다.[227] 이사야 63장 3절은 이 관습을 은유적으로 표현하였지요.

"만민 가운데 나와 함께 한 자가 없이 내가 홀로 포도즙틀을 밟았는데 내가 노함으로 말미암아 무리를 밟았고 분함으로 말미암아 짓밟았으므로 그들의 선혈이 내 옷에 튀어 내 의복을 다 더럽혔음이니"(사 63:3).

포도주즙 틀

포도즙틀 발굴지

포도를 으깨는 과정에서 가장 중요한 노하우 중 하나는 씨를 깨뜨리지 않는 겁니다. 씨가 으깨질 경우 씨의 떫은 맛이 포도주에 밸 수 있기 때문입니다. 그러면 어떻게 포도를 신중하게 조심히 밟을 수 있을까요? 고대 이스라엘 사람들은 즙틀 가장자리에 기둥을 세우고 기둥 위에 보통 사람의 키를 넘는 높이의 서까래를 설치합니다.[228] 그리고 사람들은 서까래에 달린 줄을 붙잡고, 지면에 약간 떠 있는 자세로 포도를 밟았습니다. 이렇게 생산된 포도즙은 '평평한 바닥'틀 아래 1차 저장고로 흘러 모여졌지요. 품종에 따라 포도즙의 색깔이 달랐으며, 유적지에서 발견된 포도주 항아리 내부의 잔여물 분석(residue analysis)을 보면 적포도주와 백포도주 모두 생산하였음을 알 수 있습니다.

포도 밟기[233]

사람들은 1차로 저장한 포도즙을 발효에 특화된 암포라(amphora) 또는 피토이(pithoi)라고 불리는 점토 항아리에 담습니다. 이때 포도즙이 자연환경에 존재하는 효모에 의해 발효되도록 항아리의 뚜껑을 덮지 않은 것이 중요했습니다. 1차 발효과정을 마치면 다시 항아리 내부에서만 2차 발효가 진행되도록 역청이나 점토 마개로 밀봉하였다고 합니다. 이렇게 생산된 포도주는 일부는 올리브유와 같이 왕실 인장이 찍힌 항아리에 보관되었습니다. 포도주 또한 국가의 통제 아래 왕실에 납부되는 세금이자 제국에 헌상되는 진상품으로, 높은 경제적 가치를 지닌 핵심 품목이었죠.

고대 이스라엘 사람들은 포도주를 적어도 세 가지 종류로 생산하였습니다. 첫 번째는 일반 식탁용 포도주입니다. 가장 일반적으로 소비하는 포도주로 일상 식사와 공동체 모임에서 사용하였습니다. 발굴지에서 출토된 다량의 포도주틀과 저장 용기는 포도주를 대량으로 생산하여 가족이나 개별 지역 집단이 정기적으로 소비하였음을 시사합니다. 사람들은 정제가 덜 된 포도주의 도수를 낮추기 위해 포도주에 물을 섞어 희석해서 마시기도 하였지요.

"너는 와서 내 식물을 먹으며 내 혼합한 포도주를 마시고"(잠 9:5).

두 번째는 각종 첨가물을 추가한 포도주입니다. 고대 이스라엘 사람들도 현대인들처럼 식사용 포도주에 꿀, 허브와 향신료를 첨가하였습니다.[229)] 이러한 첨가물들 중에는 고가의 수입 향신료도 포함되었으며, 향신료가 첨가된 포도주는 특별한 손님을 맞이하거나 축제 또는 종교 제의에 사용되었습니다. 성경은 향신료 포도주를 '사랑과 친밀함'의 상징으로 언급하기도 합니다.

> "내가 너를 이끌어 내 어머니 집에 들이고 네게서 교훈을 받았으리라 나는 향기로운 술 곧 석류즙(히브리어 원어 성경은 '내 석류즙의 향신료를 넣은 포도주'로 표현)으로 네게 마시게 하겠고"(아 8:2).

세 번째는 숙성된 포도주입니다. 냉각된 지하 저장소에서 발견된 대형 항아리의 존재는 일부 포도주가 장기간 숙성되었음을 시사합니다.

> "만군의 여호와께서 이 산에서 만민을 위하여 기름진 것과 오래 저장하였던 포도주로 연회를 베푸시리니 곧 골수가 가득한 기름진 것과 오래 저장하였던 맑은 포도주로 하실 것이며"(사 25:6).

복합적인 풍미를 지닌 숙성된 포도주는 일반적으로 고품질의 포도주로 간주되었으며, 성전의 제물로 사용하거나 상류층 사회 구성원들에게 제공되었습니다.

복음서 곳곳에서는 예수와 포도주가 관련된 장면들이 여러 차례 등장합니다. 그중 대표적인 이야기가 가나의 혼인잔치(요 2장)입니다. 탈무드나 미쉬나를 비롯한 여러 문헌에 따르면 고대 이스라엘에서는 혼인잔치 때 각종 향신료가 첨가되었거나 숙성이 잘 된 고가의 포도주를 제공하는 것이 관례였습니다. 문제는 해가 진 이후 시작된 혼인잔치가 밤이 깊어지며 포도주가 떨어진 겁니다. 결혼식을 주관한 혼주의 입장에서 일반 식탁용 포도주를 제공할 수밖에 없는 난처한 상황이 벌어진 것이죠. 이때 예수가 물을 포도주로 변화시킨 기적을 통하여 제공한 포도주는 식탁용 포도주가 아니라 잘 숙성된 포도주였을 것입니다(요 2:10).

예수의 가나 혼인잔치 가나포도밭

석회질 토양인 지중해 해안지역에서 성장하는 포도나무와 올리브 나무는 우리에게 삶을 대하는 중요한 통찰을 제공합니다. 석회질 암석의 풍화작용으로 생긴 칼슘탄산염이 풍부한 석회질 토양은 식물이 성장하기 좋은 환경은 아니지요. 그러나 뿌리 썩음에 취약한 포도나무와 올리브나무는 이 환경에도 놀라운 적응력을 보여 줍니다. 극도의 고온건조한 건기와 과도하게 습한 우기에도 생존하며 성장하는 두 식물은 강인한 생명력과 저항력이 무엇인지 가르쳐 줍니다.

이런 올리브나무나 포도나무는 열악한 생육환경에 노출되어 스트레스를 받을수록 더 농축된 풍미와 강한 당도를 가진 질 좋은 열매를 맺는다고 합니다. 복잡하고 예측할 수 없는 사회적, 정서적 환경 속에서 살아가는 우리도 때로는 외부에서 주어지는 압박과 어려움 속에서 내면의 근력을 키우고, 깊고 진한 '삶의 열매'를 맺어야 하지 않을까요?

미주

1. 출애굽 200만 명, 정말 홍해를 건넜을까? : 이집트 노예들의 탈출기 역사성

1) 학자들은 출애굽의 역사성과 연대 그리고 신학적 함의들에 관한 다섯 가지 의견들(역사적 사건으로서 15세기설, 13세기설, 12세기설, 조합수용사적 가설)을 제시한다. *Five Views on the Exodus Historicity, Chronology, and Theological Implications*, Mark D. Zanzen (ed.). (Grand Rapids: Zondervan, 2021).

2) David Rosalie, "The Geography and Historical Background," in *Pyramid Builders of Ancient Egypt: A Modern Investigation of Pharaoh's Workforce* (New York: Routledge, 1997), 14-16.

3) 이민족들의 이집트로의 이주와 정착에 대해서는 이집트 중왕국 시대 이집트인들 행정 문서에서 거주하는 북서 셈족들의 이름들을 고고학적 증거로 제시할 수 있다. William F. Albright, "Northwest-Semitic Names in a List of Egyptian Slaves from the Eighteenth Century B.C.," *Journal of the American Oriental Society* 74 (1954): 222-233; William C. Hayes, *A Papyrus of the Late Middle Kingdom in the Brooklyn Museum* (New York: The Brooklyn Museum, 1955); Erik Hornung, *History of Ancient Egypt, an Introduction*, trans. David Lorton (Ithaca, NY: Cornell University Press, 1999), 61.

4) 기원전 1650년경부터 나일강 델타 동편에 갑자기 나타난 힉소스인들의 주거형태와 무덤들은 4방 구조와 거실과 여러 부속방들로 구성된 돌무덤으로 구성되어 있다. 이들의 집과 무덤 구조는 가나안에 정착한 이스라엘 사람들의 그것과 매우 유사하다. Manfred Bietak, "The Center of Hyksos Rule: Avaris 'Tel el-Dab'a,'" in *Eliezer Oren (ed.), The Hyksos: New Historical and Archaeological Perspectives*, (Philadelphia: University Museum Press, 1997), 97-99.

5) Eugene Romanosky, "Ahmose," in Donald B. Redford, (ed.). *The Oxford Encyclopedia of Ancient Egypt, Vol. 1* (Oxford: Oxford University Press, 2005), 46.

6) 이집트는 신왕조 제18-19왕조 전사 파라오들의 군사적 위용과 정치적 업적에 의해 전성기를 맞이한다. 신왕조 제20왕조 이후로 이집트는 더 이상 과거의 영광을 되찾지 못하였다. Joyce A. Tyldesley, *Egypt's Golden Empire: The Age of the New Kingdom* (London: Headline, 2001); Anthony J. Spalinger, *War in Ancient Egypt: The New Kingdom* (Oxford: Blackwell, 2005).

7) Alan H. Gardiner, *The Admonitions of an Egyptian Sage From a Hieratic Papyrus in Leiden*, Pap. Leiden 344 Recto (Berlin: Walter de Gruyter, 1969), 19-93.

8) 출애굽 당시 일어났던 것으로 추정되는 화산과 지진들, 그리고 자연재해들은 출애굽기에 기술된 그것들과 매우 유사하다. Barbara J. Sivertsen, *The Parting of the Sea: How Volcanoes, Earthquakes, and Plagues Shaped the Exodus Story* (Princeton: Princeton University Press, 2009).

9) 투트모세 3세의 무덤에 대한 정보는 다음 웹사이트에 있다. https://thebanmappingproject.com/tombs/kv-34-thutmes-iii

10) 카르나크 신전은 이집트 중왕조 12왕조 2번째 파라오인 세누세레트 1세에 의해 처음 건립되었다. 그 후에 방치되었던 카르나크 신전은 신왕조 시대인. 18-19왕조 때 대규모로 증축되고 확장되었다. 그 이후 카르나크 신전은 쇠퇴하고 제3 중간기인 22왕조 쇼솅크 1세(Shoshenq I) 시대와 26왕조 타르하카(Tarharqa) 시대에 드물게 개축이 이루어졌다. 오늘날 카르나크 신전의 전체 틀은 이집트 최후의 왕조인, 32왕조 프톨레마이오스 왕조에 완성되었다. Elizabeth Blyth, *Karnak: Evolution of a Temple* (New York: Routledge, 2006).

11) Peter J. Brand, *The Monuments of Seti I: Epigraphic, Historical & Art Historical Analysis* (Leiden: Brill, 2000).

12) Anson F. Rainey and R. Steven Notley, *The Sacred Bridge* (Jerusalem: Carta, 2007), 94-95.

13) Daniel E. Flewing, *Yahweh before Israel: Glimpses of History in a Divine Name*(Cambridge: Cambridge University Press. 2020), 23-66.

14) William A. Ward, "The Shashu "Bedouin": Notes on a Recent Publication," *Journal of the. Economic and Social History of the Orient* 15 (1972): 35-60; A. F. Rainey "Israel in Merenptah's Inscription and Reliefs," *Israel Exploration Journal* 51 (2001): 57-75; Thomas E. Levy, Russell B. Adams, and Adolfo Muniz, "Archaeology and the Shasu Nomads: Recent Excavations in the Jabal Hamrat Fidan, Jordan," in Richard E. Friedman, William H. C. Propp (eds.), *Le-david Maskil: A Birthday Tribute for David Noel Freedman*, Biblical and Judaic Studies 9 (Winona Lake: Eisenbrauns, 2004), 63-89.

15) 다음과 같은 성서구절들은 갈릴리, 긴네렛, 게네사렛 호수와 바다를 혼용하는 사례들을 보여준다. 수 12:3; 13:27; 마 4:18; 막 3:7; 7:31 ; 요 6:1.

16) 히브리어 원어 다음 성경/성서 구절들이 출 10:19; 13:18; 15:4, 22; 23:31; 민 14:25; 21:4; 33:10-11; 신 1:1, 40; 2:1; 11:4; 수 2:10; 4:23; 24:6; 왕상 9:26; 렘 49:21; 시 106:7-9, 22; 136:13-15; 느 9:9를 "갈대 바다, 호수"라고 언급한다. 라틴어 불가타(Vulgate)가 이를 처음으로 "붉은 바다"(mari rubro)로 번역한 이후, 해당 번역에 따라 각 나라 언어로 번역된 성경들이 이 용어를 "홍해"로 번역해 왔다.

17) James K. Hoffmeier, "The Search for Migdol of the New Kingdom and

Exodus 14:2: An Update," *Buried History* 44 (2008): 3-12.
18) 호프마이어는 중기 청동기와 후기 청동기에 지중해 해변과 나일강변 그리고 오늘날 수에즈 운하 연안의 호수들의 수심의 변화를 연구해서 발표했다. 후기 청동기 시대 해수면이 지금보다 더 높게 형성되어 있었다. 따라서 현재 수에즈 만의 홍해 바다 물이 수에즈 운하 주변의 호수들 안쪽으로 들어왔을 가능성이 높다. James K. Hoffmeier, "A Possible Location in Northwest Sinai for the Sea and Land Battles between the Sea Peoples and Ramesses III," *Bulletin of the American Schools of Oriental Research* 380 (2018): 1-25, esp., 18-20.
19) James K. Hoffmeier, "The Hebrew Exodus from and Jeremiah's Eisodus into Egypt in the Light of Recent Archaeological and Geological Developments," *Tyndale Bulletin* 72 (2021): 73-95.
20) Sanghwan Lee, "The Journey through the Netherworld and the Death of the Sun God: A Novel Reading of Exodus 7-15 in Light of the Book of Gates," *Religions* 14 (2023): Art. no. 343.
21) Carl Drews and Weiqing Han, "Dynamics of Wind Setdown at Suez and the Eastern Nile Delta," *PLoS One* 5(8) (2010): e12481.
22) Carl Drews, *Between Migol and the Sea: Crossing the Red Sea with Faith and Science* (CreateSpace Independent Publishing Platform, 2014).
23) Hans Goedicke, "Abi-Sha(i)'s Representation in Beni Hasan," *Journal of the American Research Center in Egypt* 21 (1984): 203-210; Dietrich Wildung, *Sesostris und Amenemhet: Ägypten im Mittleren Reich* (Münich: Hirmer, 1984), 185-186.
24) Norman de Garis Davies, *Paintings from the tomb of Rekh-mi-Rē'at Thebes* (New York: Metropolitan Museum of Art, 1935), pl. 15.

2. 믿음의 조상 아브라함, 이스라엘의 기원일까? : 유대인의 뿌리

25) Avraham Faust, "The Birth of Israel," in Robert G. Hoyland and Hugh G. M. Williamson (eds.). *The Oxford History of the Holy Land* (Oxford: Oxford University Press, 2023), 5-33.
26) Douglas Frayne, *Old Babylonian Period (2003-1595 B.C.): Early Periods, Vol. 4*, Royal Inscriptions of Mesopotamia (Toronto: University of Toronto, 1990), 323-483.
27) Thorkild Jacobsen, "The Waters of Ur," *Iraq* 22 (1960): 174-185; Leonard Woolley and P. R. S. Moorey, *Ur of the Chaldees: A Revised and Updated Edition of Sir Leonard Woolley's Excavations at Ur* (Ithaca, NY: Cornell

University Press, 1982); Emily Hammer, "The City and Landscape of UR: An Aerial, Satellite, and Ground Reassessment," *Iraq* 81 (2019): 173-206.
28) William F. Albright, "From the Patriarchs to Moses: From Abraham to Joseph," *The Biblical Archaeologist* 36 (1973): 5-33; Daniel E. Fleming, *The Legacy of Israel in Judah's Bible History, Politics, and the Reinscribing of Tradition* (Cambridge: Cambridge University Press, 2012), 202-219.
29) Nathan Wasserman and Yigal Bloch, *The Amorites: A Political History of Mesopotamia in the Early Second Millennium BCE,* Culture and History of the Ancient Near East 133 (Leiden: Brill, 2023).
30) 상당수의 역사학자들이 이러한 의견을 받아들이지 않음에도 불구하고, 다른 일군의 학자들은 족장들의 이주와 관련된 기록들이 문화적 기억으로 대부분의 성서 저자들이나 편집자들 시기보다 더 이른 시기의 오래된 기억을 반영한다고 주장하고 있다. Ronald S. Hendel, *Remembering Abraham: Culture, Memory, and History in the Hebrew Bible* (Oxford: Oxford University Press, 2005), 45-47.
31) Lily Agranat-Tamir, et. al., "The Genomic History of the Bronze Age Southern Levant," *Cell* 181 (2020): 1146-1157.
32) 남부 레반트 중앙 산지 경우, 특히 석회암 지역의 기후를 어떻게 통제하느냐가 농사 성공의 관건이었다. Jakub Mareš et. al., "Climate Controls on Limestone Cavernous Weathering Patterns in Israel," *Geomorphology* 462 (2024): 109-334.
33) Hans Goedicke, "Abi-Sha(i)'s Representation in Beni Hasan," *Journal of the American Research Center in Egypt* 21 (1984) 203-210; Janice Kamrin, The Procession of "Asiatics at Beni Hasan" in Joan Aruz, Sarah B. Graff, and Yelena Rakic (eds.), *Cultures in Contact: From Mesopotamia to the Mediterranean in the Second Millennium B.C.* (New York: The Metropolitan Museum of Art, 2013), 156-169.
34) Douglas Petrovich, *Origins of the Hebrews,* (Nashville: New Creation, 2021).
35) Manfred Bietak, *Avaris: The Capital of the Hyksos; Recent Excavations at Tell El-Dab'a* (London: British Museum Press, 1996).
36) Danielle Candelora, "Defining the Hyksos: A Reevaluation of the Title Hk3 H3swt and Its Implications for Hyksos Identity." *Journal of the American Research Center in Egypt* 53 (2017): 203-221; Chris Stantis, et. al., "Who were the Hykasos? Challenging Traditional Narratives Using Strontium Isotope ($87Sr/86Sr$) Analysis of Human Remains from Ancient Egypt." *PLoS ONE* 15(2020): e0235414.
37) Manfred Bietak, "From where came the Hyksos and where did they go",

in Marcel Marée (ed.), *The Second Intermediate Period (Thirteenth - Seventeenth Dynasties): Current Research, Future Prospects*, Orientalia Lovaniensia Analecta 192 (Leuven: Peeters, 2010), 139-181.

38) Titus Kennedy, "The Land of the *šзsw* (Nomads) of *yhwз* at Soleb." *Dotawo: A Journal of Nubian Studies* 6 (2019): 175-192; Daniel E. Fleming, *Yahweh before Israel: Glimpses of History in a Divine Name* (Cambridge: Cambridge University Press, 2021), 25-44.

39) Mary P. Gray, "The Habiru-Hebrew Problem in the Light of the Source Material Available at Present," *Hebrew Union College Annual* 29 (1958): 135-202.

40) Moshe Greenberg, *Hab/piru*, American Oriental Society 39 (New Haven: Connecticut, 1955), 91-96; Oswald Loretz, *Habiru-Hebräer: Eine soziolinguistische Studie über die Herkunft des Gentiliziums cibrí vom Appellativum habiru* (Berlin: Walter de Gruyter, 1984), 50-51.

41) Nadav Na'aman, "Habiru and Hebrews: The Transfer of a Social Term to the Literary Sphere," *Journal of Near Eastern Studies* 45 (1986): 271-286; Anson F. Rainey and Steven R. Notley, *Sacred Bridge* (Jerusalem: Carta, 2008), 89-90.

42) Agranat-Tamor, et. al., "The Genomic History."

43) Kenneth Kitchen, *Ramesside Inscriptions, historical and Biographical* (Oxford: Oxford University Press, 1969-1990), IV 19:1-9.

3. 이스라엘에게 가장 위협적인 민족, 블레셋 : 삼손, 사울, 골리앗의 결투

44) 철기 1시대로 알려진 기원전 12세기, 쉐펠라는 인구가 희박한 곳으로 동부지역에만 소수의 가나안 정착지들이 있었다. 당시에는 블레셋 사람들이 해안 평야에 정착해서 살기 시작했고, 중앙 산지에는 이스라엘 사람들이 자신들의 정치 체제를 서서히 형성해 나가기 시작했다. 시간이 흘러 철기 1시대 말과 이른 철기 2시대 초반, 즉 사울과 다윗 시기에 점차 쉐펠라에는 새로운 정착지들과 요새들이 건립되었다. 이 시기는 이스라엘과 블레셋이 쉐펠라의 주도권을 놓고 서로 경쟁하던 시기이다. Avraham Faust and Hayah Katz, "Philistines, Israelites and Canaanites in the Southern Trough Valley during the Iron Age I," *Ägypten und Levante* 21 (2011): 231-247.

45) Mahri Leonard-Fleckman, *Scribal Representations and Social Landscapes of the Iron Age Shephelah* (Oxford: Oxford University Press, 2025), 103-122.

46) Christian E. Hauer, Jr. "The Shape of Sauldie Strategy," *Catholic Biblical Quarterly* 31 (1969): 153-167.

47) Moshe Garsiel, "The Valley of Elah Battle and the Duel of David with Goliath:

Between History and Artistic Theological Historiography," in Gershon Galil, Mark Geller, and Alan Millard (eds.), *Biblical and Ancient Near Eastern Studies in Honour of Bustenay Oded,* Supplements to Vetus Testamentum 130 (Leiden: Brill, 2010): 391-426.

48) Jeffrey R. Zorn, "Reconsidering Goliath: An Iron Age I Philistine Chariot Warrior," *Bulletin of the American Schools of Oriental Research* 360 (2010): 1-22.

49) 특히 강후구 교수는 키르벳 케이야파를 히브리대학교 요세프 가르핑켈(Joseph Garfinkel)교수와 함께 2007년부터 2013년까지 발굴해왔다. 키르벳 케이야파에서 출토된 토기는 이곳이 철기 IB-IIA 전환기 시대에 블레셋 사람들과의 전쟁 당시, 이스라엘 사람들에 의해 잠시 사용된 요새로, 그 이후에는 버려졌던 것을 증명하는 근거이다. Yosef Garfinkel and Hoo-Goo Kang, "Relative and Absolute Chronology of Khirbet Qeiyafa: Very Late Iron Age I or Very Early Iron Age IIA?", *Israel Exploration Journal* 61 (2011): 171-183; Hoo-Goo Kang, "The Dating of the Pottery Assemblage of Khirbet Qeiyafa: An Archaeological, Quantitative and Typological Discussion," *Israel Exploration Journal* 65 (2015): 37-49.

50) Mark Healy, *The Ancient Assyrians: Empire and Army, 883-612* BC (Oxford: Osprey, 2023), 308-310.

51) David Ben-Shlomo, Hans Mommsen, Johannes H. Sterba, "Back to Naṣbeh: New Compositional Analysis of Philistine Bichrome Pottery from Tell en-Naṣbeh," *Archaeometry* 63 (2021): 705-720; Mario M.S. Martin, "The Provenance of Philistine Pottery in Northern Canaan, with a Focus on the Jezreel Valley," *Tel Aviv* 44 (2017): 193-231.

52) Barbara Green, *How Are the Mighty Fallen: A Dialogical Study of King Saul in 1 Samuel,* Journal for the Study of the Old Testament Supplement 365 (London: Bloomsbury, 2003), 411-446.

53) Avram Graicer (CC BY-SA 3.0) Armstronginstitute.org 재사용 허가.

54) 출처 Yosef Garfinkel, "The Tenth Century BCE in Judah: Archaeology and the Biblical Tradition," *Jerusalem Journal of Archaeology* 1 (2021): 126-154.

4. 끝나지 않는 지구 종말의 전쟁터, 아마겟돈 : 므깃도의 전쟁사

55) 므깃도의 전체적인 역사에 대해서 알려주는 글은 다음과 같다. David Ussishkin, "Megiddo," in *Anchor Bible Dictionary* 4 (New York: Doubleday, 1993), 666-679; Eric H. Cline, *The Battles of Armageddon: Megiddo and the Jezreel*

Valley from the Bronze Age to the Nuclear Age (Ann Arbor: University of Michigan Press, 2002).
56) Eric Cline, "Megiddo," in Encycloperia of the bible and its Reception, Vol. 18 (Berlin: De Gruyter, 2020), https://doi.org/10.1515/ebr.megiddo
57) Eric H. Cline, The Battles of Armageddon, 1-5. 클라인(Cline)은 앞의 책에서 므깃도와 아마겟돈에서 일어난 역사적 전투들을 시대순으로 배열하여 설명하였다.
58) Donald B. Redford, The Wars in Syria and Palestine of Thutmos III, Culture and History of the Ancient Near East 16 (Leiden: Brill, 2003), 206-209.
59) Anson F. Rainey and Steven R. Notley, Sacred Bridge (Jerusalem: Carta, 2008), 66-67.
60) Raymond O. Faulkner, "The Battle of Megiddo," Journal of Egyptian Archaeology 28 (1944): 2-15; Anson F. Rainey and Steven R. Notley, Sacred Bridge (Jerusalem: Carta, 2008), 67.
61) A Rainey and Notley, Sacred Bridge 66-69.
62) Yigal Yadin, "New Light on Solomon's Megiddo," The Biblical Archaeologist 23 (1960): 62-68; Yigal Yadin, "Was the 'Solomonic' City Gate at Megiddo Built by King Solomon?: A Rejoinder," Bulletin of the American Schools of Oriental Research 239 (1980): 19-23; Baruch Halpern, "The Gate of Megiddo and the Dabate on the 10th Century," in Andre Lemaire and Magre Sæbø (eds.), Congress Volume Oslo 1998 (Leiden: Brill, 2000), 79-121.
63) George E. Wright, "The Provinces of Solomon," Eretz Israel 8 (1967):58-68; Yohanan Aharoni, "The Solomonic Districts," Tel Aviv 3 (1976): 5-15.
64) Lawson K. Younger, "Neo-Assyrian and Israelite History in the Ninth Century: the Role of Shalmaneser III," in Hugh G. M. Williamson (ed.), Understanding the History of Ancient Israel (Oxford: Oxford Univ Press for the British Academy, 2007), 243-277.
65) Itzhak Amar, "An Intertextual Analysis of Jehu's Violence in Kings and Chronicles (2 Kgs -10 and 2 Chr 21-24)," Scandinavian Journal of the Old Testament 37 (2023): 210-229; Amitai Baruchi-Unna, "Jehuites, Ahabites, and Omrides: Blood Kinship and Bloodshed," Journal for the Study of the Old Testament 42 (2017): 3-21.
66) Bernd U. Schipper, "Egypt and the Kingdom of Judah under Josiah and Jehoiakim," Tel Aviv 37 (2010): 200-226.
67) Michael Avioz, "What happened at Megiddo?: Josiah's Death Described in the Book of Kings," Biblische Notizen 142 (2009): 5-11.

68) Abraham Malamat, "The Historical Background of Josiah's Encounter with Necho at Megiddo," *Eretz-Israel: Archaeological, Historical, and Geographical Studies 12:Nelson Glueck Memorial Volume* (Jerusalem: Israel Exploration Society, 1975), 83-90.
69) Yotam Tepper, Matthew J. Adams, and Eileen Ernenwein, "The Principia of the Sixth Legion at Legio/Caparcotani: Ground Penetrating Radar and Excavations in a Legionary Base," 'Atiqot 111 (2023): 149-174.
70) Judy Siegel-Itzkovich, "1,800-year-old Roman Legionary Base Discovered at Tel Megiddo," News Paper, *Jerusalem Post*, Feb. 14. 2024.
71) Eric H. Cline, *The Battles of Armageddon: Megiddo and the Jezreel Valley from the Bronze Age to the Nuclear Age* (Ann Arbor: University of Michigan Press, 2002), 11-15.

5. 다윗, 실존 인물일까? : 고고학이 밝혀낸 다윗 왕조의 흔적

72) Edward H. Carr, *What is History?* (London: Mamillan, 1961).
73) N. Peter Lemche, *Back to Reason: Minimalism in Biblical Studies*, Discourses in Ancient Near Eastern and Biblical Studies (Sheffield: Equinox, 2022).
74) Tremper Longman, Iain W. Provan, and V. Philips Long. *A Biblical History of Israel* (Louisville: Westminster John Knox Press, 2003, second edition 2015).
75) Avraham Biran and Joseph Naveh, "An Aramaic Stele Fragment from Tel Dan," *Israel Exploration Journal* 43 (1993): 81-98; Avraham Biran and Joseph Naveh, "The Tel Dan Inscription: A New Fragment," *Israel Exploration Journal* 45 (1995): 1-18.
76) Matthew J. Suriano, "The Apology of Hazael: A Literary and Historical Analysis of the Tel Dan Inscription," *Journal of Near Eastern Studies* 66 (2007): 163-176.
77) Katharina Galor and Hanswulf Bloedhorn, *The Archaeology of Jerusalem: From the Origins to the Ottomans* (New Haven: Yale University Press, 2013); Israel Finkelstein, *Jerusalem: The Center of the Universe: Its Archaeology and History* (1800-100 BCE)(Atlanta: SBL Press, 2024).
78) Yitzhak Lee-Sak, "A New Historical Scenario Drawing on Benjamin Settlement Pattern, Jerusalem Archaeology, Sheshonq I's List, and Biblical Historiography," *Zeitschrift des Deutschen Palästina-Vereins* 140 (2014): 30-58.
79) William G. Dever, *Beyond the Texts: An Archaeological Portrait of Ancient Israel and Judah* (Atlanta: SBL Press, 2017), 1-45, 259-382.

80) Amihai Mazar, "Archaeology and the Biblical Narrative. The Case of the United Monarchy," in Reinhard G. Kratz and Hermann Spiekermann (eds.), *One God - One Cult - One Nation. Archaeological and Biblical Perspectives*, Beihefte zur Zeitschrift für die Alttestamentliche Wissenschaft 405 (Berlin: Gruyter 2010), 29-58.
81) Israel Finkelstein, Amihai Mazar, *The Quest for the Historical Israel: Debating Archaeology and the History of Early Israel*, SBLABS 17 (Atlanta: SBL Press, 2007), 99-139.
82) Eilat Marzar, *The Palace of King David Excavations at the Summit of the City of David: Preliminary Report of Seasons 2005-2007* (Jerusalem: Shoham Academic Research and Publication, 2009).
83) Eilat Mazar, *The Ophel Excavations to the South of the Temple Mount 2009-2013 Final Reports Vols. I-II* (Jerusalem: Old City Press, 2015, 2018).
84) 최근 텔아비브대학 고고학과 고대근동문명학과 교수이자 이스라엘 핑켈슈타인의 제자인 유발 가돗(Yuval Gadot)과 그 동료들은 다윗성 입구 좌측에 있는 기브아티 주차장(Giv'ati Parking Lot)에서 기원전 9세기 중반 이전에 사용된 것으로 여겨지는 대규모의 해자를 발견했다. 이 해자는 기원전 9세기 중반 이전에 예루살렘이 돌계단 구조물과 큰 돌 구조물이 있는 아크로폴리스와 오펠 지역으로 구역화되어 나눠져 있음을 증명한다. 또한 아크로폴리스 지역이 요새화가 기원전 9세기 중반 이전에 되어 있음을 증명한다. 이 것은 그동안 30-40년 넘게 기원전 9세기 후반 이후에나 다윗성이 요새화로 발전했다고 주장한 이스라엘 핑켈슈타인의 입장을 정면으로 반박한 주장이다. Yuval Gadot, Efrat Bocher, Liora Freud, and Yiftah Shalve, "An Early Iron Age Moat in Jerusalem between the Ophel and the Southeastern Ridge/City of David," *Tel Aviv* 50 (2023): 147-170.
85) Avraham Faust, "The "United Monarchy" on the Ground: The Disruptive Character of the Iron Age I-II Transition and the Nature of Political Transformations," *Jerusalem Journal of Archaeology* 1 (2021): 15-67.
86) William G. Dever, "Solomon, Scripture, and Science: The Rise of the Judahite State in the 10th Century BCE," *Jerusalem Journal of Archaeology* 1 (2021): 102-125.
87) Yosef Garfinkel, "The Tenth Century BCE in Judah: Archaeology and the Biblical Tradition," *Jerusalem Journal of Archaeology* 1 (2021): 126-154.
88) Avraham Faust, Yosef Garfinkel, and Madeleine Mumcuoglu, "The Study of the 10th Century BCE in the Early 21st Century CE: An Overview," *Journal of Jerusalem Archaeology* 1 (2021): 1-14.

6. 북이스라엘과 남유다, 왜 싸웠을까? : 두 왕국의 흥망성쇠 시나리오

89) Christian Frevel, *History of Ancient Israel* (Atlanta: SBL Press, 2023), 259-430.
90) Joachim J. Krause, "The Land of Benjamin between the Emerging Kingdoms of Israel and Judah: A Historical Hypothesis on the Reign of Rehoboam," in Joachim J. Krause, Omer Sergi, and Kristin Weingart (eds.), *Saul, Benjamin and the Emergence of Monarchy in Israel: Biblical and Archaeological Perspectives*, Ancient Israel and Its Literature 40 (Atlanta: SBL Press, 2020), 111-131.
91) Yitzhak Lee-Sak, *Reassessment of the Benjaminite Traditions in the Hebrew Bible in Light of Archaeological Data and Historical Reconstruction*, Ph.D. Dissertation (Tel Aviv: Tel Aviv University, 2021), 80-82, 121-131.
92) Israel Finkelstein and Assaf Kleiman, "The Archaeology of the Days of Baasha?" *Revue Biblique* 126 (2019): 277-296.
93) Chester C. McCown and Joseph C. Wampler, *Tell en-Naṣbeh: Excavated Under the Direction of the Late William Frederic Badè, Vol. 1: Archaeological and Historical Results; Vol. 2: The Pottery* (Berkeley; CA: Palestine Institute of Pacific School of Religion and American Schools of Oriental Research, 1947).
94) Jeffrey R. Zorn, *Tell en-Nasbeh. A Re-Evaluation of the Architecture and Stratigraphy of the Early Bronze Age, Iron Age and Later Periods*, Ph.D. Dissertation (Berkeley: University of California, 1993).
95) Yuval Gadot, "The Iron I Settlement Wave in the Samaria Highlands and Its Connection with the Urban Centers," *Near Eastern Archaeology* 82 (2019): 32-41.
96) Omer Sergi, "The Formation of Israelite Identity in the Central Canaanite Highlands in the Iron Age I-IIA," *Near Eastern Archaeology* 82 (2019): 42-51.
97) Avi Ofer, "The Monarchic Period in the Judaean Highland: A Spatial Overview," Amihai Mazar (ed.), Studies in the Archaeology of the Iron Age in Israel and Jordan, Journal for the Study of the Old Testament Supplement 331 (Sheffield: Sheffield Academic Press, 2001), 14-37.
98) Gunnar Lehmann and Hermann M. Niemann, "When Did the Shephelah Become Judahite?" *Tel Aviv* 41 (2014): 77-94.
99) Israel Finkelstein and Thomas Römer, "Comments on the Historical Background of the Jacob Narrative in Genesis," *Zeitschrift für die Alttestamentliche Wissenschaft* 126 (2014):317-338.

100) Isaac Kalimi, "The Land of Moriah, Mount Moriah, and the Site of Solomon's Temple in Biblical Historiography," *Harvard Theological Review* 83 (1990): 345-362.
101) Thomas Römer, "L'arche de Yhwh: de la guerre à l'alliance," *Études théologiques et religieuses* 94 (2019): 95-108.

7. 공포와 잔혹의 제국, 앗시리아 : 사마리아인들의 운명

102) Daniel David Luckenbill, *Ancient Records of Assyria and Babylonia*, Vol. 1 (University of Chicago Press, 1926), 146-147; A. K. Grayson, *Assyrian Royal Inscriptions*, Part II (Wiesbaden: Harrassowitz, 1976), 165.
103) Tamás Dezső, The Assyrian Army III: *The Assyrian Army on Campaign 1. Musters and Marching and 2. Battle Order and Tactics* (Budapest: Eötvös Loránd University, 2022).
104) JoAnne Scurlock, "Neo-Assyrian Battle Tactics," in: Gordon D. Young, Mark W. Chavalas, and Richard E. Averbeck, (ed.), *Crossing Boundaries and Linking Horizons.: Studies in Honor of Michael C. Astour* (Bethesda: CDL Press, 1997), 491-517.
105) Yosef Garfinkel, Jon W. Carroll, Michael Pytlik, Madeleine Mumcuoglu, "Constructing the Assyrian siege ramp at Lachish: Texts, Iconography, Archaeology and Photogrammetry," *Oxford Journal of Archaeology* 40 (2021): 417-439.
106) A. Kirk Grayson, *Assyrian and Babylonian Chronicles* (Winona Lake: IN; Eisenbrauns, 2000), 73.
107) Grant Frame, *The Royal Inscriptions of Sargon II, King of Assyria (721-705 BC) The Royal Inscriptions of the Neo-Assyrian Period* Vol. 2 (Winona Lake: IN; Eisenbrauns), 329-330.
108) Ron Tappy, "The Annals of Sargon II and the Archaeology of Samaria: Rhetorical Claims, Empirical Evidence," in Shuichi Hasegawa, Christoph Levin, and Karen Radner (eds.), *The Last Days of the Kingdom of Israel*, Beihefte zur Zeitschrift für die alttestamentliche Wissenschaft 511 (Berlin: Gruyter, 2019), 147-189.
109) Avraham Faust, "Settlement, Economy, and Demography under Assyrian Rule in the West: The Territories of the Former Kingdom of Israel as a Test Case," *Journal of the American Oriental Society* 135 (2015): 765-89.
110) Oded Bustenay, *Mass Deportations and Deportees in the Neo-Assyrian*

Empire (Wiesbaden: Ludwig Reichert Verlag, 1979).

111) Mordechai Cogan, *The Raging Torrent: Historical Inscriptions from Assyria and Babylonia Relating to Ancient Israel* (Jerusalem: Carta, 2008), 82-96, Text Nos. 18-20.

112) 앗시리아의 "제국화" 정책은 제국의 경계 안에 있는 피지배민들을 소위 앗시리아 제국내, 원래 앗시리아 제국민들보다는 열등하지만 앗시리아의 문화를 온전히 받아들인 앗시리아 시민으로 만드는 것이었다. Bleda S. Düring, *The Imperialisation of Assyria: An Archaeological Approach* (Cambridge: Cambridge University Press, 2020).

113) Ariel M. Bagg, "Assyrian Technology," in Ekart Frahm (ed.), *A Companion to Assyria* (London: Wiley Blackwell, 2017), 511-521.

114) Pebble seal from Gezer (The Bible Lands Museum no. 1001; photo: D. Loggie, Courtesy of the Bible Land Museum; drawn by N. Ze'evi).

115) John A. Brinkman, "Sennacherib's Babylonian Problem: An Interpretation," *Journal of Cuneiform Studies* 25 (1973): 89-95.

116) Karen Radner, "Revolts in the Assyrian Empire: Succession Wars, Rebellions Against a False King and Independence Movements," in John J. Collins and Joseph G. Manning (eds.), *Revolt and Resistance in the Ancient Classical World and the Near East: In the Crucible of Empire* (Leiden: Brill, 2016), 41-54.

117) A. Kirk Grayson and Jamie Novotny, *The Royal Inscriptions of Sennacherib, King of Assyria (704-681 BC): Part 2. The Royal Inscriptions of the Neo-Assyrian Period* Vol. 3/2 (Winona Lake: IN; Eisenbrauns, 2014), 185, 189.

118) A. Kirk Grayson, *Assyrian and Babylonian Chronicles* (Texts from Cuneiform Sources 5; Winona Lake; IN: Eisenbrauns 2000), 73.

119) K. Lawson Younger, Jr. "Nimrud Prisms D & E(2.118D)," in William W. Hallo (ed.), *The Context of Scripture: Vol. 2 Monumental Inscriptions from the Biblical World* (Leiden: Brill, 2003), 295.

120) Cyril J Gadd, "Inscribed Prisms of Sargon II from Nimrud," *Iraq* 16 (1973): 174-201.

8. 예수가 그때 가이사랴 빌립보를 찾은 이유는? : 이스라엘의 핫플레이스 가이사랴 빌립보

121) Zvi U. Ma'oz, Vassilios Tzaferis, and Moshe Hartal, "Banias," in *The New Encyclopedia of Archaeological Excavations in the Holy Land . Vol. 1 and 5* (Jerusalem: Israel Exploration Society, 1993 and 2008), 136-143, 1587-1594.

122) Avner Raban, *The Harbour of Sebastos (Caesarea Maritima) in its Roman*

Mediterranean Context, BAR International Series 1930(Oxford: BAR Publishing, 2009), 3-4, 63-152.
123) Yosef Porath, et. al., Caesarea Maritima I: Herod's Circus and Related Buildings. Part 1: Architecture and Stratigraphy, Israel Antiquities Authority Reports 53 (Jerusalem: Israel Antiquities Authority, 2013); Yosef Porath, et. al., Caesarea Maritima I: Herod's Circus and Related Buildings. Part 2: The Finds, Israel Antiquities Authority Reports 57 (Jerusalem: Israel Antiquities Authority, 2015).
124) Raban, The Harbour of Sebastos, 38-47.
125) 원래 안토니우스의 편이었던 헤롯 대왕은 악티움 해전 이후로 옥타비아누스인, 로마 초대 황제, 아우구스투스 편으로 돌아섰다. 그 이후 헤롯 대왕은 아우구스투스의 봉신국가 왕과 로마제국의 파트너 역할을 충실히 감당한다.
126) Zvi Uri Maʻos, "Banias," in The New Encyclopedia of Archaeological Excavations in the Holy Land, Vol. 1 (Jerusalem: Israel Exploration Society, 1993), 136-138. 헤롯 대왕은 유대의 왕이 된 이후로 로마 황제 아우구스투스를 위한 로마 황제 신전을 대대적으로 건축하였다. 파니아스에 있었던 로마 황제의 신전은 그중에 하나였다.
127) Nikos Kokkinos, The Herodian Dynasty: Origins, Role in Society and Eclipse, Journal for the Study of the Pseudepigrapha Supplement Series 30 (Sheffield: Sheffield Academic Press, 1998).
128) Adele Berlin, "Herod, Augustus, and the Augusteum at the Panion." Eretz-Israel 31: 1-11.
129) 기원후 1세기, 예수가 활동하던 시대, 골란 고원과 헬몬산 기슭에는 대규모 정착이 이루어진 도시들이 많이 세워졌다. 그리고 이들 지역은 그 지역의 수도였던 파니아스, 가이사랴 빌립보를 중심으로 발전하기 시작하였다. Shimon Dar, Settlements and Cult Sites on Mount Hermon, Israel: Iturean Culture in the Hellenistic and Roman Periods, British Archaeological Reports 589 (Oxford: Archaeopress, 1993).
130) Zvi U. Maʻoz, Baniyas in the Greco-Roman Period: A History Based on the Excavations (Qazrin: Archaostyle, 2007); Zvi U. Maʻoz, Vassilios Tzaferis, and Moshe Hartal, "Banias," in The New Encyclopedia of Archaeological Excavations in the Holy Land. Vol. 1 and 5 (Jerusalem: Israel Exploration Society, 1993 and 2008), 136-143, 1587-1594.
131) Zvi U. Maʻoz, Baniyas, the Roman Temples, Archaostyle Scientific Research Series 8 (Qazrin: Archaostyle, 2009); James B. Rivers, Religion in the Roman

Empire. Blackwell Ancient Religions (Oxford: Blackwell, 2007); Arthur Segal, *Temples and Sanctuaries in the Roman East: ReligiousArchitecture in Syria, Iudaea/Palaestina and Provincia Arabia* (Oxford: Oxbow, 2013).
132) 학자들 사이에 이 제우스 신전이 예수 시대로 알려진 기원후 1세기 전반부에 세워진 것인지, 아니면 트라야누스(Traianus) 황제 시기인 기원후 2세기 전반부에 개축된 것인지 대해 논쟁이 있다.
133) 제우스 신전은 로마 제국 오현제(五賢帝: 다섯 명의 지혜로운 황제)중 두번째 황제인 트라야누스(Trajanus) 치세 초반에, 네메시스 신전은 오현제 중에 마지막 형제이자 '명상록(Meditations)'의 저자로 알려진 철인황제(哲人皇帝), 마르쿠스 아우렐리우스(Marcus Aurelius) 치세 말기에 건축되었다.
134) Flavius Josephus, *The Jewish War*, Vol. I: *Books 1-2* (Trans.) H. St. J. Thackeray. Loeb Classical Library 203 (Cambridge, MA: Harvard University Press, 1927), I: 404; idem, *Jewish Antiquities, Vol. VI: Books 14-15* (Trans.) Ralph Marcus and Allen Wikgren. Loeb Classical Library 489 (Cambridge, MA: Harvard University Press, 1943), XV: 363.
135) Philippe Borgeaud, *The Cult of Pan in Ancient Greece* (Chicago: University Chicago Press, 1988).
136) Adele Berlin, "Archaeology of Ritual: The Sanctuary of Pan at Banias/Caesarea-Philippi," *Bulletin of the American Schools of Oriental Research* 315 (1999): 27-49; Adi Erlich and Ron Lavi, Dine and Worship: The Roman Complex in Front of the Pan Grotto in Paneas/Caesarea Philippi, *Bulletin of the American Society of Overseas Research* 392 (2024): 207-237.

9. 야훼-엘신에서 그의 아내까지? : 고대 사람들이 만든 신상들

137) Rudolph Otto, *Das Heilige: Über das Irrationale in der Idee des Göttlichen und sein Verhältnis zum Rationalen* (Breslau: Trewendt & Granier, 1917), Kapitel 2: Das Numinose.
138) Leo Oppenheim, *Ancient Mesopotamia:Portrait of a Dead Civilization* (Chicago: The University of Chicago Press, 1977), 183.
139) Françoise Dunand and Christiane Zivie-Coche, *Gods and Men in Egypt: 3000 BCE to 395 CE* (Ithaca, NY: Cornell University Press, 2004), 32-35, 57-59.
140) Alfonso Archi, "The Names of the Primeval Gods," *Orientalia* 59 (1990): 114-129.
141) Michael B. Hundely, *Gods in Dwellings: Temples and Divine Presence in*

the Ancient Near East (Atlanta: SBL Press, 2013).
142) Kurt L. Noll "Canaanite Religion," *Religion Compass* 1 (2007): 61-92.
143) Benjamin D. Sommer, *The Bodies of God and the World of Ancient Israel* (Cambridge: Cambridge University Press, 2009), 12-57.
144) Jeremy Black and Anthony Green, Gods, *Demons, and Symbols of Ancient Mesopotamia: An Illustrated Dictionary* (London: British Museum Press, 1992).
145) K. Lawson Younger, Jr. "Nimrud Prisms D & E(2.118D)," in William W. Hallo (ed.), *The Context of Scripture: Vol. 2 Monumental Inscriptions from the Biblical World* (Leiden: Brill, 2003), 295.
146) Stéphanie Anthonioz, "Astarte in the Bible and her Relation to Asherah," in David T. Sugimoto (ed.), *Ishtar / Astarte / Aphrodite : Transformation of a Goddess. Orbis Biblicus et Orientalis* 263 (Fribourg: Academic Press, 2014), 125-139.
147) Theodore J. Lewis, "Art and Iconography: Representing Yahwistic Divinity," in Susan Niditch (ed.), *The Wiley Blackwell Companion to Ancient Israel*, Wiley Blackwell Companions to Religion (West Sussex: Wiley-Blackwell, 2016), 508-531.
148) 최근에 요셉 가르핀켈(Yosef Garfinkel)교수는 텔 모짜(Tel Moza)에서 발굴한 테라코타 모양의 동물 얼굴이 야훼-엘신 하나님의 초기 얼굴 형상일 수 있다고 주장하였다. Yosef Grafinkel, "The Face of Yahweh?" *Biblical Archaeological Review* 46 (2020): 30-33. 그러나 이 주장은 필자의 스승이자 동료들인 텔아비브 대학교 고고학과 고대근동학과 텔 모짜 발굴자들에 의해 반박되었다. Shua Kisilevitz, Ido Koch, Oded Lipschits, and David S. Vanderhooft, "Facing the Facts About the 'Face of God': A Critical Response to Yosef Garfinkel." *Biblical Archaeology Review* 46 (2020): 38-45.
149) Ze'ev Meshel, *Kuntillet Ajrud (Horvat Teman): An Iron Age II Religious Site on the Judah-Sinai Border* (Jerusalem: Israel Exploration Society, 2012).
150) Jeremy Smoak and William Schniedewind, "Religion at Kuntillet 'Ajrud," *Religions* 10 (2019): Art. no. 211.
151) William G. Dever, *Did God Have A Wife?: Archaeology And Folk Religion in Ancient Israel* (Grand Rapids: William B. Eerdmans, 2005).
152) Ryan Thomas, "The Identity of the Standing Figures on Pithos A from Kuntillet 'Ajrud: A Reassessment," *Journal of Ancient Near Eastern Religions* 16 (2016): 121-191.

153) Mark S. Smith, *The Early History of God: Yahweh and the Other Deities in Ancient Israel* (Grand Rapids: William B. Eerdmans, 2002).
154) Cyril J. Gadd, "Inscribed Prisms of Sargon II from Nimrud," *Iraq* 16 (1954): Pl. XLIII.
155) Hershel Shanks, "The Persisting Uncertainties of Kuntillet 'Ajrud," *Biblical Archaeology Review* 38 (2012): 28-37, 76.

10. 베드로는 부자였다? : 갈릴리 어부의 삶

156) Mendel Nun, *The Sea of Galilee and Its Fishermen in the New Testament* (Ein Gev: Kibbutz Ein Gev, 1989.
157) J. S. Kloppenborg, "Jesus, Fishermen, and Tax Collectors, Papyrology and the Construction of the Ancient Economy of Roman Palestine," *Ephemerides Theologicae Lovanienses* 94 (2018): 571-599.
158) 어업경찰에 대한 정보는 그리어 비문보충자료집을 참고하라. *Supplementum Epigraphicum Graecum*, Jacob E. Hondius (ed.), Vol. 2 (Leiden, Sijthoff, 1925), 747.
159) 조업권에 대한 면허와 세금 부과에 대한 정보는 다음을 참고하라. Flavius Josephus, *The Antiquities of the Jews*, 17.3.4-11; *The Jewish War* 2.4.5-7; Suetonius, Vol. 1: *The Lives of the Caesars--Julius. Augustus, Tiberius, Gaius. Caligula*, (Trans). J. C. Rolfe, Loeb Classical Library 3 (Harvard University Press, 1914), Caligula. 1.
160) S. Kloppenborg, "Jesus, Fishermen, and Tax Collectors, Papyrology and the Construction of the Ancient Economy of Roman Palestine," *Ephemerides Theologicae Lovanienses* 94 (2018): 571-599.
161) Wilhelm Wuellner, *The Meaning of "Fishers of Men."* (New Testament Library. Philadelphia: Westminster, 1967), 23-25쪽.
162) 기원후 46년의 이집트 파피루스는 13명의 어부와 그들의 서기관이 로마 황제(티베리우스)에 의해 성어를 잡지 않겠다는 맹세를 한 어업 협동조합을 보고하였다 (*Pubblicazioni della Societa italiana* 901.7-16; Arthur S. Hunt and Campbell C. Edgar, *Select Papyri*, Vol II. Loeb Classical Library 282 (Cambridge: Harvard University Press, 1934), 373-375. 아시아 소아시아의 한 어업 협동조합은 54-59년에 통행세관에 제출한 비문을 남겼다 (Die Inschriften von Ephesos Ia [1979] 20; 54-59쪽; Greg H. R. Horsley, *New Documents Illustrating Early Christianity*. Vol. 5. (Macquarie: Ancient History Documentary Research Centre 1989), 18-19.

163) Wilhelm Wuellner, *The Meaning of "Fishers of Men."* (New Testament Library, Philadelphia: Westminster, 1967), 43-44; Gerd Theissen, *The Gospels in Context: Social and Political History in the Synoptic Tradition* (Trans.), Linda M. Maloney (Minneapolis: Fortress Press, 1991), 119nn.
164) Corpus Inscriptionum Latinarum 라틴어 비문 종합집13권 8830, Deae Hludanae conductores piscatus mancipe Quinto Valerio Secundo v(otum) s(olverunt) l(ibentes) m(erito): 훌루다나(Hludana) 여신에게 어업 계약자들이 퀸토 발레리우스 세쿤두스(Quinto Valerio Secundus)의 지도 아래 기꺼이 그들의 맹세를 완수하였다. Horsley, *New Documents Illustrating Early Christianity*. 18-19.
165) 삭개오 이야기 눅 19:2-8; Mishnah Nedarim. 3.4; Mishnah Tahorot. 7.6, Philo, 특별법(Special Laws) 1.143;
166) Strabo, *Geographia*, 16.2.45.
167) 출처: Bethsaida National Park of Israel
168) 출처: RedeemerofIsrael.org
169) Mendel Nun, "Cast Your Net Upon the Waters: Fish and Fishermen in Jesus' Time." *Biblical Archaeology Review* 19 (1993): 46-56, 70쪽; Menachem Goren, and Reuven Ortal, "Biogeography, Diversity and Conservation of the Inland Water Fish Communities in Israel," *Biological Conservation* 89 (1999): 1-9; Roni Tadmor-Levi et al, "Revisiting the Species List of Freshwater Fish in Israel based on DNA Barcoding," *Ecology and Evolution* 13.12 (2023): 1-19.
170) Tomer Borovski, et al, "Historical and Recent Reductions in Genetic Variation of the Sarotherodon galilaeus Population in the Sea of Galilee," *Conservation Genetics* 19 (2018): 1323-1333.
171) E. W. G. Masterman, "The Fisheries of Galilee," *Palestine Exploration Quarterly* 40 (1908): 40-51.
172) Kenneth C. Hanson, "The Galilean Fishing Economy and the Jesus Tradition," *Biblical Theology Bulletin* 27 (1997): 99-111.
173) Annalisa Marzano, *Harvesting the Sea: The Exploitation of Marine Resources in the Roman Mediterranean* (Oxford: Oxford University Press, 2013), 29.
174) Mendel, Nun, *The Sea of Galilee and Its Fishermen in the New Testament* (Ein Gev: Kibbutz Ein Gev, 1989); idem, "Cast Your Net Upon the Waters: Fish and Fishermen in Jesus' Time." *Biblical Archaeology Review* 19.6 (1993): 46-56, 70.; Tønnes Bekker-Nielsen, "Nets, Boats, and Fishing in the Roman

World," *Classica et Mediaevalia* 53 (2002): 215-233.

11. 고대 이스라엘의 가옥은 어땠을까? : 지형에 따른 주거와 생활방식

175) Avraham Faust and Shlomo Bunimovitz, "The Four Room House: Embodying Iron Age Israelite Society," *Near Eastern Archaeology* 66 (2003): 22-31.
176) Yigal Shiloh, "The Four-Room House: Its Situation and Function in the Israelite City," *Israel Exploration Journal* 20 (1970): 180-190.
177) Manfred Bietak, "An Iron Age Four Room House in Ramesside Egypt," *Eretz-Israel: Archaeological, Historical, and Geographical Studies* 23: *Avraham Biran Volume* (Jerusalem: Israel Exploration Society, 1991), 10-12.
178) Yigal Shiloh, "The Four-Room House: Its Situation and Function in the Israelite City," *Israel Exploration Journal* 20 (1970): 180-190.
179) Douglas R. Clark, "Bricks, Sweat and Tears: The Human Investment in Constructing a "Four-Room" House," *Near Eastern Archaeology* 66 (2003): 34-43.
180) Avraham Faust, "Doorway Orientation, Settlement Planning and Cosmology in Ancient Israel during the Iron Age II," *Oxford Journal of Archaeology* 20 (2001): 129-155.
181) Avraham Faust, "The Rural Community in Ancient Israel During the Iron Age II," *Bulletin of the American Schools of Oriental Research* 318 (2000): 17-39.
182) Eric M. Meyers, "Roman-Period Houses from the Galilee: Domestic Architecture and Gendered Spaces," in William G. Dever and Seymour Gitin (eds.), *Symbiosis, Symbolism, and the Power of the Past: Canaan, Ancient Israel, and Their Neighbors, from the Late Bronze Age through Roman Palaestina* (University Park: Penn State University Press, 2003), 487-500.
183) C. Thomas McCollough, "City and Village in Lower Galilee: The Import of the Archeological Excavations at Sepphoris and Khirbet Qana (Cana) for Framing the Economic Context of Jesus," in David A. Fiensy and Ralph K. Hawkins (eds.), *The Galilean Economy in the Time of Jesus*, Early Christianity and Its Literature 11 (Atlanta: SBL Press, 2013), 49-74.
184) Uzi Leibner, *Settlement and History in Hellenistic, Roman, and Byzantine Galilee*, Texts and Studies in Ancient Judaism 127 (Tübingen: Mohr

Siebeck, 2009), 315-344.
185) Katharina Galor, "Domestic Architecture in Roman and Byzantine Galilee and Golan," *Near Eastern Archaeology* 66 (2003): 44-57.
186) Sharon L. Mattila, "Revisiting Jesus' Capernaum: A Village of Only Subsistence-Level Fishers and Farmers?" in David A. Fiensy and Ralph K. Hawkins (eds.), *The Galilean Economy in the Time of Jesus*, Early Christianity and Its Literature 11 (Atlanta: SBL Press, 2013), 75-138.
187) Andrea M. Berlin, "Jewish Life Before the Revolt: The Archaeological Evidence," *Journal for the Study of Judaism in the Persian, Hellenistic, and Roman Period* 36 (2005): 417-470.
188) Ronnie Reich, "The Hot Bath-Houses (balneum), the Miqweh, and the Jeish Community in the Second Temple Period," *Journal of Jewish Studies* 39 (1988): 102-107.
189) Anton Felton, *Jewish Carpets: A History and Guide* (Woodbridge: Antique Collector's Club, 1997), 20-21. 바울이 태어났던 다소, 타르소스(Tarsus)는 이미 기원전 1세기에 카페트로 잘 알려져 있었으며 예루살렘 유대인들이 이 카페트를 수입해서 사용했던 것 같다. 알렉산드리아 클레멘트(Clement of Alexandria, 기원후 150-220년에 활동)도 이 유대인들의 직물 가공에 대해서 언급하기도 했다.
190) Doron Ben-Ami and Yana Tchekhanovets, "The Lower City of Jerusalem on the Eve of Its Destruction, 70 C.E.: A View From Hanyon Givati," *Bulletin of the American School of Oriental Research* 364 (2011): 61-85. 실로암 연못 근처나 티로포에온(Tyropoeon) 계곡의 하수도 위의 넓은 포장된 도로를 제외하고는 그 어떤 큰 사적인 건축물이 발굴되지 않았다. 이에 다수의 학자들은 하부 예루살렘을 다소 빈곤한 사람들이 거주한 지역으로 생각한다.
191) Israel Finkelstein and Yitzhak Magen (eds.), *Archaeological Surveys in the Hill Country of Benjamin,* (Jerusalem: Israel Antiquities Authority, 1993).
192) Fernand De. Cree, "History and Archaeology of the Bēt sāhūr Region: A Preparatory Study for a Regional Survey (the Bethlehem Archaeological Project), " *Zeitschrift Des Deutschen Palästina-vereins* 115 (1999): 59-84.
193) Kay Prag, "Bethlehem: A Site Assessment," *Palestine Exploration Quarterly* 132 (2000): 169 - 181.
194) 출처: Balage Balogh, ArchaeologyIllustrated.com

12. 역사에 숨겨진 은밀한 이야기, 화장실! : 이스라엘 상하수도 시스템

195) Titus Kennedy, *Unearthing the Bible: 101 Archaeological Discoveries that bring the Bible to Life* (Eugene, OR: Harvest House, 2020), 126-127.

196) Saar Ganor and Igor Kreimerman, "An Eighth-Century B.C.E. Gate Shrine at Tel Lachish, Israel," *Bulletin of the American Schools of Oriental Research* 381 (2019): 211-236.

197) Edward Neufeld, "Hygiene Conditions in Ancient Israel (Iron Age)," *Journal of the History of Medicine and Allied Sciences* 25 (1970): 414-437.

198) Yigal Shiloh, *Excavations at the City of David I 1978-1982: Interim Report of the First Five Seasons*, Qedem 19 (Jerusalem: Hebrew University of Jerusalem, 1984), 18, Figs. 18-20; Yaakov Billig, Liora Freud, and Efrat Bocher, "A Luxurious Royal Estate from the First Temple Period in Armon ha-Natziv, Jerusalem," *Tel Aviv* 49 (2022): 8-31.

199) Jane Cahill, Karl Reinhard, and David Tarler, "It Had to Happen: Scientists Examine Remains of Ancient Bathroom," *Biblical Archaeological Review* 17 (1991): 64-69.

200) Dafna Langgut, "Mid-7th century BC human parasite remains from Jerusalem," *International Journal of Paleopathology* 36 (2022): 1-6; Piers D. Mitchell, et al., "Giardia duodenalis and dysentery in Iron Age Jerusalem (7th-6th century BCE)," *Parasitology* 150 (2023): 693-699.

201) Jodi Magness, "Toilets and Toilet Humor in the Story of Eglon's Murder by Ehud (Judges 3:15-26), *Journal of Biblical Literature* 142 (2023): 65-89.

202) Yitzhak Lee-Sak, "Early/Mid-Eighth Century Stories of the Benjaminite Legendary Military Hero (Judg 3,12-30)," *Biblica* 104 (2023): 14-37.

203) Lawrence E. Stager, "Key Passages," in *Eretz-Israel: Archaeological, Historical and Geographical Studies 27: Hayim and Miriam Tadmor Volume* (Jerusalem: Israel Exploration Society, 2003), 240-245.

204) Stephanie Harter, Françoise Bouchet, Kosta Y. Mumcuoglu, and Joe E. Zias, "Toilet Practices among Members of the Dead Sea Scrolls Sect at Qumran (100 BCE-68 CE)," *Revue de Qumrân* 21 (2004): 579-584.

205) *Temple Scroll,* 46:13-16.

206) War Scroll, 7:6-7; *Damascus Document*, 10:20-21. Flavius Josephus, *The Jewish War*, Vol. I: Books 1-2 (Trans.) H. St. J. Thackeray. Loeb Classical Library 203 (Cambridge, MA: Harvard University Press, 1927), 2: 147-149.

207) Jean-Baptiste Humbert OP and Alanain Chambon, *Fouilles de Khirbet*

Qumrân et de Ain Feshka I: Album de photographies. Repertoire du fonds photographique. Synthèse des notes de chantier du Père Roland de Vaux OP, Novum Testam en tu m et Orbis Antiquus. Series Archaeologica 1 (Göttingen: Fribourg-Suisse/Vandenhoeck & Ruprecht, 1994).
208) Joe E. Zias, James D. Tabor, and Stephanie Harter-Lailheugue, "Toilets At Qumran, The Essenes, and The Scrolls: New Anthropological Data and Old Theories," Revue de Qumrân 22 (2006): 631-640.
209) Nahshon Szanton and Joe Uziel, "Jerusalem City of David," Hadashot Arkheologiyot 128 (2016).
210) Jodi Magness, "What's the Poop on Ancient Toilets and Toilet Habits?" Near Eastern Archaeology 75 (2012): 80-87.
211) Ann Olga Koloski-Ostrow, "'ita pestilens est odore taeterrimo': Reading Roman Sanitation from the Sources," The Classical Outlook 93 (2018): 53-61.
212) Saar Ganor and Igor Kreimerman, "An Eighth-Century B.C.E. Gate Shrine at Tel Lachish, Israel," Bulletin of the American Schools of Oriental Research 381 (2019): 211-236.
213) 출처: www.learningsites.com/Jerusalem/Ahiel_home
214) Stager, "Key Passages."
215) 출처: Reen Ritmeyer, Ritmeyer.com

13. 신이 주신 음료? : 이스라엘산 올리브유와 포도주

216) Alessandra, Mazzocchi, Ludovica Leone, Carlo Agostoni, and Isabella Pali-Schöll, "The Secrets of the Mediterranean Diet. Does [Only] Olive Oil Matter?" Nutrients 11 (2019): Art. no. 2941.
217) Celestino Santos-Buelga, Susana González-Manzano, Ana M. González-Paramás, "Wine, Polyphenols, and Mediterranean Diets: What Else Is There to Say?" Molecules 12;26 (2021): Art. no. 5537. 건강에 끼치는 알코올의 해로움 때문에 와인 섭취 자체에 대해 긍정적인 평가를 내리는 것은 학자들마다 의견이 갈린다; 그러나 대체적으로 하루의 2/3잔 정도의 와인은 건강에 좋다고 알려져 있다.
218) Oded Borowski, Agriculture in Iron Age Israel (Winon Lake, IN: Eisenbrauns, 1987), 117-125.
219) David Eitam, "Olive Oil Production During the Biblical Period," in Michael Heltzer and David Eitam (eds), Olive Oil in Antiquity: Israel and Neighboring Countries from Neolithic to Early Arab Period (Haifa: University of Haifa

1987), 16-36.
220) Aren M. Maeir, Eric L. Welch, and Maria Eniukhina, "A Note on Olive Oil Production in Iron Age Philistia: Pressing the Consensus," *Palestine Exploration Quarterly* 153 (2020): 129-144.
221) Takuzo Onozuka, "Keeping Up with the Demand for Oil? Reconsidering the Unique Oil Presses from Late Bronze Age IIB to Iron Age IIA in the Southern Levant," *Orient* 47 (2012): 67-90.
222) Matthieu Richelle, "Old and New Readings in the Samaria Ostraca," *Bulletin de l'Académie Belge pour l'Étude des Langues Anciennes et Orientales* 10-11 (2022): 379-413.
223) Oded Lipschits, Omer Sergi, and Ido Koch, "Royal Judahite Jar Handles: Reconsidering the Chronology of the lmlk Stamp Impressions," *Tel Aviv* 37 (2010): 3-32.
224) Ido Koch and Oded Lipschits, "The Rosette Stamped Jar Handle System and the Kingdom of Judah at the End of the First Temple Period," *Zeitschrift des Deutschen Palastina-Vereins* 129 (2013): 55-78.
225) Carey E. Walsh, *The Fruit of the Vine: Viticulture in Ancient Israel*, Harvard Semitic Monographs 60 (Winona Lake, IN: Eisenbrauns, 2000), 12-20.
226) Walsh, *The Fruit of the Vine*, 87-98.
227) Walsh, *The Fruit of the Vine*, 167-185.
228) Walsh, *The Fruit of the Vine*, 187-192.
229) Andrew J. Koh, Assaf Yasur-Landau, and Eric H. Cline, "Characterizing a Middle Bronze Palatial Wine Cellar from Tel Kabri, Israel," *PLoS ONE* 9(8) (2014): e106406.
230) Illustration Courtesy of the Tel Miqneh-Ekron Excavation Expedition; permitted by Seymour Gitin and Ilan Stulman
231) 출처: Balage Balogh, ArchaeologyIllustrated.com
232) Oded Lipschits, *Age of Empires: The History and Administration of Judah in the 8th-2nd Centuries BCE in Light of the Storage-Jar Stamp Impressions* (Eisenbrauns: Penn State University Press, 2021).
233) Illustration Courtesy of the Tell el-Burak Archaeological Project; drawing by O. Bruderer

발굴한 신의 흔적들
: 고고학으로 보는 고대근동의 성경 이야기

초판인쇄 2025년 4월 20일
3쇄발행 2025년 12월 10일

지은이 이 삭
펴낸이 강성훈
발행처 PCKBOOKS
주　　소 03128 / 서울시 종로구 대학로3길 29, 신관 4층(총회창립100주년기념관)
편 집 국 (02) 741-4381 / 팩스 741-7886
영 업 국 (031) 944-4340 / 팩스 944-2623
홈페이지 www.pckbook.co.kr
인스타그램 pckbook_insta　　카카오채널 한국장로교출판사
등　　록 No. 1-84(1951. 8. 3.)
책임편집 정현선　　　　　　표지디자인 남소현
편　 집 원지현 이예찬　　　디자인 남충우 김소영 남소현
경영지원 박호애 서영현　　　마케팅 박준기 이용성 이현지
그　 림 이현지

ISBN 978 - 89 - 398 - 8009 - 2
값 19,800원

 은 한국장로교출판사의 출판 브랜드입니다.

※ 이 출판물은 저작권법에 의해 보호를 받는 저작물이므로 무단전재와 무단복제를 할 수 없습니다.